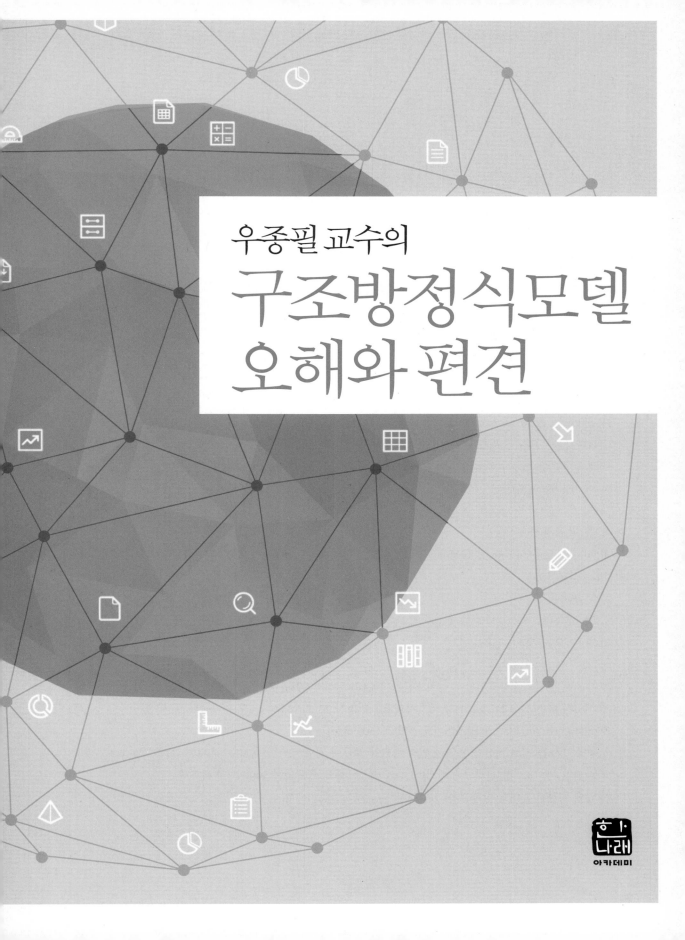

우종필 교수의

구조방정식모델
오해와 편견

한나래아카데미

구조방정식모델 오해와 편견

지은이 | 우종필
펴낸이 | 한기철

2014년 4월 1일 1판 1쇄 인쇄
2014년 4월 10일 1판 1쇄 펴냄

펴낸곳 | 한나래출판사
등록 | 1991. 2. 25 제22–80호
주소 | 서울시 마포구 월드컵로3길 39, 2층 (합정동)
전화 | 02–738–5637 · 팩스 | 02–363–5637 · e–mail | hannarae91@naver.com
www.hannarae.net

ⓒ 2014 우종필
Published by Hannarae Publishing Co.
Printed in Seoul

ISBN 978–89–5566–170–5 94310
ISBN 978-89-5566-051-7 (세트)

요즘 들어 구조방정식모델을 이용한 논문들이 다수 발표되면서, 그에 따른 비판의 시각들도 증가하는 추세입니다. 그중 어떤 것들은 상당히 논리적이지만 다수는 구조방정식모델의 오해와 편견에서 비롯된 것들이라 할 수 있습니다. 실제로 구조방정식모델은 많은 학자들에 의해 꾸준히 비판받아 온 통계기법이 맞습니다. 또한 구조방정식모델은 다른 기법에서 제공하지 않는 다양한 장점들을 제공하지만, 그 장점만큼이나 오용될 확률도 높은 기법이라 할 수 있습니다. 저자 역시 지금까지 구조방정식모델을 가르치면서, 또한 수많은 석·박사 학위논문 및 학회지에 대한 심사를 하면서 이 기법이 가지고 있는 문제점들에 대해 심도 있는 고민을 해왔던 것도 사실입니다.

현재 시중에 출판된 책들의 경우, 구조방정식모델에 대한 개념적인 설명이나 프로그램 실행과 관련된 부분에 대해서는 잘 기술되어 있는 반면, 구조방정식모델의 다양한 구조적 문제에 대해 기술한 서적이 거의 없는 실정입니다. 이런 상황에서 저자도 지식적으로 부족한 부분이 많고 다수의 논문에서 많은 실수를 해 왔지만, 앞서 언급했던 부분에 대해 진지한 고민도 필요한 것 같아 나름 용기를 내어 《구조방정식모델 오해와 편견》이란 제목으로 본서를 집필하게 되었습니다.

본서의 특징은 다음과 같습니다.

첫째, 조사자들이 구조방정식모델에 대해서 잘못 이해하거나 잘못 해석하고 있는 오해들에 대해 정리해 보았습니다. 예를 들어, 구조방정식모델이 대중적으로 사용되면서 통계 초보자들은 '구조방정식모델만 사용하면 어떤 분석이든 다 할 수 있다.'라는 막연한 믿음을 가지고 있는 것 같습니다. 하지만 구조방정식모델은 외생변수(독립변수)와 내생변수(종속변수)가 연속형 변수인 경우에 한하여 분석이 가능한 통계기법일 뿐, 모든 통계분석을 다 해낼 수 있는 도깨비방망이는 아닙니다. 즉, 외생변수나 내생변수 중 하나라도 범주형 변수가 사용된 경우라면, 구조방정식모델의 사용은 원칙적으로 분석에 적합하지 않습니다. 또한 절대적으로 여겨지는 모델적합도 및 수정지수 역시 비슷한 경우입니다. 모델적합도는 모델을 평가하는 하나의 참고자료일 뿐 그 자체가 모델의 가치를 의미하지는 않습니다. 모델적합도가 높다고 해서 모두 좋은 모델이 아니며, 모델적합도가 낮다고 해서 모두 나쁜 모델은 아니기 때문입니다. 하지만 모델적합도가 낮으면 무조건 사용할 수 없는 나쁜 모델로 간주하여 모델적합도를 올리기 위해 수정지수를 무분별하게 사용하는데, 이와 같은 행동은 조사자의 오해에서 발생한 것으로 이러한 문제점 등에 대해서도 실전사례를 통해 알아보았습니다.

둘째, 조사자들이 기존에 가지고 있는 구조방정식모델에 대한 편견에 대해서 알아보았습니다. 예를 들어, '특정 프로그램이 다른 프로그램보다 우수하다.'라는 견해가 속설처럼 퍼져 있는 것 같은데, 특정 프로그램이 복잡해 보이거나 혹은 멋있어 보인다고 해서 다른 프로그램에 비해 더 나은 프로그램이라고 할 수 없습니다. 현재 시중에 사용되는 프로그램들의 경우, 기본적으로 제시하는 결과물에 대한 차이는 없으며, 기능에 대한 차이 역시 미미하기 때문에 어느 프로그램을 사용하여도 분석상 차이는 거의 없습니다. 즉, 개인적으로 사용하기 편하고 익숙한 프로그램을 사용하면 됩니다. 이처럼 조사자들이 가지고 있는 구조방정식모델에 대한 편견들도 바로잡기 위해 노력하였습니다.

셋째, 구조방정식모델의 구조적인 문제점에 대해서 비판해 온 학자들의 주장을 구체적으로 정리해 보았습니다. 예를 들어, 구조방정식모델의 정의를 보면 다수의 관측변수들에 의해서 측정된 외생변수들과 내생변수들 간의 인과관계를 밝혀내기 위한 기법으로 표현됩니다. 그런데 놀랍게도 '구조방정식모델이 변수 간 인과관계를 측정한다.'라는 아주 기본적인 명제에 대해서 동의하지 않는 학자들이 있습니다. 즉 구조방정식모델은 변수들 간 인과관계를 측정할 수 없다는 것인데, 예를 들어 Freedman(1987)은 "경로분석(구조방정식모델)은 데이터로부터 인과이론을 이끌어 낼 수 없다."라고 주장했고, Duncan(1966) 역시 "경로분석은 (변수 간) 해석의 문제에 집중했지 그 자체가 원인과 결과를 발견하는 수단이 되지 못한다."라고 단정 지어 말했습니다. 이러한 주장은 구조방정식모델의 근간을 부정하는 것으로, 해외 석학들이 왜 그런 주장을 하게 되었는지 구체적인 이유를 알아보았습니다. 해외 원서 논문들을 직접 접하다 보면 그 내용을 완벽하게 이해하기 힘든데, 본서에서는 초보자들도 이해하기 쉽도록 실전사례와 함께 논문의 내용들을 자연스럽게 본문에 담아내려 노력하였습니다.

넷째, 지금까지 출판된 책들이 구조방정식모델의 기초개념부터 차근차근 알아 가는 과정에 집중하여 서술했다면, 본서는 에세이처럼 각 장마다 다양하고 흥미로운 주제들로 독자들이 편하게 읽을 수 있도록 구성하였습니다. 이런 구성이 구조방정식모델을 처음 공부하려는 초보자들에게는 다소 적합하지 않을 수 있지만, 구조방정식모델에 대해서 어느 정도 알고 있거나 이와 관련된 책을 한 권쯤 가지고 있는 독자들이라면 기존의 책과 다른 각도에서 구조방정식모델에 접근하실 수 있으리라 생각합니다.

단, 미리 말씀드릴 부분은 저자의 첫 번째 저서인 《구조방정식모델 개념과 이해》에서 언급한 중요한 부분을 요약하여 '사전지식 Part' 부분에 담았다는 점입니다. 처음에는 구조방정식모델의 기초적인 개념 설명 없이 책의 내용을 서술하려 했으나, 이 부분을 빼면 완성도 있는 내용을 구성하기 어려워 부득이 '사전지식 Part' 부분을 추가하게 되었습니다. 이 부분은 본서를 이해하는 데 필요한 내용이며, 《구조방정식모델 개념과 이해》를 읽지 못한 독자들에게는 중요한 핵심내용에 해당하기 때문에 이 점에 대한 독자들의 양해를 부탁드립니다.

다음으로 본서의 출판을 허락해 주신 한나래출판사 한기철 사장님과 조광재 상무님, 편집작업에 힘써 준 직원분들에게 감사드립니다. 또한 이 책의 감수를 도와주신 가천대 오현숙 교수님과 교정에 신경 써 준 이소진 교수님을 비롯한 석·박사 학생들에게도 다시 한 번 감사를 드립니다. 그리고 무엇보다 현재 힘든 투병 중이신 존경하는 아버지의 쾌유를 빌며 사랑한다는 말과 함께 이 책을 바칩니다. 아울러 마음고생이 크실 텐데도 늘 인자한 미소를 잃지 않으시는 어머니, 언제나 든든한 버팀목이 되어 주는 아내와 아이들에게도 사랑과 감사의 마음을 전합니다.

마지막으로, 이런 형태의 책이 아직까지 출판된 적이 없고 내용 중간 중간에 저자의 주관적인 견해도 다수 포함되어 있어 집필하는 동안 조심스러웠던 것이 사실입니다. 이로 인한 책임도 저의 부분이며 그에 따른 비판도 달게 받도록 하겠습니다. 다만 독자들이 본서를 접한 후 구조방정식모델을 사용함에 있어 지금보다 조금 더 깊이 있고 다양한 시각에서 연구하고 이해해 준다면 저자는 더 이상 바랄 것이 없을 것 같습니다.

세종대 광개토관에서
우종필 드림

차례

chapter6. <u>구조방정식모델과 회귀분석은 별 차이가 없다?</u>

chapter7. <u>구조방정식모델로는 실험법을 해결할 수 없다?</u>

chapter8. 구성개념의 타당성 검증은 형식적인 과정이다?

chapter9. 구성개념은 언제나 잠재변수를 의미한다?

chapter10. 분석을 위해서는 반드시 원자료가 필요하다?

chapter15. 다중집단분석을 반드시 실행해야 한다?

chapter16. 반영지표모델과 조형지표모델은 별 차이 없다?

Chapter 1

구조방정식모델은
도깨비방망이다?

요즘 들어 구조방정식모델을 이용한 논문들이 급격히 늘어났다. 학위과정에서 이 기법을 사용하지 않으면 졸업논문의 통과나 학술지에 논문 발표가 힘든 것처럼 인식될 정도이다. 이런 이유 때문인지 학생들 사이에서는 구조방정식모델을 마치 어떠한 분석이든 해낼 수 있는 엄청난 통계분석기법으로 여기는 것 같은데, 이는 잘못된 생각이다. 구조방정식모델이 좀 더 진보한 분석기법인 것은 맞지만 그렇다고 모든 분석을 다 해결할 수 있는 기법은 아니기 때문이다.

이런 잘못된 믿음은 통계에 대한 전반적인 이해가 부족한 데서 기인한 것으로, 사실 구조방정식모델은 회귀분석처럼 독립변수와 종속변수가 연속형 변수인 상황에서 분석이 가능한 통계기법이며, 특히 독립변수와 종속변수가 다수일 경우에 이들 관계를 동시에 분석할 수 있는 장점을 지닌 기법일 뿐이다. 다시 말해서 독립변수와 종속변수 중 어느 하나라도 범주형 변수라면 사용하기에 부적합한 통계기법에 해당한다.[1]

본 장에서는 다양한 통계기법들이 어떻게 분류되고, 언제 이용되는지 자세히 알아보도록 하자. 통계기법을 이해하려면 '척도'와 '독립변수 및 종속변수'의 조합 특성을 먼저 이해해야 한다. 이들 조합에 따라 어떤 통계기법을 사용할지가 결정되기 때문이다.

1 | 척도

척도의 사전적 의미는 '사물이나 사람의 특성을 수량화하기 위해 체계적인 단위를 가지고 그 특성에 숫자를 부여하는 것'[2]이다. 사람의 성별을 숫자로 표시하거나 몸무게를 수치로 나타내는 경우가 이에 해당한다. 척도는 크게 명목척도, 서열척도,

---

1. 변수가 성별이나 더미변수처럼 이분형 척도인 경우에 제한적으로 가능하지만, 구조방정식모델에서는 되도록이면 범주형 변수를 사용하지 않는 것이 바람직하다.
2. 네이버 지식사전

등간척도, 비율척도 이렇게 4가지 종류로 나뉜다.

1. 명목척도

명목척도(nominal scale)는 대상을 구분하거나 확인할 목적으로 숫자를 지정하는 경우에 해당하기 때문에 숫자로서 크기는 존재하지 않는다. 주로 성별이나 직업 등과 같은 질문에 사용한다.

귀하의 성별은?	① 남자　② 여자

2. 서열척도

서열척도(ordinal scale)는 대상의 크기나 순서적인 특성을 나타낸 것으로, 대상의 비교 우위를 결정할 때 사용한다. 학력, 직급, 좋아하는 순서 등과 같은 질문에 주로 사용한다. 척도 간 간격이 일정하지 않은 특징이 있다.

귀하의 학력은?
① 고졸 이하　② 대학교 재학　③ 대학교 졸　④ 대학원 재학　⑤ 대학원 졸

3. 등간척도

등간척도(interval scale)는 간격척도라고도 불리며 대상의 속성에 대한 차이를 균일한 간격으로 나누어서 측정하는 척도이다. 숫자 크기는 양적인 의미를 가지며 척도 간 차이도 같다고 할 수 있다.

커피 맛에 대해서 만족하셨습니까?	전혀 그렇지 않다 ①	그렇지 않다 ②	보통이다 ③	그렇다 ④	매우 그렇다 ⑤

4. 비율척도

비율척도(ratio scale)는 등간척도와 비슷한 개념이지만, 절대적인 0을 가지고 있다는 점에서 다르다. 키, 몸무게, 시간, 수입 등을 측정할 때 주로 사용한다.

> 귀하는 커피전문점을 한 달에 평균적으로 몇 회 이용하십니까? (   )회

2 변수

사회과학 분야에서 변수(variable)는 '조사자가 연구하려는 대상의 속성'을 의미한다. 조사자가 소비자의 연령대를 조사하고자 한다면 연령대가 곧 변수가 되며, 소비자들의 만족도를 조사하고 싶다면 만족도가 변수에 해당된다. 이 중에서도 만족도처럼 추상적인 개념에 해당하는 변수를 구성개념(construct)이라고 한다. 변수의 종류는 다양하지만 크게 독립변수(independent variable)와 종속변수(dependent variable)로 나뉜다.

1. 독립변수

독립변수는 다른 변수에 영향을 주는 변수로, 구조방정식모델에서는 외생변수(exogenous variable)로 불린다.

2. 종속변수

종속변수는 다른 변수에 영향을 받는 변수로, 구조방정식모델에서는 내생변수(endogenous variable)로 불린다. 예를 들어, 학생의 공부시간이 늘어날수록 시험성적

이 향상된다는 모델을 만들었을 경우에 공부시간은 독립변수, 시험성적은 종속변수에 해당된다.

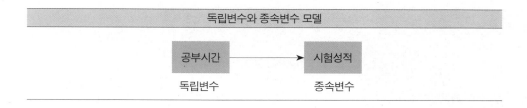

3 통계분석기법의 특성

지금까지 배운 척도와 변수를 조합하면 다양한 통계분석기법의 특성을 손쉽게 이해할 수 있다. 먼저 명목척도와 서열척도의 특성을 가진 변수를 범주형 변수(categorical variable)로 분류하고, 등간척도와 비율척도의 특성을 가진 변수를 연속형 변수(continuous variable)로 분류할 수 있다. 범주형 변수는 질적변수(qualitative variable), 연속형 변수는 양적변수(quantitative variable)라고도 부른다.

명목척도, 서열척도 형태의 변수 → 범주형 변수
등간척도, 비율척도 형태의 변수 → 연속형 변수

이렇게 완성한 '범주형 변수 및 연속형 변수'와 '독립변수 및 종속변수' 간 조합을 만들면 다음과 같은 표를 작성할 수 있다.

		종속변수	
		범주형 변수	연속형 변수
독립변수	범주형 변수	카이제곱 검정 (χ^2)	t-검정 분산분석(ANOVA) 다변량분산분석(MANOVA)
	연속형 변수	판별분석 로지스틱 회귀분석	상관관계분석 회귀분석 구조방정식모델

1. 범주형 독립변수 & 범주형 종속변수

통계분석 시 독립변수가 범주형 변수이고 종속변수도 범주형 변수라면 카이제곱 검정[3]을 사용할 수 있다. 예를 들어, 성별(범주형 변수) 간 신용카드 유무(범주형 변수)를 알고 싶다면 독립변수인 성별이나 종속변수인 신용카드 유무는 범주형 변수이기 때문에 카이제곱 검정을 실행하면 된다.

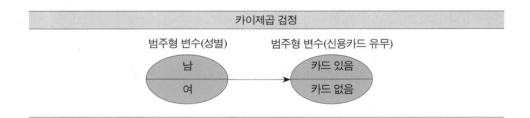

---

3. 교차분석(cross tabulation analysis)이란 명칭으로도 사용하나, 교차분석은 단순히 교차표만을 제공하기 때문에 통계적 유의성을 확인할 경우라면 카이제곱 검정이란 용어를 사용하는 것이 적절하다.

2. 범주형 독립변수 & 연속형 종속변수

통계분석 시 독립변수가 범주형 변수이고 종속변수가 연속형 변수라면 t-검정 (t-test), 분산분석(ANalysis Of VAriance, ANOVA), 다변량분산분석(Multivariate ANalysis Of VAriance, MANOVA) 등을 선택해 실행한다. 이들 기법은 집단 간 평균의 차이를 구할 때 사용하는데, 독립변수의 집단이 성별(남·여)처럼 2개일 경우에는 독립표 본 t-검정을 사용하고 독립변수의 집단이 최종학력(초·중·고·대졸)처럼 2개 이상일 때는 분산분석(ANOVA)[4]을 사용한다.

독립변수의 개수에 따라 하나의 독립변수와 하나의 종속변수라면 일원분산분 석(one-way ANOVA), 2개 이상의 독립변수와 하나의 종속변수라면 다원분산분석 (multi-way ANOVA)이 된다. 다변량분산분석은 종속변수가 다수인 경우에 사용하 는데, 하나의 독립변수와 다수의 종속변수일 때는 일원 다변량분산분석(one-way MANOVA), 다수의 독립변수와 다수의 종속변수라면 다원 다변량분산분석(multi-way MANOVA)을 사용한다.

예를 들어, 성별(범주형 변수)에 따른 커피 맛 만족도(연속형 변수)의 차이를 보고 싶다 면 독립표본 t-검정을 사용한다. 독립변수인 성별이 남과 여, 2집단으로 존재하기 때문이다. 만약 최종학력 간 커피 맛 만족도의 차이를 보고 싶다면, 독립변수인 최 종학력의 집단이 2개 이상(초·중·고·대졸)이기 때문에 일원분산분석을 사용해야 한다. 만약 독립변수의 수에 따라 최종학력과 직급(대리·과장·부장)에 따른 커피 맛 만족도의 차이를 한 번에 보고 싶은 경우라면, 독립변수(최종학력과 직급)가 다수이 기 때문에 다원분산분석[5]을 사용해야 한다.

---

4. 예를 들어, 성별처럼 독립변수 집단이 2개인 경우에는 t-검정, 분산분석 모두 분석이 가능하지만 최종학력 (초·중·고·대졸)처럼 독립변수 집단이 2개 이상일 때는 t-검정 분석은 불가능하다.
5. 예의 경우, 독립변수가 최종학력과 직급이므로 다원분산분석 중 이원분산분석(two-way ANOVA)에 해당 한다.

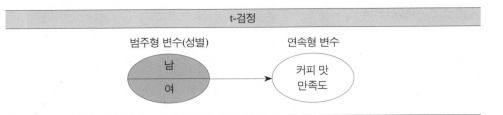

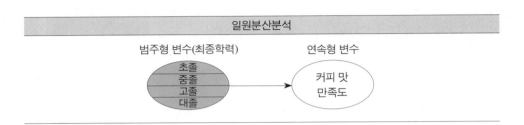

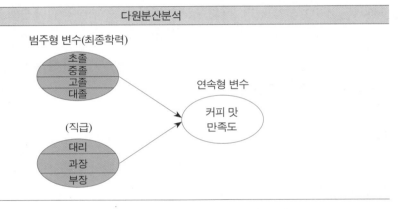

종속변수의 수에 따라 최종학력에 따른 커피 맛 만족도와 재방문을 분석하고 싶다면, 독립변수(최종학력)가 하나이고 종속변수(커피 맛 만족도와 재방문)가 2개이기 때문에 일원 다변량분산분석을 사용해야 한다. 최종학력과 직급에 따른 커피 맛 만족도와 재방문의 차이를 보고 싶다면, 독립변수(최종학력과 직급)가 다수이고 종속변수(커피 맛 만족도와 재방문)가 다수이기 때문에 다원 다변량분산분석[6]을 사용해야 한다.

---

6. 예의 경우, 독립변수가 최종학력과 직급이므로 다원 다변량분산분석 중 이원 다변량분산분석(two-way MANOVA)에 해당한다.

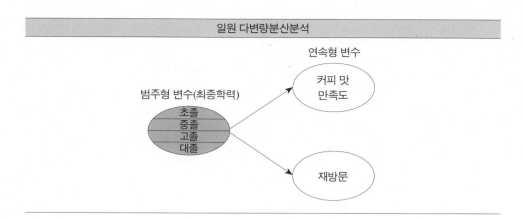

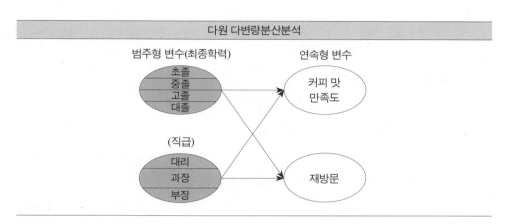

3. 연속형 독립변수 & 범주형 종속변수

통계분석 시 독립변수가 연속형 변수이고 종속변수가 범주형 변수라면, 판별분석이나 로지스틱 회귀분석을 사용한다. 예를 들어서 독립변수가 연령·만족도·수입같은 연속형 변수이고, 종속변수가 신용카드 유무 같은 범주형 변수일 때 사용한다.

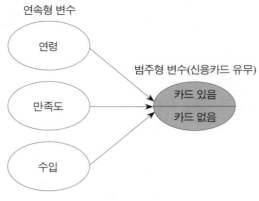

연속형 변수

판별분석

연령

만족도

수입

범주형 변수(신용카드 유무)

카드 있음

카드 없음

4. 연속형 독립변수 & 연속형 종속변수

통계분석 시 독립변수가 연속형 변수이고 종속변수도 연속형 변수라면, 상관관계 분석, 회귀분석, 구조방정식모델[7]과 같은 기법을 사용할 수 있다. 예를 들어, 커피 맛 만족도(연속형 변수)와 분위기 만족도(연속형 변수) 간 상관관계를 보고 싶다면 상관관계분석을 사용한다. 커피 맛, 분위기, 종업원의 서비스 등과 같은 다수의 독립 변수가 재방문처럼 하나의 종속변수에 영향을 미치는 경우에는 다중회귀분석을 사용한다. 그리고 커피 맛, 분위기, 종업원의 서비스 등과 같은 다수의 독립변수가 충성도, 추천 의도, 재방문처럼 다수의 종속변수에 영향을 미치는 경우라면 구조 방정식모델을 사용한다. 특히 종속변수 간 인과관계가 필요한 경우는 오로지 구조 방정식모델에서만 분석할 수 있다.

---

7. 구조방정식모델을 통해 분산분석, 다변량분산분석, 다변량공분산분석(MANCOVA)과 같은 분석이 가능 하지만 현재 국내외 논문에서는 대중적으로 사용되지 않고 있다. 이와 관련해서는 7장에서 자세히 알아보 겠다.

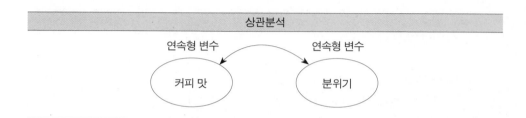

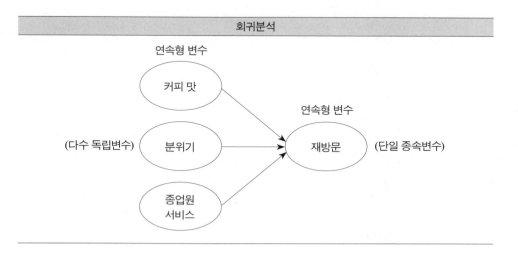

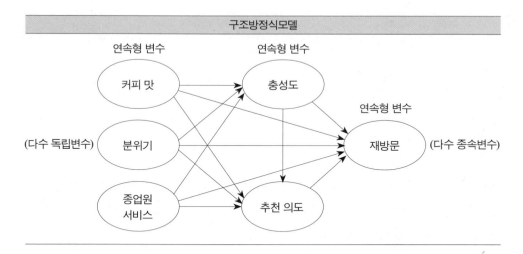

통계기법 정리표

앞서 기술한 통계기법을 다음과 같은 표로 정리할 수 있다. 다소 복잡해 보일 수 있으나 아래의 표만 이해한다면 통계분석을 이해하는 데 큰 도움이 될 것이다.

통계기법		독립변수	종속변수
카이제곱 검정		범주형 변수	범주형 변수
t-검정		범주형 변수 (2집단) (독립변수 1개)	연속형 변수 (종속변수 1개)
분산분석 (ANOVA)	일원 (one-way)	범주형 변수 (2집단 이상) (독립변수 1개)	연속형 변수 (종속변수 1개)
	다원 (multi-way)	범주형 변수 (독립변수 다수)	연속형 변수 (종속변수 1개)
다변량분산분석 (MANOVA)	일원 (one-way)	범주형 변수 (독립변수 1개)	연속형 변수 (종속변수 다수)
	다원 (multi-way)	범주형 변수 (독립변수 다수)	연속형 변수 (종속변수 다수)
판별분석		연속형 변수 (독립변수 다수)	범주형 변수 (종속변수 1개)
상관관계분석 (독립·종속 변수 개념 없음)		연속형 변수 (다수)	연속형 변수 (다수)
다중회귀분석		연속형 변수 (독립변수 다수)	연속형 변수 (종속변수 1개)
구조방정식모델		연속형 변수 (독립변수 다수)	연속형 변수 (종속변수 다수)

결론적으로 말하자면 구조방정식모델은 다양한 통계기법 중 독립변수와 종속변수가 연속형 변수이고 다수일 때, 특히 종속변수 간 인과관계가 설정된 모델인 경우에 사용 가능한 기법이다. 이런 이유로 구조방정식모델에서 독립변수나 종속변수에 성별, 직급, 학력, 결혼 여부 등과 같은 범주형 변수를 넣는 것은 적합하지 않다. 가끔 회귀분석에서 범주형 독립변수를 더미변수(dummy variable)로 전환하여 분석하기도 하는데, 구조방정식모델에서는 이러한 더미변수를 이용한 분석은 가능

하지만 일반적으로 권장되지 않으며[8] 현실적으로도 많이 사용되지 않는다. 즉 구조방정식모델도 다양한 분석기법 중 하나이지, 모든 통계기법을 풀어낼 수 있는 도깨비방망이가 아니다. 그러므로 구조방정식모델을 사용하고 싶은 조사자라면 설문지 설계 단계부터 연속형 변수 중심의 설문 항목으로 구성하는 것이 바람직하다.

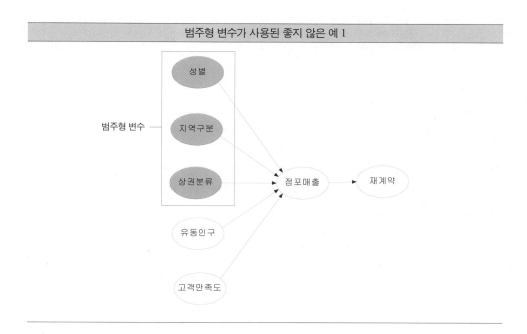

범주형 변수가 사용된 좋지 않은 예 1

위 모델의 경우는 성별(남·여), 지역구분(서울·경기도·전라도·경상도 등), 상권분류(1차상권·2차상권·3차상권), 유동인구, 고객만족도 등이 점포매출에 영향을 미치는 것으로 구성되어 있다. 하지만 성별, 지역구분, 상권분류 같은 범주형 변수를 연구모델에 사용하였기 때문에 구조방정식모델을 이용하여 분석하기에는 적합하지 않다. 단, 유동인구나 고객만족도처럼 연속형 변수는 모델에서 사용 가능하다.

---

8. 범주형 변수를 조절변수로 사용하여 다중집단분석에 이용할 때도 있지만, 이런 경우도 범주형 변수를 독립변수나 종속변수로 사용한 것은 아니다.

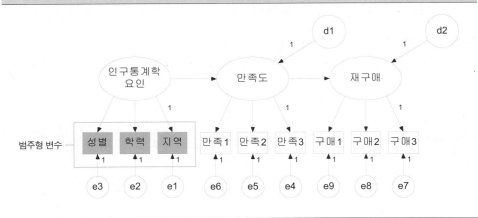

범주형 변수가 사용된 좋지 않은 예 2

위 모델의 경우에도 성별(남·여), 학력(중졸·고졸·대졸), 지역(서울·경기도·전라도·경상도 등)과 같은 범주형 변수들이 하나의 잠재변수를 구성하고 있는데, 이 역시 분석에 적합하지 않은 경우이다.

구조방정식모델 프로그램

■ Amos

Amos(Analysis of MOment Structure)는 미국 템플대학교의 심리학과 교수인 James L. Arbuckle이 개발한 프로그램으로서, 모든 과정이 그래픽으로 구성되어 있어 초보자들도 편리하게 이용할 수 있다. Amos는 기본적으로 그래픽(Amos graphics)과 베이직(Amos basic)을 제공하기 때문에 정확한 프로그램의 작성이나 행렬에 대한 지식이 없는 조사자들도 아이콘을 이용하여 복잡한 연구모델이나 다중집단분석 모델을 쉽게 작성할 수 있다. 또한 SPSS나 Excel 등과 호환이 가능해 다른 프로그램에 비해 사용이 편리하다는 장점이 있다. 이러한 이유로 지금까지 어렵게만 느껴 온 구조방정식모델 분석을 대중화하는 데 크게 기여한 프로그램이라고 할 수 있다.

Amos는 2~3년을 주기로 새로운 버전이 나오며 현재는 Amos 22.0이 최신 버전으로 사용되고 있다.

Amos 홈페이지(www.smallwaters.com/Amos/)

◼ Lisrel

Lisrel(LInear Structural RELations)은 구조방정식모델을 분석하기 위한 최초의 프로그램으로, 스웨덴 웁살라(Uppsala)대학교 교수인 Karl Jöreskog과 Dag Sörbom이 개발하였다. 가장 먼저 개발되고 사용되었기 때문에 구조방정식모델을 지칭하는 단어로 불리기도 한다. 초기에는 여러 가지 행렬과 복잡한 그리스 문자들로 구성되어 있어 사용이 쉽지 않았지만, 버전이 높아지면서 'SIMPLIS(SIMPle Lisrel)'와 'path diagram' 기능이 추가되었다. 또한 현재 출시되어 있는 Lisrel 9.1에서는 구조방정식모델뿐만 아니라 다양한 통계적 기능도 제공하고 있다.

Lisrel 9.1 버전의 시험판(free 15-day trial edition)과 학생용 버전은 Lisrel 홈페이지에서 다운로드할 수 있다. 학생용 버전의 경우에는 기본적인 통계분석과 데이터를 조작할 수 있는 변수가 20개로 제한되고, 구조방정식모델에서 사용할 수 있는 관측변수는 15개로 제한된다.

Lisrel 홈페이지 (www.ssicentral.com)

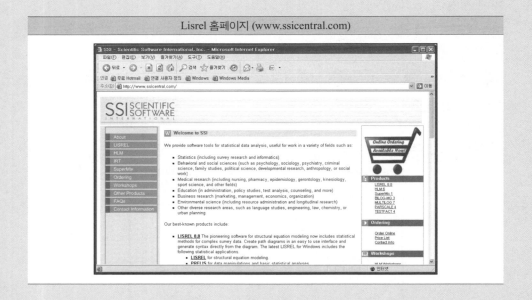

■ EQS

EQS(EQuationS)는 미국 UCLA대학교의 Peter M. Bentler 교수가 개발한 프로그램이다. EQS는 행렬이 아닌 방정식 형태로 모델을 분석할 수 있게 개발되었지만 그래픽을 이용하여 모델을 작성할 수 있는 'diagrammer' 기능도 제공한다. 또한 구조방정식모델에 대한 기능뿐만 아니라 여러 가지 통계기법(t-검정, 분산분석, 다중회귀분석 등)에 대한 결과를 제공하며 다른 프로그램에서는 지원하지 않는 Satorra-Bentler scaled, robust standard errors, Yuan-Bentler distrubition free statistics 등을 제공한다.

현재 EQS 6.2 버전이 출시되어 있으며 EQS 홈페이지에서 학생용 버전을 다운로드 할 수 있다. 학생용 버전은 18개의 자유모수만을 추정할 수 있으며 모델의 저장이나 프린트, 복사 등의 기능도 제한된다.

EQS 홈페이지 (www.mvsoft.com)

Chapter 2

Lisrel이 Amos보다
우수한 프로그램이다?

조사자가 연구모델을 개발한 후 구조방정식모델 기법을 이용하여 모델을 분석하기로 결정했다면, 어떤 분석 프로그램을 이용할지 선택해야 한다. 주로 동료나 교수님이 추천하는 프로그램을 사용하게 되는데, 현재 구조방정식모델을 분석하기 위한 프로그램으로는 Amos, CALIS, EQS, Lisrel, Mplus, Mx Graph, RAMONA, SEPATH 등이 출시되어 있다. 이 중 대표적으로 많이 사용하는 프로그램은 Amos, Lisrel, EQS로 국내에서는 Amos와 Lisrel이 절대 다수를 차지한다. EQS의 경우에 국내에서는 이상할 정도로 사용자가 많지 않고 참고서적도 충분하지 않지만, 미국 등 외국에서는 Lisrel 못지않게 대중적으로 쓰이는 훌륭한 프로그램 중 하나다.

그런데 프로그램 선택에 있어 저자가 그동안 몇몇 교수님에게 들은 의견 중 하나는 Lisrel이 Amos보다 우수하며 두 프로그램의 분석결과가 다르다는 점이었다. 특히 이런 주장은 구조방정식모델 초창기에 Lisrel을 힘들게 공부한 분들께서 주로 하신 것으로 기억한다. 그렇다면 실제로 Lisrel이 Amos보다 우수한 프로그램일까? 그리고 두 프로그램의 결과는 정말로 다를까?

먼저 저자가 구조방정식모델을 처음 배웠을 당시에는 Lisrel이 많이 사용되었던 것이 사실이다. 구조방정식모델을 개발한 Karl Jöreskog과 Dag Sörbom이 최초로 선보인 프로그램이기 때문에 어찌 보면 당연한 결과일 것이다. 저자가 이 기법을 배울 때만 해도 구조방정식모델을 사용할 줄 아는 사람이 많지 않았고, 프로그램 자체가 배우기 힘들었기 때문에 이 기법은 아주 특별한 사람에게만 허용된 미지의 분석 같은 느낌이 들었다.

반면에 그 당시 나왔던 Amos 버전(Amos 3.0)의 경우, 기능 면이나 그래픽 인터페이스 측면에서 타 프로그램에 비해 뒤떨어진 측면이 없지 않았다. 저자가 Amos를 이용하여 석사논문을 발표했을 당시만 해도 지도교수님께서 Amos를 굳이 사용하고 싶다면 Lisrel로 분석하여 두 프로그램에서 제공된 결과가 같을 때 사용하라고 말씀하실 정도였다. 그 당시에는 Amos의 인지도도 매우 낮았고 Lisrel에 대한 신뢰가 워낙 컸기 때문에 충분히 그럴 만한 상황이었다.

하지만 10년 이상의 세월이 흐른 지금의 상황은 예전과 많이 다르다. Amos는 2~3년 주기로 새로운 버전이 계속 출시되면서 현재 Amos 22.0 버전까지 나왔다. 성능적인 측면에서도 그 어떤 프로그램에 뒤처지지 않으며 오히려 베이지언 추정법, 혼합모델링, 부트스트래핑, 선형성장곡선모델, 결측치와 관련해서 완전정보최대우도법(Full Information Maximum Likelihood, FIML) 등 뛰어난 결과를 제공하고 있다.

특히 다양한 형태의 자료(Raw ASCII, Dbase, Excel, FoxPro, Lotus, Access, SPSS, Stata, SAS)와 혼용이 가능하기 때문에 초보자들도 손쉽게 사용할 수 있다는 장점도 있다. 이런 이유로 현재 국내에서는 Lisrel을 이용해 발표한 논문보다 Amos를 이용해 데이터를 분석한 논문이 대세를 이루며, 세계적인 저널에서도 Amos를 이용한 논문들이 다수 발표되고 있는 실정이다.

본 장에서는 Amos와 Lisrel 두 프로그램의 특징과 결과를 비교분석해 보고, 그 차이점들에 대해 알아보도록 하자.

현재 대중적으로 사용하고 있는 Amos, Lisrel, EQS의 특징을 보면 다음과 같다.

특징	Amos	Lisrel	EQS
입력 데이터 타입	Raw ASCII, 공분산행렬, Dbase, Excel, FoxPro, Lotus, Access, SPSS, Stata, SAS 등	Raw ASCII, 공분산행렬, SPSS, SAS, BMDP, Dbase, Statistica, Systat, Excel 단, Import 된 데이터는 Prelis에 의해 공분산행렬로 전환되어야 하나 ASCII 포맷은 바로 읽을 수 있음	Raw ASCII, 공분산행렬, SPSS, BMDP, Dbase 단, Import 된 데이터는 EQS 포맷으로 전환되어야 함
그래픽 인터페이스	○	○	○
추정법	ML, ML Robust GLS, ADF, ULS 또는 SLS(scale-free least squares)	ULS, GLS, ML, ML Robust, WLS, DWLS	ULS, GLS, ML, ML Robust, ADF
결측치(FIML)	○	○	○
모델적합도	다수	다수	다수
Robust ML	×	○	○
부트스트래핑/ 리샘플링	○	○	○
잠재계층변수/혼합	○	○	×
성장곡선 분석	○	○	○

위 표에서 알 수 있듯이 세 프로그램 모두 거의 동일한 결과물을 제공한다.

그렇다면 각 프로그램에서 제공하는 분석결과에는 차이가 있을까? 지금부터 국내에서 가장 많이 사용하고 있는 Amos, Lisrel의 연구모델을 분석한 결과에 차이가 있는지 알아보기로 하자. 본 장에서 EQS 결과까지 비교분석하기에는 그 양이 많고 내용이 산만해질 우려가 있어 분석결과에서 제외하였다.

두 프로그램을 비교하기 위해 다음과 같은 연구모델을 개발하였다. 조사자가 개발한 연구모델은 [품질 모델]로서, 제품의 품질(Qual)이 만족(Satis)과 재구매 의도(Intent)에 영향을 미치고 만족이 다시 재구매 의도에 영향을 미치는 형태로 구성되어 있다.

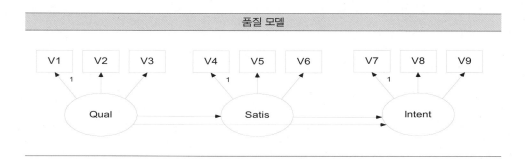

품질 모델

연구모델을 분석하기 위해 Amos에서는 'Amos Graphics'를 이용하였고, Lisrel에서는 Covariance Matrix(공분산행렬)를 입력한 'SIMPLIS'를 이용하였다. 두 프로그램의 분석형태는 다음과 같다.

Amos (Amos Graphics 이용)	Lisrel (SIMPLIS 이용)
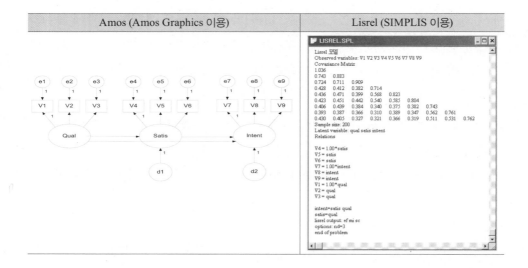	

1. 요인부하량 결과 비교

두 프로그램에서 요인부하량에 대한 비표준화계수, 표준오차, C.R.[1], 측정오차분산 및 SMC[2]에 대한 결과 비교는 다음과 같다. Amos의 경우에는 요인부하량의 비표준화계수, 표준오차, C.R., 측정오차의 분산, 그리고 SMC의 수치를 분리해서 제공하는 반면, Lisrel의 경우에는 이들 분석결과를 동시에 제공한다.

---

1. Amos에서 C.R.은 Critical Ratio를 의미하며 Lisrel에서 t-value에 해당한다.

2. Amos에서 SMC는 Squared Multiple Correlations를 의미하며 Lisrel에서 R^2에 해당한다.

Amos 결과	Lisrel 결과[3]

Amos 결과

Regression Weights: (Group number 1 - Default model)

			Estimate	S.E.	C.R.	P	Label
V1	<---	Qual	1.000				
V2	<---	Qual	.998	.059	16.797	***	
V3	<---	Qual	.951	.062	15.459	***	
V4	<---	Satis	1.000				
V5	<---	Satis	1.093	.075	14.608	***	
V6	<---	Satis	1.044	.075	13.999	***	
V7	<---	Intent	1.000				
V8	<---	Intent	1.005	.070	14.448	***	
V9	<---	Intent	.936	.071	13.204	***	

Variances: (Group number 1 - Default model)

	Estimate	S.E.	C.R.	P	Label
e1	.285	.038	7.567	***	
e2	.136	.027	5.075	***	
e3	.229	.032	7.225	***	
e4	.197	.029	6.843	***	
e5	.205	.032	6.389	***	
e6	.240	.033	7.196	***	
e7	.186	.030	6.137	***	
e8	.198	.031	6.320	***	
e9	.274	.035	7.749	***	

Squared Multiple Correlations: (Group number 1 - Default model)

	Estimate
V9	.639
V8	.739
V7	.749
V6	.700
V5	.750
V4	.723
V3	.747
V2	.845
V1	.724

Lisrel 결과[3]

LISREL Estimates (Maximum Likelihood)

V1 = 1.000*qual, Errorvar.= 0.286 , R? = 0.724
(0.0378)
7.561

V2 = 0.997*qual, Errorvar.= 0.137 , R? = 0.845
(0.0594)   (0.0269)
16.793   5.085

V3 = 0.951*qual, Errorvar.= 0.230 , R? = 0.747
(0.0615)   (0.0319)
15.459   7.224

V4 = 1.000*satis, Errorvar.= 0.197 , R? = 0.724
(0.0288)
6.840

V5 = 1.093*satis, Errorvar.= 0.206 , R? = 0.750
(0.0748)   (0.0322)
14.619   6.389

V6 = 1.044*satis, Errorvar.= 0.241 , R? = 0.700
(0.0745)   (0.0335)
14.009   7.196

V7 = 1.000*intent, Errorvar.= 0.186 , R? = 0.749
(0.0303)
6.142

V8 = 1.006*intent, Errorvar.= 0.198 , R? = 0.740
(0.0695)   (0.0313)
14.479   6.304

V9 = 0.936*intent, Errorvar.= 0.275 , R? = 0.639
(0.0708)   (0.0354)
13.216   7.755

* Amos 결과는 실제 제공하는 결과물을 본문에 맞게 편집하였다.

위 표에서 알 수 있듯이 두 프로그램 모두 동일한 결과를 제공한다. 예를 들어 Qual→V2의 경우, Amos에서는 요인부하량의 비표준화계수(Estimate)=.998, 표준오차(S.E.)=.059, C.R.=16.797, V2의 측정오차분산(Variances)인 e2의 C.R.=5.075, V2의 SMC(Squared Multiple Correlations)=.845의 결과를 제공하고 있다.

Lisrel의 V2의 결과에서도 요인부하량의 비표준화계수=.997, 표준오차=.0594, t-value=16.793, 측정오차분산(Errorvar.)의 t-value=5.085, R^2=.845의 결과를 제공

---

3. 두 프로그램에서 잠재변수에서 관측변수로 가는 경로의 고정을 다르게 지정해 줄 경우, 비표준화계수 값은 다르게 나타날 수 있으나 표준화계수는 일치한다. 한편, 제공된 결과물에서 R?로 나타나고 있는 것은 실제로는 R^2이다.

하고 있다. 실제 소수점 둘째나 셋째 자리에서 차이가 나는데, 이는 Amos의 경우에는 원자료(raw data)를 이용한 반면에 Lisrel에서는 공분산행렬(Covariance Matrix)을 사용하기 때문에 소수점 반올림에서 나는 차이로, 이는 무시할 만한 수준이라고 볼 수 있다.

두 프로그램의 요인부하량에 대한 결과를 비교하면 다음과 같다.

경로	비표준화계수		표준오차 (S.E.)		C.R. (t-value)		오차분산 C.R.		SMC (R^2)	
	Amos	Lisrel	Amos	Lisrel	Amos	Lisrel	Amos	Lisrel	Amos	Lisrel
Qual→V1	1.000	1.000	-	-	-	-	7.567	7.561	.724	.724
Qual→V2	.998	.997	.059	.0594	16.797	16.793	5.075	5.085	.845	.845
Qual→V3	.951	.951	.062	.0615	15.459	15.459	7.225	7.224	.747	.747
Qual→V4	1.000	1.000	-	-	-	-	6.843	6.840	.723	.724
Qual→V5	1.093	1.093	.075	.0748	14.608	14.619	6.389	6.389	.750	.750
Qual→V6	1.044	1.044	.075	.0745	13.999	14.009	7.196	7.196	.700	.700
Qual→V7	1.000	1.000	-	-	-	-	6.137	6.142	.749	.749
Qual→V8	1.005	1.006	.070	.0695	14.448	14.479	6.320	6.304	.739	.740
Qual→V9	.936	.936	.071	.0708	13.204	13.216	7.749	7.755	.639	.639

2. 경로계수 결과 비교

두 프로그램에서 경로계수의 비표준화계수, 표준오차, C.R.에 대한 결과 비교는 다음과 같다.

Amos 결과	Lisrel 결과
Regression Weights: (Group number 1 - Default model) 	Estimate	S.E.	C.R.	P	Label	 Satis <--- Qual	.557	.061	9.082	***	 Intent <--- Satis	.400	.096	4.153	***	 Intent <--- Qual	.322	.079	4.089	***		satis = 0.556*qual, Errorvar.= 0.284 , R? = 0.450 (0.0613) (0.0440) 9.080 6.468 intent = 0.400*satis + 0.322*qual, Errorvar.= 0.288 , R? = 0.482 (0.0963) (0.0787) (0.0442) 4.157 4.093 6.524

비표준화계수, 표준오차, C.R. 모두 두 프로그램에서 일치하는 결과를 보인다. 예를 들어 Qual→Satis의 경우, Amos에서는 경로계수의 비표준화계수

(Estimate)=.557, 표준오차(S.E.)=.061, C.R.=9.082인 반면, Lisrel에서는 비표준화계수=.556, 표준오차=.0613, t-value=9.080으로 두 프로그램에서 결과에 차이가 없는 것으로 나타났다.

두 프로그램에서 경로계수의 표준화계수에 대한 결과 비교는 다음과 같다.

Amos 결과	Lisrel 결과
Standardized Regression Weights: 			Estimate	
Satis <--- Qual	.671
Intent <--- Satis	.386
Intent <--- Qual	.374		BETA satis intent -------- -------- satis - - - - intent 0.386 - - GAMMA qual -------- satis 0.671 intent 0.374

표준화계수에서도 변수 간 경로계수가 정확히 일치한다. 예를 들어 Qual→Satis의 경우, Amos에서는 표준화계수(Estimate)=.671이며 Lisrel에서 표준화계수(GAMMA)=.671로 두 프로그램에서 결과의 차이가 없는 것으로 나타났다. 이들 경로계수에 대한 결과를 비교하면 다음과 같다.

경로	비표준화계수		표준오차 (S.E.)		C.R. (t-value)		표준화계수	
	Amos	Lisrel	Amos	Lisrel	Amos	Lisrel	Amos	Lisrel
Qual→Satis	.557	.556	.061	.0613	9.082	9.080	.671	.671
Satis→Intent	.400	.400	.096	.0963	4.153	4.157	.386	.386
Qual→Intent	.322	.322	.079	.0787	4.089	4.093	.374	.374

3. 모델적합도 결과 비교

두 프로그램의 모델적합도에 대한 결과 비교는 다음과 같다.

Amos 결과	Lisrel 결과

Amos 결과

Model Fit Summary

CMIN

Model	NPAR	CMIN	DF	P	CMIN/DF
Default model	21	29.690	24	.195	1.237
Saturated model	45	.000	0		
Independence model	9	1280.312	36	.000	35.564

RMR, GFI

Model	RMR	GFI	AGFI	PGFI
Default model	.017	.969	.941	.517
Saturated model	.000	1.000		
Independence model	.408	.291	.114	.233

Baseline Comparisons

Model	NFI Delta1	RFI rho1	IFI Delta2	TLI rho2	CFI
Default model	.977	.965	.995	.993	.995
Saturated model	1.000		1.000		1.000
Independence model	.000	.000	.000	.000	.000

Lisrel 결과

Goodness of Fit Statistics

Degrees of Freedom = 24
Minimum Fit Function Chi-Square = 29.786 (P = 0.192)
Normal Theory Weighted Least Squares Chi-Square = 29.186 (P = 0.213)
Estimated Non-centrality Parameter (NCP) = 5.186
90 Percent Confidence Interval for NCP = (0.0 ; 23.029)

Minimum Fit Function Value = 0.150
Population Discrepancy Function Value (F0) = 0.0261
90 Percent Confidence Interval for F0 = (0.0 ; 0.116)
Root Mean Square Error of Approximation (RMSEA) = 0.0330
90 Percent Confidence Interval for RMSEA = (0.0 ; 0.0694)
P-Value for Test of Close Fit (RMSEA < 0.05) = 0.741

Expected Cross-Validation Index (ECVI) = 0.358
90 Percent Confidence Interval for ECVI = (0.332 ; 0.447)
ECVI for Saturated Model = 0.452
ECVI for Independence Model = 6.528

Chi-Square for Independence Model with 36 Degrees of Freedom = 1281.166
Independence AIC = 1299.166
Model AIC = 71.186
Saturated AIC = 90.000
Independence CAIC = 1337.851
Model CAIC = 161.451
Saturated CAIC = 283.424

Root Mean Square Residual (RMR) = 0.0170
Standardized RMR = 0.0205
Goodness of Fit Index (GFI) = 0.968
Adjusted Goodness of Fit Index (AGFI) = 0.941
Parsimony Goodness of Fit Index (PGFI) = 0.516

Normed Fit Index (NFI) = 0.977
Non-Normed Fit Index (NNFI) = 0.993
Parsimony Normed Fit Index (PNFI) = 0.651
Comparative Fit Index (CFI) = 0.995
Incremental Fit Index (IFI) = 0.995
Relative Fit Index (RFI) = 0.965

Critical N (CN) = 288.153

모델적합도 역시 두 프로그램에서 거의 동일한 값을 제공한다. 예를 들어 χ^2의 경우 Amos에서는 CMIN(χ^2)=29.690, DF(Degrees of Freedom)=24, p=.195이고, Lisrel에서는 Chi-Square=29.786, Degrees of Freedom=24, p=.192의 결과를 제공한다. 그 외에 GFI, AGFI, RMR, CFI와 같은 수치들도 두 프로그램에서 모두 거의 동일한 값을 제공한다.

4. 수정지수 결과 비교

두 프로그램의 수정지수(Modification Indices)에 대한 결과 비교는 다음과 같다.

Amos 결과	Lisrel 결과 (내용에 맞게 수정)
Modification Indices (Group number 1 - Default model) **Covariances: (Group number 1 - Default model)** 		M.I.	Par Change
---	---	---
e3 <--> e9	4.896	-.050
e3 <--> e6	4.083	.044
e1 <--> e9	4.483	.052 | **Variances: (Group number 1 - Default model)** | M.I.	Par Change | **Regression Weights: (Group number 1 - Default model)** | M.I.	Par Change	Modification Indices for THETA-DELTA-EPS |	V4	V5	V6	V7	V8	V9
---	---	---	---	---	---	---
V1	2.403	0.517	1.559	2.121	0.006	4.570
V2	1.107	3.040	0.073	2.517	2.461	0.284
V3	0.061	3.392	4.161	0.005	0.980	4.941	

모델의 수정지수는 두 프로그램이 약간 다른 결과값을 제공하는데, 수치만 다를 뿐 유의한 경로(M.I. 값이 4 이상)에 대해서는 동일한 결과를 제공한다. 예를 들어, Amos의 경우에는 변수 간 공분산(Covariances)에서 e3↔e9, e3↔e6, e1↔e9 등 3가지 경우를 제공하였고, Lisrel에서도 동일한 경로[4]에서 수정지수 값이 모두 4 이상임을 알 수 있다. 두 프로그램에서 제공하는 결과표에는 차이가 있는데, Amos의 경우 M.I. 지수가 4 이상인 경우만 제공하는 반면, Lisrel은 모든 변수의 결과를 제공하기 때문이다.

두 프로그램의 결과를 비교하면 다음과 같다.

경로	Amos	Lisrel
	Modification Indices Covariances	Modification Indices for THETA-DELTA-EPS
e3↔e9 (V3, V9)	4.896	4.941
e3↔e6 (V3, V6)	4.083	4.161
e1↔e9 (V1, V9)	4.483	4.570

---

4. Lisrel의 경우, 측정오차의 변수 이름이 따로 지정되지 않기 때문에 변수 이름을 기준으로 측정오차들의 M.I. 값이 제공된다. 즉 Amos에서 e3↔e9의 관계는 Lisrel의 경우에 Modification Indices for THETA-DELTA-EPS에서 V3과 V9의 관계를 보면 알 수 있다.

5. 간접효과 및 총효과의 유의성 검증

두 프로그램의 간접효과 및 총효과 크기에 대한 결과 비교는 다음과 같다.

Amos 결과	Lisrel 결과
Standardized Total Effects (Group number 1 - Default model) 	Total and Indirect Effects Total Effects of KSI on ETA

Amos 결과

Standardized Total Effects (Group number 1 - Default model)

	Qual	Satis	Intent
Satis	.671	.000	.000
Intent	.632	.386	.000

Standardized Indirect Effects (Group number 1 - Default model)

	Qual	Satis	Intent
Satis	.000	.000	.000
Intent	.259	.000	.000

Standardized Total Effects - Two Tailed Significance (BC)

	Qual	Satis	Intent
Satis	.005	...	...
Intent	.003	.006	...

Standardized Indirect Effects - Two Tailed Significance (BC)

	Qual	Satis	Intent
Satis	...	...	...
Intent	.005	...	...

Lisrel 결과

Total and Indirect Effects

Total Effects of KSI on ETA

```
              qual
            --------
satis       0.671
           (0.086)
            7.828

intent      0.632
           (0.084)
            7.516
```

Indirect Effects of KSI on ETA

```
              qual
            --------
satis        - -

intent      0.259
           (0.068)
            3.778
```

Total Effects of ETA on ETA

```
            satis    intent
           -------- --------
satis       - -       - -

intent     0.386      - -
          (0.097)
           3.971
```

표에서 알 수 있듯이 간접효과 및 총효과 크기에 대해서 두 프로그램은 정확히 일치하는 수치를 제공한다. 예를 들어, Amos의 경우에는 Qual→Intent로 가는 간접효과=.259, 총효과=.632임을 알 수 있으며, Lisrel 역시 동일한 결과를 보여 주고 있다.

하지만 간접효과 및 총효과의 유의성에 대해 Lisrel의 경우에는 Sobel test를 이용하여 유의성을 바로 제공하나, Amos의 경우는 유의성을 바로 제공하지 않고 조사자가 직접 부트스트래핑(Bootstrapping)[5]을 이용하여 유의성을 구해야 한다. 이러한 차이로 인해 간접효과 및 총효과의 유의성에 대해 두 프로그램은 서로 다른 결과치를 제공하기도 한다.

경로	간접효과				총효과			
	Amos		Lisrel		Amos		Lisrel	
	간접효과 크기	유의확률 (p)	간접효과 크기	유의확률 (t-value)	총효과 크기	유의확률 (p)	총효과 크기	유의확률 (t-value)
Qual→Satis	-	-	-	-	.671	?	.671	7.828
Satis→Intent	-	-	-	-	.386	?	.386	3.971
Qual→Intent	.259	?	.259	3.778	.632	?	.632	7.516

그렇다면 Sobel test와 부트스트래핑은 어떻게 다른지 알아보도록 하자.

(1) Sobel test

Sobel test는 Sobel(1982)이 제시한 방법으로 Lisrel 및 EQS 등 다양한 구조방정식 모델 프로그램에서 이 방법을 채택하여 간접효과 유의성(매개효과)을 검증하고 있다.

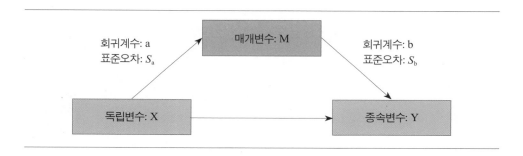

---

[5]. Amos의 경우, 간접효과 및 총효과의 유의성에 대해 C.R.값 대신 유의확률인 p값을 제공한다. Amos에서 부트스트래핑에 대한 자세한 사용법은 《구조방정식모델 개념과 이해》(우종필, 2012, pp. 214~216)를 참조하기 바란다.

Sobel test의 공식은 다음과 같다.

$$Z = \frac{a \times b}{\sqrt{(b^2 \times s_a^2 + a^2 \times s_b^2)}}$$

지금부터 품질 모델에서 Qual → Satis → Intent 경우의 예를 들어보도록 하자. Lisrel에서 제공한 경로계수의 결과와 결과수치를 모델의 형태로 도식화하면 다음과 같다.

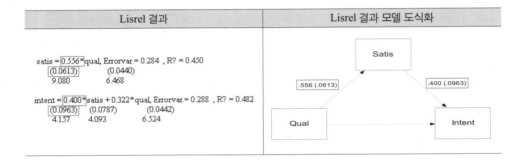

위의 수치를 가지고 Sobel test를 검증한 결과[6]는 아래와 같다.

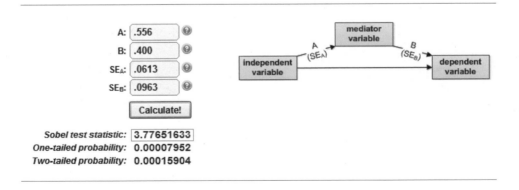

---

6. Sobel test의 결과는 아래의 사이트에서 손쉽게 계산할 수 있다.
http://www.danielsoper.com/statcalc3/calc.aspx?id=31

위 결과는 Lisrel에서 제공하는 간접효과 유의성의 결과와 일치하는 수치이다.

Lisrel에서 제공하는 간접효과 유의성

Indirect Effects of KSI on ETA

```
              qual
             --------
   satis       - -

   intent     0.259
             (0.068)
              3.778
```

물론 Amos의 결과치를 가지고도 Sobel test의 결과를 알 수 있는데, Amos에서 제공한 경로계수의 결과수치를 도식화하면 다음과 같다.

Amos 결과	Amos 결과 모델 도식화

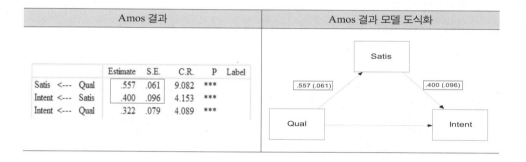

Amos에서 제공한 수치를 가지고 Sobel test를 검증한 결과는 아래와 같다.

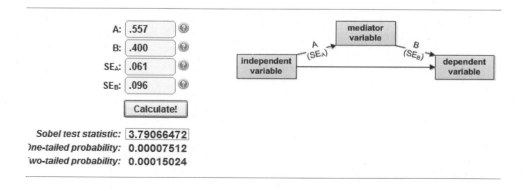

두 프로그램에서 제공하는 계수 수치가 정확히 일치하지 않는 이유는 Lisrel의 경우에는 표준오차를 소수점 넷째자리 수치까지 제공하나, Amos에서는 표준오차를 소수점 셋째자리 수치까지 제공하기 때문이다.

Amos에서는 Sobel test에 대한 결과를 제공하지 않기 때문에 분석결과를 Amos 결과에서 확인할 방법은 없다.

(2) 부트스트래핑

Amos에서 간접효과의 유의성을 알아보기 위해서는 부트스트래핑을 사용해야 한다. Sobel test의 경우는 수식에 사용된 a와 b가 다변량 정규분포를 해야 하고, a×b 역시 다변량 정규분포를 해야 하는 통계적 가정이 필요하지만, 부트스트래핑에서는 정규분포곡선을 따라야 한다는 가정을 하지 않는 특징이 있다. 대신에 Amos에서 부트스트래핑을 사용하기 위해서는 다음과 같은 방법으로 부트스트래핑 횟수를 지정해 주어야 한다.

부트스트래핑 횟수 지정

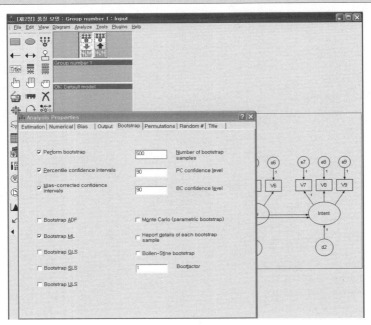

부트스트래핑 횟수를 500번으로 지정한 결과(Bias-corrected percentile method)의 간접효과 및 총효과에 대한 유의성은 다음과 같다.

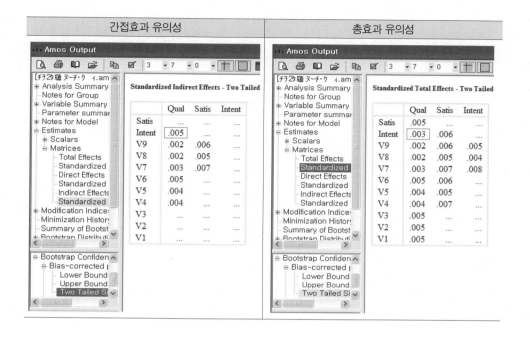

| 간접효과 유의성 | 총효과 유의성 |

흥미로운 점은 Lisrel에서는 유의성에 대해서 유의확률인 p값은 제공하지 않고 t-value만을 제공하는 반면, Amos에서는 t-value에 해당하는 C.R. 값을 제공하지 않고 유의확률인 p값만 제공하기 때문에 두 수치를 직접적으로 비교하는 것이 불가능하다는 것이다.

예를 들어, Lisrel의 경우에는 Qual→Intent의 경로에 대해 간접효과(t-value=3.778) 및 총효과(t-value=7.516)의 t-value만 제공하는 반면, Amos의 경우에는 간접효과 (p=.005) 및 총효과(p=.003)의 유의확률(p)만 제공한다. 두 프로그램의 유의성 결과를 종합하면 다음과 같다.

경로	간접효과				총효과			
	Amos		Lisrel		Amos		Lisrel	
	간접효과 크기	유의확률 (p)	간접효과 크기	유의확률 (t-value)	총효과 크기	유의확률 (p)	총효과 크기	유의확률 (t-value)
Qual→Satis	-	-	-	-	.671	.005	.671	7.828
Satis→Intent	-	-	-	-	.386	.006	.386	3.971
Qual→Intent	.259	.005	.259	3.778	.632	.003	.632	7.516

본 장에서는 Amos와 Lisrel의 프로그램 특징과 결과를 비교분석한 후, 그 차이점에 대해서 알아보았다. 실제 두 프로그램에 대한 기술적인 차이는 거의 없으며, 입력되는 원자료나 공분산행렬(또는 상관행렬)이 같고 연구모델의 형태가 일치한다면 어느 프로그램을 사용하더라도 결과는 동일하다는 것을 알 수 있었다. 유일하게 간접효과 및 총효과의 유의성 등에 대해 Lisrel은 Sobel test를, Amos는 부트스트래핑을 사용하기 때문에 차이[7]가 있을 수 있지만, 어느 방법이 더 나은 방법이라고 하기 힘들기 때문에 각 프로그램에서 제공하는 수치들을 사용하면 된다.

결론적으로 조사자는 본인이 사용하기 편하고 익숙한 프로그램을 선택해서 사용하면 되며, '어느 특정 프로그램이 다른 프로그램보다 더 좋다.'라던가 '어느 프로그램을 사용해야 더 좋은 결과가 나올까?'라는 쓸데없는 논쟁들로 더 이상 시간낭비를 하지 않았으면 한다. 그럴 시간에 오히려 좋은 연구모델을 개발하기 위해 힘쓰는 것이 더 중요하기 때문이다.

---

7. 두 프로그램에서 제공하는 간접효과 및 총효과의 유의성에 대해 차이가 나기도 하니 이 점을 유의해야 한다. 예를 들어, 동일한 데이터를 동일모델에 적용했다 하더라도 Lisrel의 경우에는 t-value가 1.965 이상으로 유의하나, Amos의 경우에는 유의확률인 p의 수치가 .05 이상으로 유의하지 않는 등, 두 프로그램에서 제공하는 유의성에 대해서 유의미한 차이가 나기도 한다.

Amos에서 제공하는 두 가지 유의확률

Amos에서 간접효과 유의성을 검증하기 위해 부트스트래핑을 이용했다면, 조사자는 프로그램에서 기본적으로 제공하는 ML(Maximum Likelihood)법에서 얻은 직접효과의 유의확률과 부트스트래핑을 통해 얻은 직접효과의 유의확률을 얻게 된다. 부트스트래핑은 간접효과 및 총효과에 대한 유의확률뿐만 아니라 직접효과에 대한 유의확률도 제공하기 때문이다. 즉 Amos에서 부트스트래핑을 이용한 조사자는 두 가지 다른 유의확률을 얻게 되는 것이다.

품질 모델의 부트스트래핑에서 제공한 유의성

직접효과 유의확률				간접효과 유의확률				총효과 유의확률		
Standardized Direct Effects - Two Tail				**Standardized Indirect Effects - Two Tail**				**Standardized Total Effects - Two Taile**		
	Qual	Satis	Intent		Qual	Satis	Intent		Qual	Satis	Intent
Satis	.005	...	...	Satis	...	...	...	Satis	.005	...	...
Intent	.004	.006	...	Intent	.005	...	...	Intent	.003	.006	...
V9	...	...	.005	V9	.002	.006	...	V9	.002	.006	.005
V8	...	...	.004	V8	.002	.005	...	V8	.002	.005	.004
V7	...	...	.008	V7	.003	.007	...	V7	.003	.007	.008
V6	...	.006		V6	.005			V6	.005	.006	
V5	...	.005		V5	.004			V5	.004	.005	
V4	...	.007		V4	.004			V4	.004	.007	
V3	.005			V3				V3	.005		
V2	.005			V2				V2	.005		
V1	.005			V1				V1	.005		

ML법을 이용한 직접효과와 부트스트래핑을 이용한 직접효과의 유의확률 결과를 비교하면 다음과 같다.

| ML법 | | | | | | 부트스트래핑 | | | |

Maximum Likelihood Estimates

Regression Weights: (Group number 1 - Default model)

			Estimate	S.E.	C.R.	P	Label
Satis	<---	Qual	.557	.061	9.082	***	
Intent	<---	Satis	.400	.096	4.153	***	
Intent	<---	Qual	.322	.079	4.089	***	
V1	<---	Qual	1.000				
V2	<---	Qual	.998	.059	16.797	***	
V3	<---	Qual	.951	.062	15.459	***	
V4	<---	Satis	1.000				
V5	<---	Satis	1.093	.075	14.608	***	
V6	<---	Satis	1.044	.075	13.999	***	
V7	<---	Intent	1.000				
V8	<---	Intent	1.005	.070	14.448	***	
V9	<---	Intent	.936	.071	13.204	***	

Standardized Direct Effects - Two Tail

	Qual	Satis	Intent
Satis	.005	...	...
Intent	.004	.006	...
V9	...	...	.005
V8	...	...	.004
V7	...	...	.008
V6	...	.006	...
V5	...	.005	...
V4	...	.007	...
V3	.005	...	...
V2	.005	...	...
V1	.005	...	...

예를 들어, Qual → Satis의 경우에 ML법은 p=.000이나 부트스트래핑의 경우에는 p=.005로 두 결과는 일치하지 않는다.

경로	ML법 직접효과 유의확률	부트스트래핑 유의확률
Qual→Satis	.000	.005
Satis→Intent	.000	.006
Qual→Intent	.000	.004

이런 경우, 논문에 어떤 결과를 발표해야 될지 조사자는 혼란스러울 수 있다. 일반적으로 직접효과와 관련된 가설의 경우는 프로그램에서 제공하는 ML법을 이용한 직접효과의 유의확률을 발표하는 것이 기본적으로 맞지만, 간접효과 및 총효과와 관련된 가설의 경우라면 부트스트래핑을 통한 직접효과의 유의확률을 제시해 주어야 한다.

특히, 부트스트래핑에서 반복횟수 수치에 따라 유의성 결과가 간혹 바뀌기도 하기 때문에 부트스트래핑 횟수를 몇 번으로 지정했는지도 가능하면 논문에 제시해 주는 것이 바람직하다.

구조방정식모델 개요

▣ 구조방정식모델이란?

구조방정식모델(Structural Equation Modeling, SEM)은 변수들 간의 상호인과관계를 검증하기 위한 통계기법으로서 사회학 및 심리학 분야에서 개발되었지만 현재는 경영학, 광고학, 교육학, 생물학, 체육학, 의학, 정치학 등 여러 학문 분야에서 광범위하게 사용되고 있다.

Amos(Analysis of MOment Structure) 프로그램을 사용하기 위해서는 구조방정식모델의 개념을 먼저 이해해야 한다. Amos는 구조방정식모델을 구현하기 위한 여러 프로그램 중 하나일 뿐 구조방정식모델 자체는 아니기 때문이다.

구조방정식모델이 처음 사용되기 시작한 때에는 '공분산구조분석(covariance structure analysis)', '인과 모델링(causal modeling)', '잠재변수모델(latent variable model)', 'Lisrel(LInear Structural RELations)'과 같은 다양한 이름으로 불리었다. 이 중 Lisrel은 맨 처음 개발된 프로그램이었기 때문에 구조방정식모델을 지칭하는 것으로 인식되어 왔지만, Lisrel 또한 Amos와 같이 구조방정식모델을 구현하는 여러 프로그램 중 하나일 뿐이다. 최근에는 이러한 여러 명칭이 '구조방정식모델'로 통용되고 있으며 본서에서도 '구조방정식모델'이라는 용어를 사용하였다.

구조방정식모델은 확인적 요인분석(Confirmatory Factor Analysis, CFA)과 경로분석(path analysis)이 결합된 형태로, 모델 형태의 관점에서 보면 확인적 요인분석은 측정모델(measurement model)에 해당되고 경로분석은 구조모델(structural model)에 해당된다.

구조방정식모델 = 확인적 요인분석(측정모델) + 경로분석(구조모델)

측정모델과 구조모델

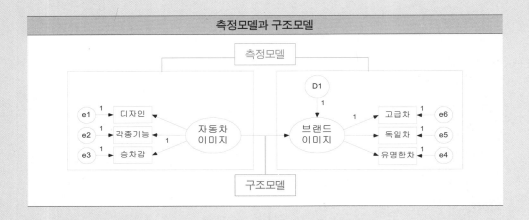

구조방정식모델 예

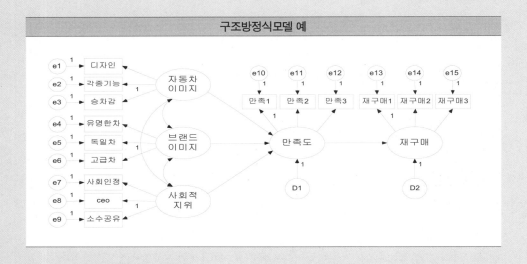

지금부터 구조방정식모델에서 기본이 되는 잠재변수, 관측변수, 외생변수, 내생변수, 오차변수에 대해 알아보도록 하자. 이 변수들은 영어의 알파벳에 해당하는 부분으로, 구조방정식모델을 구성하는 데 기본이 되는 변수들이기 때문에 각 변수의 의미를 명확히 알아두어야 한다.

■ 잠재변수

잠재변수(latent variable 또는 unobserved variable)는 구조방정식모델에서만 사용되는 변수로, 직접 관찰되거나 측정되지 않고 관측변수에 의해 간접적으로 측정된다. 구조방정식모델에서는 원이나 타원 형태로 나타내고 연구모델에서는 구성개념(construct)[8]으로 사용된다.

■ 관측변수

관측변수(observed variable)는 직접적으로 측정되는 변수로서 잠재변수에 연결되어 잠재변수를 측정한다. '관측변수'라는 명칭 이외에도 측정변수(measured variable), 명시변수(manifest variable), 지표(indicator) 등으로 불리며 구조방정식모델에서는 직사각형이나 정사각형 형태로 사용된다. 설문지의 측정항목처럼 조사자의 조사나 실험, 관찰 등을 통해서 직접 얻어지는 수치가 관측변수에 해당된다.

■ 외생변수

일반적으로 통계분석에서 사용하는 '독립변수(independent variable)'와 '종속변수(dependent variable)'라는 용어 대신 구조방정식모델에서는 '외생변수(exogenous variable)'와 '내생변수(endogenous variable)'라는 용어를 사용한다. 외생변수는 독립변수의 개념에 해당하며 다른 변수에 영향을 주는 변수이다. 외생변수를 구별할 수 있는 가장 간단한 방법은 화살표의 방향이다. 단어의 어원상 'exo~'는 'out'을 의미하기 때문에 화살표가 밖으로 향해 있으면 무조건 외생변수라고 생각하면 된다.

---

8. 직접적인 관찰이나 측정이 불가능한 추상적인 개념으로, 구조방정식모델에서는 잠재변수로 표현된다.

■ 내생변수

내생변수는 종속변수의 개념에 해당하며 최소한 한 번 이상은 직접 또는 간접적으로 영향을 받는 변수이다. 내생변수는 외생변수에 직접적으로 영향을 받는 변수(A→B에서 B의 경우)이지만, 다른 내생변수에 영향을 받는 변수(A→B→C에서 C의 경우)도 해당된다. 또한 화살표를 받는 동시에 화살표를 주는 변수(A→B→C에서 B의 경우)가 존재하는데, 이것 역시 내생변수에 해당된다.

1) 잠재변수	2) 관측변수	3) 외생변수	4) 내생변수

■ 외생잠재변수, 내생잠재변수, 외생관측변수, 내생관측변수

잠재변수와 관측변수, 외생변수와 내생변수의 개념을 이용하면 아래 표와 같은 4가지 형태의 변수 조합이 만들어진다.

잠재변수와 관측변수, 외생변수와 내생변수의 조합

	외생변수	내생변수
잠재변수	외생잠재변수	내생잠재변수
관측변수	외생관측변수	내생관측변수

외생잠재변수(exogenous latent variable)는 다른 변수에 영향을 주기 때문에 화살표가 밖으로 향하며, 내생잠재변수(endogenous latent variable)는 외생변수의 영향을 받기 때문에 화살표를 받는 형태를 취한다. 변수 명칭의 순서는 외생과 내생, 잠재가 서로 바뀌어도 괜찮으므로 외생잠재변수(exogenous latent variable)를 잠재외생변수(latent exogenous variable)라고 해도 무방하다.

관측변수의 경우, Lisrel에서는 외생잠재변수에 붙어 있는 변수는 외생관측변수(exogenous observed variable), 내생잠재변수에 붙어 있는 변수는 내생관측변수(endogenous observed variable)로 구분한다.

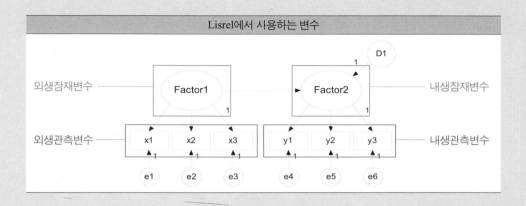

하지만 Amos에서는 외생관측변수와 내생관측변수를 따로 구분하지 않고 모든 관측변수를 내생관측변수로 간주한다.

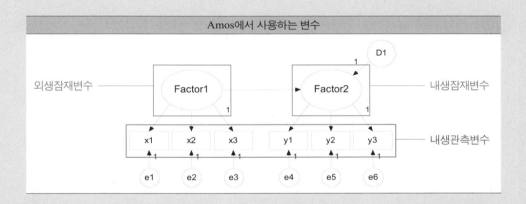

■ 오차변수

오차변수(error variable)는 우리 몸의 간과 같이 드러나지는 않지만 매우 중요한 역할을 하는 부분이다. 구조방정식모델에서 없어서는 안 되는 중요한 변수이나 많은 조사자들이 이를 무시한다. 현재까지 발표된 다수의 논문을 보더라도 오차분산의 크기나 오차 간 상관 등에 대한 결과를 찾아보기 힘든데, 상황이 이렇다 보니 오차변수의 개념조차 제대로 파악하지 못하고 분석하는 경우를 종종 볼 수 있다.

오차변수는 측정오차(measurement error)와 구조오차(structural error)로 분류하는데, Amos에서는 두 오차변수의 형태를 구분하지 않고 똑같은 아이콘으로 표현하기 때문에 두 오차변수의 개념과 차이를 이해하는 데 주의를 기울여야 한다.

오차변수 : 측정오차, 구조오차

---

① 측정오차

구조방정식모델에서의 측정오차는 잠재변수가 관측변수를 설명하고 난 나머지, 즉 설명하지 못하는 부분을 의미한다. 잠재변수와 관측변수, 측정오차의 관계를 보면 잠재변수에서 관측변수로 화살표가 향하고 측정오차에서 관측변수로 화살표가 향하는 형태다. 다시 말해 잠재변수는 관측변수에 의해 측정되지만 개념상으로 관측변수에 영향을 미치며, 그렇게 영향을 미치고 난 나머지 부분(설명하지 못하는 부분)을 측정오차가 설명하는 형태로 되어 있다.

아래의 그림에서 화살표 방향을 보면, 잠재변수 Factor1이 관측변수 x1에 영향을 미치고 측정오차 e1이 관측변수 x1에 영향을 미치는 것을 알 수 있는데, e1~e3이 바로 측정오차에 해당된다.

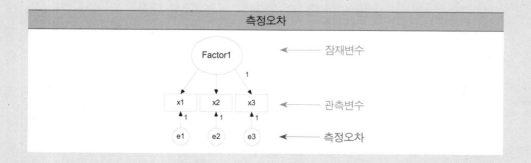

② 구조오차

구조오차(structural error)는 교란(disturbance), 잔차(residual), 방정식오차(equation error), 예측오차(prediction error) 등의 다양한 이름으로 불리며, 내생변수가 다른 변수들에 의해 설명되고 난 나머지 부분, 즉 설명되지 않은 부분을 의미한다.

■ 변수의 정리

지금까지 설명한 변수들의 명칭과 기호를 정리하면 다음과 같다. 변수명을 명확하게 구분하는 Lisrel과 달리, Amos에서는 따로 구분하지 않고 동일하게 표기하는 용어가 있기 때문에 이에 주의해야 한다. 예를 들어, Amos에서는 외생관측변수와 내생관측변수는 'observed, endogenous variable'로 표기하고, 외생잠재변수와 측정오차, 구조오차는 'unobserved, exogenous variable'로 동일하게 표기한다.

Amos & Lisrel 용어 비교

변수	Amos	Lisrel
잠재변수	unobserved variable	latent variable
관측변수	observed variable	observed variable
외생변수	exogenous variable	exogenous variable
내생변수	endogenous variable	endogenous variable
외생잠재변수	unobserved, exogenous variable	exogenous latent variable
내생잠재변수	unobserved, endogenous variable	endogenous latent variable
외생관측변수	observed, endogenous variable	exogenous observed variable
내생관측변수	observed, endogenous variable	endogenous observed variable
측정오차	unobserved, exogenous variable	measurement error
구조오차	unobserved, exogenous variable	disturbance

구조방정식모델에서 사용되는 변수와 기호

변수	기호	설명
잠재변수		구성개념에 해당하는 변수로 관측변수에 의해서 간접적으로 측정된다.
관측변수		실제로 얻어지는 데이터로서 잠재변수에 연결되어 잠재변수를 측정한다.
외생변수		독립변수의 개념에 해당하는 변수로 다른 변수에 영향을 준다.
내생변수		종속변수의 개념에 해당하는 변수로 다른 변수에 영향을 받는다.
측정오차		잠재변수가 관측변수를 설명하고 난 나머지, 설명하지 못하는 부분이다.
구조오차		내생잠재변수가 외생잠재변수에 의해서 설명되고 난 나머지, 설명하지 못하는 부분이다.

구조방정식모델의 완성

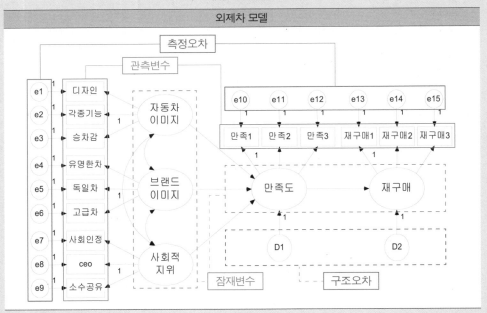

외제차 모델

58

▣ 요인분석

확인적 요인분석을 알아보기에 앞서 요인분석의 개념을 명확히 이해해야 한다. 요인분석은 탐색적 요인분석(Exploratory Factor Analysis, EFA)과 확인적 요인분석(Confirmatory Factor Analysis, CFA)으로 나뉘는데, 이 두 기법은 요인분석이라는 공통된 이름을 사용하지만 서로 다른 특성을 지닌다. 특히 구조방정식을 처음 배우는 초보자들의 경우에는 두 기법의 차이점을 잘 모르는 상태에서 확인적 요인분석을 실시하는 경우가 있는데, 이 두 기법의 개념 이해가 반드시 선행되어야 구조방정식모델에 대한 전반적인 이해를 할 수 있다. 탐색적 요인분석과 확인적 요인분석의 특성은 다음과 같다.

■ 탐색적 요인분석

탐색적 요인분석은 SPSS나 SAS 프로그램 등으로 분석하는 기법이다. 예전에는 '요인분석'이라고 불렀지만, 최근 들어 확인적 요인분석의 사용 빈도가 높아짐에 따라 이 둘을 구분하기 위해 '탐색적 요인분석'이라고 칭한다. 탐색적 요인분석은 변수들 간의 구조를 조사하고 통계적 효율성을 높이기 위해 변수의 수를 줄이기 위한 방법으로 사용되며, 변수와 요인의 관계가 이론상으로 체계화되지 않거나 논리적으로 정립되지 않은 상태에서 이용된다.

■ 확인적 요인분석

확인적 요인분석은 잠재변수와 관측변수 간의 관계 및 잠재변수 간의 관계를 검증하는 것이다. 탐색적 요인분석과 다른 점은 분석 전에 요인(잠재변수)의 수와 요인과 그에 따른 항목(관측변수)들이 이미 지정된 상태에서 분석된다는 것이다.

지금까지 알아본 탐색적 요인분석과 확인적 요인분석의 특성과 형태를 간단히 비교하면 다음과 같다.

탐색적 요인분석 & 확인적 요인분석 특성 비교

	탐색적 요인분석	확인적 요인분석
사용 프로그램	SPSS	Amos
영문 약자	EFA (Exploratory Factor Analysis)	CFA (Confirmatory Factor Analysis)
분석방법	탐색적, 경험적 방법	확인적, 검증적 방법
이론 과정	이론 생성 과정 (theory generating procedure)	이론 검증 과정 (theory testing procedure)
선행연구 여부	선행연구나 이론적 배경이 없는 경우	선행연구나 이론적 배경이 충분한 경우
지향성	데이터 지향적(data driven)	이론 지향적(theory driven)
요인의 수	요인의 수는 분석 전까지 알 수 없다.	요인(구성개념)들이 분석 전에 이미 지정되어 있다.
요인의 항목	어떤 요인에 어떤 항목이 묶이는지 분석 전까지 알 수 없다.	구성개념(잠재변수)에 대한 측정항목(관측변수)들이 분석 전에 이미 정해져 있다.

탐색적 요인분석 & 확인적 요인분석 형태 비교

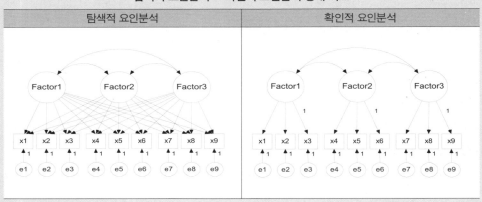

다시 말해 탐색적 요인분석이 다수의 변수들에서 소수의 요인을 추출하는 분석이라면, 확인적 요인분석은 잠재변수와 관측변수 간의 관계를 파악하는 분석이라고

할 수 있다. 이러한 특성 때문에 척도개발과 같은 주제를 다룬 논문에서는 탐색적 요인분석을 거친 후 다시 확인적 요인분석을 실시하기도 한다.

■ 확인적 요인분석 모델 & 구조방정식모델 비교

초보자들의 경우에는 확인적 요인분석과 구조방정식모델의 차이점을 잘 이해하지 못한다. 확인적 요인분석은 모든 잠재변수 간 관계가 공분산(상관)으로 설정되어 있는 반면, 구조방정식모델은 잠재변수 간 관계가 공분산 및 인과관계로 설정되어 있다. 또한 확인적 요인분석에는 내생변수가 없기 때문에 구조오차가 존재하지 않지만, 구조방정식모델에는 내생변수에 구조오차가 존재한다.

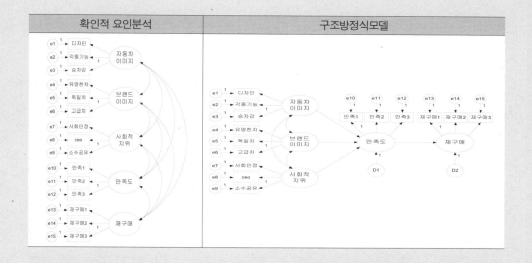

■ 고차 요인분석 모델

고차 요인분석(high-order factor analysis)은 확인적 요인분석 모델의 1차요인(first order factor) 위에 다시 2차요인(second order factor), 3차요인(third order factor)과 같은 상위요인이 존재하는 모델이다. 예를 들어, 조사자가 소비자의 전반적인 만족도를 측정하기 위해서 가격만족도 3항목, 서비스만족도 3항목, 품질만족도 3항목을 측정했다면, 잠재변수가 2단계로 되어 있기 때문에 연구모델은 2차 요인분석(second-order factor analysis)에 해당되며 형태는 다음과 같다.

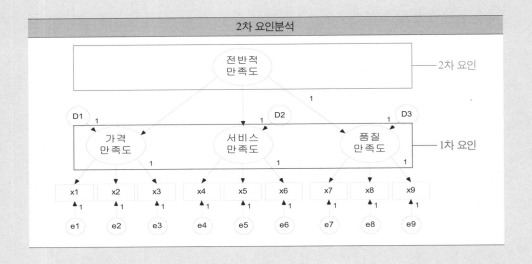

위의 그림에서 1차요인은 가격만족도, 서비스만족도, 품질만족도이며, 관측변수는 x1~x9, 측정오차는 e1~e9가 된다. 세 가지 1차요인 위에 다시 2차요인인 '전반적 만족도'가 존재하며 1차요인들이 2차요인에 의해 영향을 받고 있다.

■ 경로분석

■ 경로분석이란?

경로분석(path analysis)은 다수의 독립변수와 다수의 종속변수 간 인과관계를 분석하는 방법이다. 형태상으로 관측변수들 간의 관계로만 이루어져 있기 때문에 모델의 모양도 직사각형들로 구성되어 있다. 구조방정식모델과의 차이점은 잠재변수가 존재하지 않는다는 것인데, 사실 경로분석이 개발되었을 당시에는 잠재변수라는 개념이 존재하지 않았기 때문에 어찌 보면 당연한 일이라고 할 수 있다.

통계학적으로 보면 경로분석은 다중회귀분석이 발전된 기법이다. 그러나 회귀분석은 종속변수가 하나여야 한다는 제약이 있는 반면, 경로분석은 다수의 독립변수와 다수의 종속변수 간 인과관계뿐만 아니라 종속변수 간 인과관계 분석이 가능하기 때문에 복잡한 모델의 변수 간 인과관계를 한 번의 분석으로 측정할 수 있다. 또한 이러한 특성을 이용하여 직접효과, 간접효과, 총효과를 쉽게 파악할 수 있다는 장점도 지닌다.

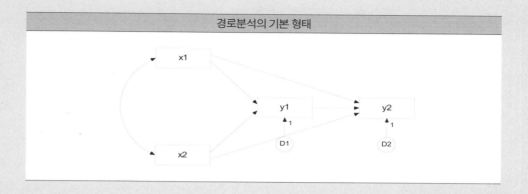

위의 모델을 보면 외생변수인 x1, x2가 서로 상관이 있으며 내생변수인 y1, y2에 영향을 미치고, y1이 다시 y2에 영향을 미친다. 그리고 오차변수인 D1은 외생변수인 x1, x2에 의해서 설명되지 못한 구조오차를 의미하며 D2 역시 x1, x2, y1에 의해서 설명되지 못한 구조오차를 나타낸다.

■ 재귀모델과 비재귀모델

경로분석은 크게 재귀모델(recursive model)과 비재귀모델(non-recursive model)로 나뉜다.

① 재귀모델

'일방향모델(unidirectional model)'이라고도 부르는 재귀모델은 변수 간 관계를 순차적인 한 방향으로만 설정한 모델이다. 화살표가 왼쪽에서 오른쪽으로 향하는 모델이라고 생각하면 된다. 또한 내생변수 내에 쌍방향 인과관계(reciprocal causation) 또는 순환적 인과관계(feedback loops)가 존재하지 않는다.

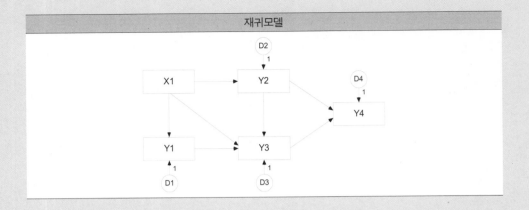

② 비재귀모델

비재귀모델은 내생변수 내에 쌍방향 인과관계 또는 순환적 인과관계가 존재하는 모델로, 변수끼리 서로 영향을 주고받는다. 쌍방향 인과관계는 아래 그림과 같이 Y1과 Y2가 서로 화살표를 주고받는 것을 알 수 있다(Y1→Y2, Y2→Y1).

순환적 인과관계는 Y1, Y2, Y3이 순환적으로 돌고 있음을 알 수 있다(Y1→Y2→Y3→Y1).

Chapter 3

구조방정식모델은 혜성처럼 나타난 기법이다?

강의 중에 학생들에게 구조방정식모델이 언제쯤 개발된 것 같으냐고 물어보면 20~30년 정도 됐을 거라는 대답이 가장 많다. 아마도 사용자가 크게 증가한 때가 얼마 되지 않아 그런 듯한데, 사실 그 기원을 거슬러 올라가면 구조방정식모델은 놀랍게도 100년에 가까운 오랜 역사를 지닌 기법이다. 또한 많은 이들이 구조방정식모델이 경로분석과 확인적 요인분석이 통합된 형태라는 점에 대해서는 어느 정도 인지하고 있지만, 그 결합 원인에 대해서는 자세히 알지 못하는 것 같다. 본 장에서는 구조방정식모델의 기원 및 경로분석과 확인적 요인분석이 서로 통합된 이유에 대해 알아보도록 하자.

1 구조방정식모델의 기원

구조방정식모델의 기원을 알아보기 위해서는 먼저 경로분석과 요인분석의 기원에 대해 알아봐야 한다. 구조방정식모델은 하나의 통계기법이 아니라 이질적인 두 통계기법이 하나로 결합된 형태이기 때문이다.

1. 경로분석의 기원

경로분석은 Sewall Green Wright(1889~1988) 교수가 개발한 분석방법이다. Wright 교수는 유전학자로 하버드대학교에서 박사학위를 받은 후 1925년까지 미국 농무부(U.S. Department of Agriculture)에서 재직하였고, 그 후 시카고대학교와 위스콘신대학교에서 교수직을 역임했다. 그의 연구들은 특히 포유류 및 생화학 유전 분야에 큰 공헌을 한 것으로 알려졌다. 경로분석이 경제학자나 통계학자가 아닌 유전학자에게서 기원하였다는 점이 흥미롭다.

Wright 교수는 1918년 기니피그(guinea pig)를 대상으로 연구한 결과를 논문[1]으로

---

1. Wright(1918).

발표하면서 경로분석의 개념을 최초로 사용하였다. 논문에서 측정한 결과값들에 대한 상관계수를 분석했으나 상관계수만으로는 본인이 원하는 결과를 얻지 못하자, 이 결과들을 바탕으로 다수의 종속변수를 기본으로 하는 경로분석을 개발한다. 이후 1921년[2], 1934년[3] 논문에서 비표준화 경로(path regressions, unstandardized coefficients) 및 표준화 경로계수(path coefficient, standardized regression coefficients)를 강조한 경로분석 방법과 함께 변수 간 총효과, 직접효과, 간접효과를 추정할 수 있는 방법을 제시했는데, 그 후 경로분석은 여러 경제학자에 의해 꾸준히 발전하게 된다(Haavelmo, 1943; Hood & Koopmans, 1953).

2. 확인적 요인분석의 기원

확인적 요인분석의 모체가 되는 요인분석 역시 오래된 통계기법 중 하나다. 요인분석의 기원은 Francis Galton(1869)으로 거슬러 올라가지만, 실제로 요인분석은 Charles Spearman(1904)에 의해 체계화되었다. Spearman은 인간의 지능이 일반요인(general factor)과 특수요인(specific factor)으로 이루어졌다고 하면서 공통요인(common factor)의 개념을 주장하였다.

그 후, 요인분석은 발전의 발전을 거듭하다가 1950년대와 1960년대에 큰 인기를 얻었는데 Jöreskog(1967), Jöreskog and Lawley(1968) 등이 최대우도법(Maximum Likelihood)을 기본으로 한 접근법(ML approach)을 개발하였고, 이후 Jöreskog and Goldberger(1972)가 GLS 접근법(Generalized Least Squares approach)을 다시 개발하였다. 이러한 과정 속에서 Anderson and Rubin(1956), Jöreskog(1969)이 기존의 요인분석(탐색적 요인분석)과 차별된 기법인 확인적 요인분석을 개발하게 된다.

---

2. Wright(1921).

3. Wright(1934).

Sewall Green Wright	Charles Spearman

Wright 교수 논문의 모형
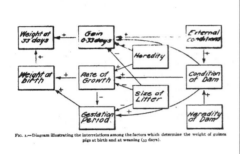 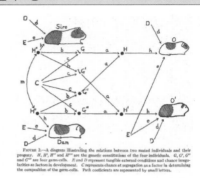

이렇게 독립적으로 개발된 경로분석과 확인적 요인분석이 1970년대 초반 Jöreskog(1973), Keesling(1972), Wiley(1973)에 의해 통합되는데,[4] 이것이 바로 구조방정식모델의 기원이 된다. 요컨대 구조방정식모델은 어느 날 갑자기 혜성처럼 나타난 것이 아니라, 전통적으로 사용하던 기법들을 변형하고 결합하여 탄생하게 된 것이다. 즉 구조방정식모델의 기원을 엄밀히 따지면 100년이 넘는 역사를 가지며, 두 기법을 합친 'JKW모델'을 기준으로 본다면 약 40년 정도의 역사를 지녔다고 볼 수 있다.

---

4. Bentler(1980)는 세 논문을 'JKW모델'이라 칭했다.

그렇다면 어떤 이유로 경로분석과 확인적 요인분석이 결합하여 구조방정식모델이란 기법으로 재탄생하게 되었을까? 그 이유에 대해 알아보도록 하자.

1. 경로분석의 문제점

경로분석은 회귀분석에서 구현하기 불가능한 다수의 독립변수와 다수의 종속변수 간 인과관계 및 종속변수끼리의 인과관계를 검증할 수 있다는 장점을 지니고 있다. 이런 측면에서 보면 회귀분석보다 한 단계 진일보한 분석방법인 것은 맞다. 그러나 구성개념이 하나의 측정치로 완벽하게 측정되며 측정오차가 존재하지 않는다는 통계적 가정을 하고 있다. 이런 가정에서 구성개념이 실제 단일항목으로 측정되었다면 문제가 되지 않지만, 만약 다수의 관측변수에 의해서 측정된 후 평균이나 총점처럼 단일항목 형태로 전환된 경우라면 실제 분석과 통계적 가정 간에 문제가 발생한다.

> 경로분석의 가정
> ① 설정된 경로분석모델에 이론상 오류가 없어야 한다.
> ② 경로분석에서 사용되는 변수들은 측정오차가 없어야 한다.
> ③ 모든 구조오차는 등분산성을 가지며 서로 연관이 없고 독립적이어야 한다.
> ④ 경로분석에 포함된 변수들 간 구조관계는 선형(linear)이고 가법적(additive)이어야 한다.
> ⑤ 경로분석의 모든 변수는 등간이나 비율척도로 측정된 변수이어야 한다.
> ⑥ 경로분석에서는 순환적(recursive) 관계만 가정한다.

예를 들어, '만족도'라는 구성개념을 측정하기 위해 3항목을 사용하였다고 가정해 보자.[5] 조사자가 이 항목들을 단일항목으로 전환하기 위해 항목들의 평균값을

---

5. 구성개념들이 한 항목씩으로만 측정되었을 경우, 측정오차는 존재하지 않지만 모든 구성개념이 단일항목으로 측정되었기 때문에 잠재변수가 존재하는 구조방정식모델을 사용하는 것 자체가 불가능하며 경로분석 형태의 분석만 가능하다.

단일항목으로 사용하였을 경우, 만족도란 구성개념은 형태상으로는 단일항목이지만 3항목의 평균치이기 때문에 측정항목들 간의 불일치에 해당하는 측정오차가 존재하게 된다. 문제는 경로분석에서는 이러한 측정오차가 존재하지 않고, 변수가 완벽하게 측정되었다고 가정하기 때문에 통계적 가정과 현실 사이에서 문제가 발생한다는 점이다. 이런 경우에 분석결과는 측정오차가 포함된 상태에서 도출되는데, 대다수 논문에서 구성개념을 측정할 때 다수의 항목을 사용하여 측정하기 때문에 앞서 언급한 문제(측정오차)가 필연적으로 발생하게 된다.

2. 신뢰성 검증

다수의 측정항목을 사용한 논문들은 단일항목으로 만들기 전 항목들의 신뢰성 검증을 위해 반드시 신뢰성 분석을 실행한다. 신뢰성은 '측정하고자 하는 현상이나 대상을 얼마나 일관성 있게 측정하였는가?'를 나타내는 것으로서 안정성(stability), 일관성(consistency), 예측가능성(predictability), 정확성(accuracy)으로 표현하기도 한다. 신뢰성 측정방법은 동일한 대상을 상대로 일정한 시간을 두고 반복적으로 측정한 재검사법(test-retest method), 측정도구나 방법을 2개로 나눈 다음 서로 얼마나 다른지를 비교하는 반분법(split-half method), 그리고 동일한 개념을 측정하기 위해 다수의 항목을 이용하는 내적 일관성(internal consistency reliability) 방법 등이 있다. 내적 일관성을 구할 때는 크론바흐 알파(Cronbach's alpha)를 많이 사용하는데 식은 다음과 같다.

$$\alpha = \frac{k}{k-1}(1-\frac{\sum_{i=1}^{k}\sigma_i^2}{\sigma_y^2})$$

k: 항목 수, σ_y^2: 총분산, σ_i^2: 각 항목의 분산

신뢰성 이론을 보면, 변수의 측정값은 실제값(true score)과 오차(error)로 구성되어 있기 때문에 오차가 적을수록 신뢰성이 높다고 할 수 있다. 그리고 신뢰계수는 반복측정의 경우에 해당하기 때문에 측정값에서 실제값이 차지하는 비율보다는 측

정값의 분산으로 정의하는 것이 바람직하다고 할 수 있다.

신뢰계수는 총분산 중 실제값들의 분산을 나타내는 진분산을 차지하는 비율로 계산[6]되기 때문에 나머지 분산은 오차분산에 해당하게 된다. 실제 진분산과 오차분산으로 분리하는 것은 불가능하지만 그림으로 표현하면 다음과 같다.

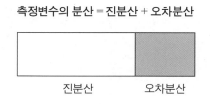

측정변수의 분산 = 진분산 + 오차분산

진분산   오차분산

일반적으로 분석에서 신뢰계수가 .7 이상이면 측정항목의 신뢰성이 양호한 것으로 간주한 후 평균과 같은 단일변수로 전환한 후 분석에 사용한다. 그런데 문제는 여기서 신뢰계수가 .7 이상이라 하더라도 변수를 평균으로 변환할 경우에 신뢰계수가 1이 아니기 때문에 그 변환치의 분산에는 오차분산이 존재한다는 것이다. 지금까지 이 점을 무시한 상태에서 분석을 진행해 왔던 것뿐이다. 설사, 연구모델에서 측정항목들에 대한 신뢰계수가 높아 측정도구의 신뢰성이 높다 하더라도 항목들의 측정오차는 존재하므로, 이 상태에서 분석을 실시하는 것은 오차분산이 존재하는 상태에서 분석을 진행하는 것을 의미한다.

---

6. 이훈영(2008).

3. 측정오차가 포함된 분석

[품질 모델]을 이용하여 측정오차가 포함된 분석의 예를 살펴보도록 하자. 연구모델의 형태는 다음과 같다.

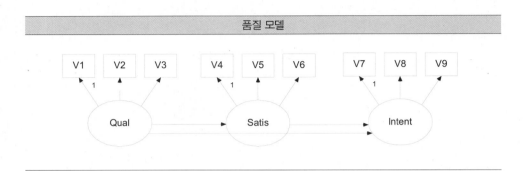

모델에서 각 구성개념은 3항목으로 측정하였고, 구성개념들에 대한 신뢰성 분석 결과는 다음과 같다.

구성개념	측정항목	신뢰계수
품질 (V1~V3)	3	.910
만족 (V4~V6)	3	.887
재구매 의도 (V7~V9)	3	.879

위 모델은 각 구성개념의 신뢰계수가 모두 .80 이상으로 이들 항목을 평균으로 단일항목화하는 데 큰 문제가 없지만, 변수에 오차의 분산이 포함되어 있다는 것을 알 수 있다. 구성개념이 단일항목화되었기 때문에 모델은 경로분석의 형태를 띠게 된다.

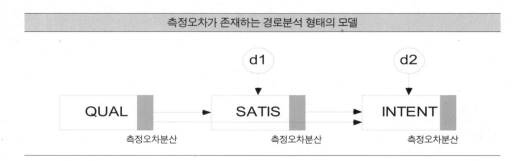

경로분석모델의 분석결과는 다음과 같다.

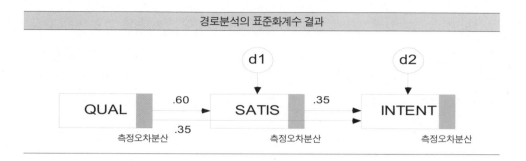

경로분석에서는 '측정오차는 존재하지 않는다.'라는 가정을 하기 때문에 측정오차는 존재하지 않으며 구조오차인 d1과 d2만 설정해 주면 된다. 하지만 실제 분석은 측정오차가 포함된 상태의 분석결과를 제공하고 있음을 알 수 있다.

4. 확인적 요인분석 개발과 결합

경로분석과 별도로 Jöreskog(1969) 등에 의해 확인적 요인분석이 개발되었다. Jöreskog은 구성개념을 측정할 때 측정항목들의 공통분산과 오차분산을 분리하는 데 성공하는데, 이것이 바로 확인적 요인분석이다. 즉 하나의 구성개념을 다음과 같이 순수한 공통분산을 가진 잠재변수와 오차분산을 가진 오차변수로 분리한 것이다.

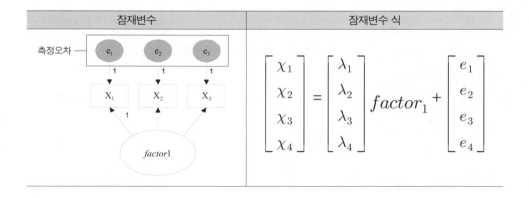

그 후 Jöreskog(1973), Keesling(1972), Wiley(1973) 등이 기존의 경로분석과 확인적 요인분석을 결합하는데, 이로써 경로분석이 지닌 측정오차의 약점을 확인적 요인분석의 잠재변수가 해결하게 된다. 즉 기존의 단일항목을 이용한 경로분석에서는 변수 자체에 측정오차가 포함된 상태에서 분석이 진행되었지만, 확인적 요인분석을 통한 구조방정식모델의 경우에는 측정오차가 배제된 상태에서 인과관계 분석이 진행되게 된 것이다.

5. 구조방정식모델의 형태

경로분석의 변수 위치에 잠재변수를 결합시킴으로써 탄생한 구조방정식모델의 형태는 다음과 같다. 경로분석에서 단일항목으로 측정된 변수의 자리에 잠재변수가 대신 들어간 형태다.

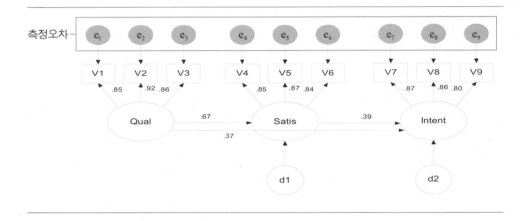

위 모델의 경우에는 경로분석모델과 달리 측정오차에 해당하는 e1~e9가 잠재변수 간 인과관계에 포함되지 않고 관측변수 밖으로 빠져 있다. 이는 경로분석에서는 측정오차가 포함된 상태에서 분석되던 변수 간 인과관계가 구조방정식모델에서는 측정오차가 포함되지 않은 상태에서 분석되는 것을 보여 준다.

경로분석과 구조방정식모델로 분석한 표준화 경로계수에 대한 차이는 다음과 같다.

경로	경로분석	구조방정식모델
Qual→Satis	.600	.671
Satis→Intent	.350	.386
Qual→Intent	.354	.374

크지는 않더라도 두 분석 간 경로계수의 크기에 분명한 차이가 있다는 점을 표를 통해 알 수 있다. 만약 측정항목 간 오차가 큰 경우라면, 경로분석과 구조방정식모델 간 경로계수의 차이는 당연히 더 커질 것이다.

본 장에서는 구조방정식모델의 기원, 경로분석과 확인적 요인분석이 합해진 이유에 대해서 알아보았다. 결론적으로 구조방정식모델은 어느 날 갑자기 나타난 기법이 아니라 오랜 역사를 지닌 (서로 다른 성격의) 두 분석이 합쳐져 재탄생한 강력한 기법이라고 할 수 있다. 내용적으로 본다면 경로분석은 다수의 독립변수와 종속변수 간 인과관계 및 종속변수 간 인과관계를 검증할 수 있다는 장점이 있으나 측정 오차에 관한 문제가 있었다. 그러나 경로분석이 확인적 요인분석과 결합해 구조방정식모델 형태로 변화하면서 측정오차에 대한 문제가 해결되고, 그로 인해 기존의 방법보다 훨씬 더 정확하게 변수 간 인과관계를 측정할 수 있게 된 것이다.

▶▶▶ 알아두세요

경로분석에서 측정오차 해결법

경로분석에서 측정오차에 대한 부분을 전혀 해결하지 못하는 것은 아니며 이 문제점을 해결하기 위해 '(1−신뢰계수 α)×관측변수의 분산' 기법이 사용되고 있다. 이 기법은 측정오차의 크기를 고려한 상태에서 연구모델을 분석하는 방법으로, 경로분석 형태의 모델을 '단일 잠재변수와 단일 관측변수' 모델 형태로 변형한 후 (1−신뢰계수 α)의 값에 관측변수의 분산을 곱하여 나온 수치를 측정오차의 분산에 입력해 주는 방식이다[자세한 사용법은《구조방정식모델 개념과 이해》(우종필, 2012, pp. 206~209)를 참조하라].

[품질 모델]에서 이 기법을 계산하는 방법은 다음과 같다. 먼저 SPSS를 통해 신뢰계수와 각 변수의 분산을 구한 후, 이 수치를 이용해 '(1−α)×분산'의 수치를 계산한다.

구성개념	신뢰계수	(1−α)	분산	(1−α)×분산
품질	.910	.090	.798	.072
만족	.887	.113	.636	.072
재구매 의도	.879	.121	.608	.074

다음으로 경로분석을 '단일 잠재변수와 단일 관측변수'화한 모델에서 각 측정오차 분산에 '(1−α)×분산'의 수치를 입력한다. 예를 들어, 품질(QUAL)의 측정오차인 e1의 분산에 .072를 입력해 준다. 만족과 재구매 의도 역시 같은 방법으로 입력한다.

입력을 마친 모델과 분석결과는 다음과 같다.

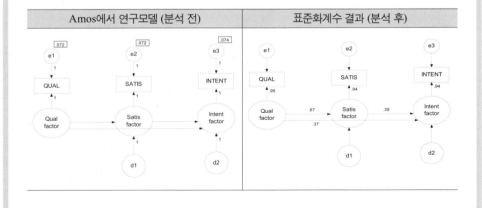

경로분석, 구조방정식모델, '(1−α)×분산' 기법에 대한 표준화계수 결과값을 비교하면 다음과 같다.

경로	경로분석	구조방정식모델	(1−α)×분산
Qual→Satis	.600	.671	.668
Satis→Intent	.350	.386	.390
Qual→Intent	.354	.374	.371

'(1−α)×분산' 기법의 결과치가 경로분석에 비해 구조방정식모델의 결과치와 더 비슷하다. 예를 들어 품질(Qual factor)→만족(Satis factor)의 경우, 경로분석에서는 .600이지만 '(1−α)×분산' 기법을 이용한 분석결과에서는 0.668로, 구조방정식모델의 .671에 좀 더 비슷한 결과를 보인다. 그 이유는 이미 측정오차를 고려한 상태에서 분석을 진행했기 때문이다.

한 가지 주의해야 할 점은 이 분석의 결과가 구조방정식모델의 결과와 좀 더 비슷한 것은 사실이더라도 모든 경로분석에서 이 방법을 사용해야 하는 것은 아니며, 이 기법의 사용 여부는 전적으로 조사자에게 달려 있다는 것이다.

단, '(1−α)×분산' 기법을 사용했다면 이 기법의 사용 여부를 논문에 제시해 주는 것이 바람직하다. '(1−α)×분산' 기법을 사용한 결과와 그렇지 않은 분석결과 사이에 상당한 차이가 존재하기 때문이다.

#1 좋아하는 일과 잘하는 일

가끔 TV에서 명사들의 얘기를 듣다 보면 "자신이 가장 좋아하는 일을 하라."라고 이야기들 합니다. 그런데 막상 본인이 좋아하는 일이 무엇인지를 발견하는 것 자체가 현실적으로 쉽지 않습니다. 여러분들은 그런 생각해 본 적 없으신가요? 물론 운 좋게 자기가 좋아하는 일을 찾아 즐기면서 하는 이도 있겠지만, 현실적으로 몇몇 극소수의 사람들 얘기가 아닐까 생각합니다. 예를 들어, 어떤 학생이 아무리 노래를 좋아한다 하더라도 수백, 수천 대 일의 오디션을 통과해서 가수가 되고, 또 그 직업으로 성공할 확률은 과연 몇 퍼센트나 될까요?

언젠가 '총각네 야채가게' 이영석 대표의 강연을 보다가 "자기가 좋아하는 일을 찾기보다 잘하는 일을 열심히 하다 보면 저절로 좋아하게 된다."라는 다소 역설적인 얘기를 들은 적이 있습니다. 그 순간 저도 모르게 고개가 끄덕여졌습니다. 현실적으로 본인이 좋아하는 일을 찾기란 쉽지 않습니다. 그러나 남들보다 잘하는 일을 찾는 것은 상대적으로 어렵지 않습니다. 본인이 처한 상황에서 주어진 일을 열심히 하다 보면 능숙해지기 때문입니다. 아르바이트를 하더라도 남들보다 열심히 하고, 직장에 다니더라도 자신의 위치에서 최선을 다한다면, 그 분야에 전문가가 되고 그 일을 저절로 좋아하게 되지 않을까요?

통계공부도 마찬가지가 아닐까 합니다. 저자가 만났던 학생들 중 처음부터 통계가 좋아서 공부한 사람은 손에 꼽을 정도입니다. 대부분은 통계가 필요해서 열심히 공부하다 보니 남들보다 잘하게 되고, 시간이 흐르면서 통계공부를 즐겨 하게 된 경우입니다. 저자 역시 처음부터 통계분석이 좋아서 공부를 시작한 게 아닙니다. 전공수업 때문에 통계의 필요성을 느꼈고, 그래서 열심히 하다 보니 통계공부에 흥미를 느낀 경우입니다.

본인이 좋아하는 것을 발견하여 열심히 하는 것만큼 행복한 일은 없겠지만, 그것이 쉽지 않다면 본인이 남들보다 잘하는 것이 무엇인지를 깨닫고 열심히 하다 보면 그 일을 좋아하게 되지 않을까 생각해 봅니다. 지금도 여러분 중에는 구조방정식모델과 같은 통계공부가 어렵게만 느껴지고 피할 수만 있다면 피하고 싶은 학문으로 생각되는 독자들이 있을 것입니다. 하지만 본인이 좋아하는 것만을 찾아 헤매는 것은 사막에서 오아시스만을 찾아다니는 것만큼이나 어려운 일 아닐까요?

Chapter 4

구조방정식모델에서
오차는 중요하지 않다?

구조방정식모델을 사용한 논문을 읽다 보면, 정말 안쓰러울 만큼 언급되지 않는 부분이 바로 오차이다. 아마 독자들 중에도 오차분산의 크기라든가 오차변수 간 상관이 언급된 논문을 접한 경우는 거의 없을 것이다. 사실 구조방정식모델에서 오차가 차지하는 부분은 크지만, 워낙 과소평가되다 보니 측정오차나 구조오차의 개념을 명확히 알고 있는 학생들은 매우 드문 것이 현실이다.

본 장에서는 이처럼 우리에게 익숙하지 않은 오차의 종류와 그 기능의 중요성에 대해 알아보도록 하자. 오차변수는 크게 측정오차(measurement error)와 구조오차(structural error)로 나뉜다.

1 측정오차

1. 연구방법론의 측정오차

측정오차란 용어는 연구방법론에서 자주 접할 수 있는데, 이때 측정오차는 조사자가 데이터를 수집할 때 발생하는 오차를 말한다. 대표적인 사례를 살펴보면 ① 조사자가 데이터에 수치를 잘못 입력했을 경우(3을 33으로 입력), ②응답자가 주어진 정보를 제대로 이해하지 못했을 경우(응답자가 이해하지 못하는 용어를 설문내용에 사용), ③어떤 이유로 응답자가 제대로 된 대답을 할 수 없는 경우(개인 프라이버시나 회사 기밀) 등이다. 가끔, 앞서 설명한 측정오차(연구방법론에서의 측정오차)를 구조방정식모델의 측정오차와 동일하게 인식하는 학생들이 있는 것 같은데, 실제로 두 개념에는 다소 차이가 있다.

2. 구조방정식모델의 측정오차

구조방정식모델에서 측정오차란, 연구방법론에서 말하는 측정오차가 완벽하게 통제됐다고 가정한 상태에서 응답치들의 불일치에 의해 자연스럽게 발생하는 오차다. 연구방법론의 측정오차가 완벽하게 통제됐다고 하더라도, 어떤 구성개념을 측정하기 위한 다수의 설문문항에 응답자들이 동일한 답을 하지 않기 때문이다. 구조방정식모델에서 측정오차는 관측변수 간 상관관계에 의해 측정되므로, 응답자들의 응답치들이 서로 높은 상관을 보였다면 항목들 간 측정오차는 적을 것이다. 왜냐하면 상관이 높을수록 측정항목 간 신뢰성은 당연히 높을 것이고, 이는 측정변수 간 공통분산에 해당하는 잠재변수가 관측변수를 설명하는 양이 크다는 것을 의미하기 때문이다. 이와 반대로 응답치들 간 낮은 상관은 낮은 신뢰성으로 이어지고, 이는 잠재변수가 관측변수를 설명하는 양이 작아지게 되므로 측정오차의 분산은 당연히 커지게 된다. 이런 이유로 구조방정식모델에서의 측정오차는 잠재변수가 관측변수를 설명하고 난 나머지, 즉 설명하지 못하는 부분을 의미한다.

3. 연구방법론의 측정오차가 구조방정식모델의 측정오차에 영향을 미치는 경우

개념적으로 연구방법론의 측정오차와 구조방정식모델의 측정오차가 분리되어 있는 것은 사실이지만, 현실적으로 연구방법론의 측정오차가 구조방정식모델의 측정오차를 일으키기도 한다. 예를 들어, 조사자가 3을 33으로 잘못 입력했을 경우 (연구방법론의 측정오차)에는 구조방정식모델의 큰 측정오차를 일으킨다.

[품질 모델]의 예를 들어 보도록 하자.

다음은 [품질 모델]의 데이터로서 '정상 데이터'와 '이상치 데이터'의 차이점을 보여 주고 있다. 이상치 데이터의 경우 case1에서 V1에 3을 33으로 잘못 표기했으며, case4에서 V4에 대해 4를 44로 잘못 표기한 경우이다.

정상 데이터	이상치 데이터

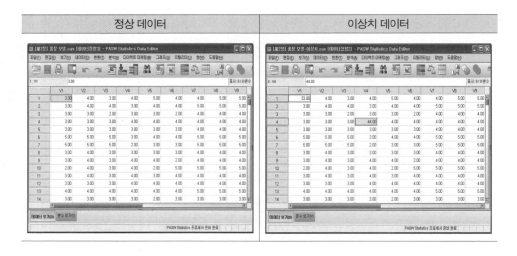

위 데이터를 이용해 분석한 결과는 다음과 같다.

정상 모델 (표준화계수)	이상치 모델 (표준화계수)

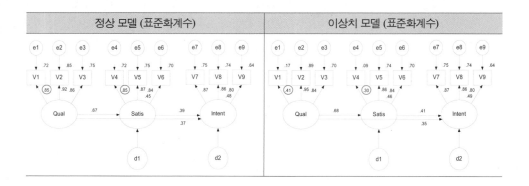

[품질 모델]에서 정상 모델의 경우 잠재변수인 Qual → V1로 가는 경로의 요인부
하량이 .85인 반면, 이상치 모델의 경우 같은 경로의 요인부하량이 .41로 낮게 나
온 것을 알 수 있다. Saits → V4로 가는 경로 역시 정상 모델의 경우 .85인 요인부
하량이 이상치 모델에서 .30으로 나타나고 있다.

일반적인 요인부하량의 적정기준치는 .50 이상이기 때문에 이상치 모델의 V1과
V4는 원칙적으로 삭제되는 것이 바람직하다. 즉 조사자의 부지중에 일어난 조그
마한 실수로 인해 멀쩡한 관측변수들을 삭제해야 하는 경우가 발생할 수도 있다.

이러한 이상치들은 SPSS와 Amos에서 처리할 수 있다.

먼저 SPSS의 경우, 기술통계 결과를 보면 각 변수의 최소값과 최대값을 통해서 이상치가 있는 변수를 발견할 수 있다.

정상 데이터 기술통계 결과						이상치 데이터 기술통계 결과					

기술통계량

	N	최소값	최대값	평균	표준편차
V1	200	1.00	5.00	3.1700	1.01798
V2	200	1.00	5.00	3.3550	.93989
V3	200	1.00	5.00	3.1750	.95337
V4	200	1.00	5.00	3.1400	.84497
V5	200	1.00	5.00	3.2150	.90713
V6	200	1.00	5.00	3.2000	.89667
V7	200	1.00	5.00	3.4750	.86203
V8	200	1.00	5.00	3.5500	.87253
V9	200	1.00	5.00	3.5400	.87305
유효수 (목록별)	200				

기술통계량

	N	최소값	최대값	평균	표준편차
V1	200	1.00	33.00	3.3200	2.34201
V2	200	1.00	5.00	3.3550	.93989
V3	200	1.00	5.00	3.1750	.95337
V4	200	1.00	44.00	3.3400	3.00993
V5	200	1.00	5.00	3.2150	.90713
V6	200	1.00	5.00	3.2000	.89667
V7	200	1.00	5.00	3.4750	.86203
V8	200	1.00	5.00	3.5500	.87253
V9	200	1.00	5.00	3.5400	.87305
유효수 (목록별)	200				

다음으로 Amos의 경우, [Analysis Properties]를 선택한 후 [Tests for normality and outliers]를 지정한다.

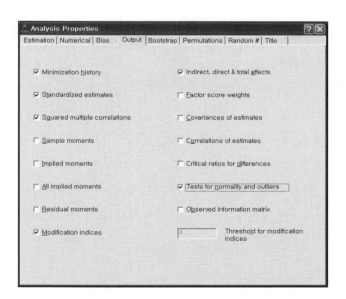

[Tests for normality and outliers]를 이용한 정상 모델과 이상치 모델의 분석결과는 다음과 같다.

정상 모델		이상치 모델	

Assessment of normality (Normal)

Variable	min	max	skew	c.r.	kurtosis	c.r.
V9	1.000	5.000	-.327	-1.889	-.001	-.004
V8	1.000	5.000	-.267	-1.543	-.209	-.604
V7	1.000	5.000	-.371	-2.141	.185	.534
V6	1.000	5.000	-.277	-1.598	-.149	-.429
V5	1.000	5.000	-.153	-.881	-.385	-1.112
V4	1.000	5.000	-.019	-.107	.314	.905
V3	1.000	5.000	-.076	-.437	-.098	-.283
V2	1.000	5.000	-.323	-1.863	.083	.240
V1	1.000	5.000	-.115	-.666	-.176	-.508
Multivariate					14.369	7.221

Assessment of normality (Outlier)

Variable	min	max	skew	c.r.	kurtosis	c.r.
V9	1.000	5.000	-.327	-1.889	-.001	-.004
V8	1.000	5.000	-.267	-1.543	-.209	-.604
V7	1.000	5.000	-.371	-2.141	.185	.534
V6	1.000	5.000	-.277	-1.598	-.149	-.429
V5	1.000	5.000	-.153	-.881	-.385	-1.112
V4	1.000	44.000	12.402	71.603	165.200	476.890
V3	1.000	5.000	-.076	-.437	-.098	-.283
V2	1.000	5.000	-.323	-1.863	.083	.240
V1	1.000	33.000	10.207	58.931	127.371	367.689
Multivariate					181.372	91.143

Observations farthest from the centroid (Mahalanobis distance) (Normal)

Observation number	Mahalanobis d-squared	p1	p2
10	39.360	.000	.002
181	22.835	.007	.379
107	22.586	.007	.176
90	21.726	.010	.134
136	21.416	.011	.070
150	21.285	.011	.029
110	20.110	.017	.060
189	20.088	.017	.025

Observations farthest from the centroid (Mahalanobis distance) (Outlier)

Observation number	Mahalanobis d-squared	p1	p2
4	192.693	.000	.000
1	184.188	.000	.000
10	30.140	.000	.000
136	18.941	.026	.758
57	18.606	.029	.684
90	18.206	.033	.645
189	17.756	.038	.643
131	17.350	.044	.645

위 표에서 알 수 있듯이, Assessment of normality(Outlier)의 경우 이상치 모델에서 V4와 V1의 Skew의 C.R.값과 Kurtosis의 C.R.값이 비정상적으로 크게 나왔음을 알 수 있다. 또한 이상치 모델의 Observations farthest from centroid(Mahalanobis distance)에서도 Observation number의 4와 1이 Mahalanobis d-squared 값에서 192.693과 184.188로, case1과 case4에 문제가 있음을 보여 주고 있다.

즉 연구방법론의 측정오차와 구조방정식모델의 측정오차가 개념적으로 분리되어 있지만 현실적으로 연구방법론의 측정오차가 구조방정식모델의 측정오차에 영향을 미치며, 구조방정식모델의 측정오차를 제대로 측정하기 위해서는 조사자가 연구방법론의 측정오차를 최소화하는 것이 필요하다고 할 수 있다.

4. 관측변수의 분산 = 잠재변수의 분산 + 측정오차의 분산

확인적 요인분석을 보면 형태상으로 잠재변수에서 관측변수로 화살표가 향하고, 측정오차에서 관측변수로 화살표가 향하게 구성되어 있다. 그 이유는 잠재변수는 실제로 관측변수에 의해서 측정되지만, 순수한 구성개념의 가치를 지닌 잠재변수(공통분산)가 존재하고 그 잠재변수가 관측변수에 영향을 미치며, 그 나머지 부분(설명하지 못하는 부분, 오차분산)을 측정오차가 설명하는 형태가 되어야 하기 때문이다.

이런 이유로 관측변수의 분산은 잠재변수의 분산과 측정오차의 분산의 합이 된다. 그렇다면 구조방정식모델에서 잠재변수의 분산과 측정오차의 분산의 합이 관측변수의 분산과 실제로 일치하는지 알아보도록 하자. [품질 모델]에서 품질(Qual)이 V1, V2, V3 3항목에 의해서 측정되었고, 그 분석결과가 다음과 같다고 가정해 보자.

비표준화계수	표준화계수

관측변수의 분산을 측정하는 식은 아래와 같다.

관측변수의 분산 = (비표준화경로계수^2 × 잠재변수의 분산) + (1^2 × 측정오차의 분산)

품질의 관측변수에서 제공된 수치를 위의 식에 대입하면 다음과 같은 결과를 얻을 수 있다.

관측변수 V1의 분산 = $1.04^2 \times .69 + 1^2 \times .28 =$ 1.026
관측변수 V2의 분산 = $1.03^2 \times .69 + 1^2 \times .15 =$ .882
관측변수 V3의 분산 = $1.00^2 \times .69 + 1^2 \times .22 =$ .910

SPSS를 통해 얻은 관측변수들의 실제 분산은 다음과 같다.

기술통계량

	N	최소값	최대값	평균	표준편차	분산
V1	200	1.00	5.00	3.1700	1.01798	1.036
V2	200	1.00	5.00	3.3550	.93989	.883
V3	200	1.00	5.00	3.1750	.95337	.909
유효수 (목록별)	200					

위 결과를 통해 잠재변수의 분산과 측정오차분산의 합이 실제 SPSS를 통해 얻은 관측변수의 분산과 일치함을 알 수 있다.

다음으로 잠재변수의 관측변수에 대한 설명량을 보도록 하자. 먼저 표준화계수를 보면 Qual→V1로 가는 표준화계수가 .85인데, 설명량은 계수의 제곱이 되기 때문에 Qual이 V1에 미치는 설명량은 $.85^2 = .72$으로 Qual은 V1을 72%를 설명[1]한다고 볼 수 있다. 그 반대로 나머지 28%는 설명하지 못하는, 즉 오차변수의 설명량에 해당한다. 나머지 변수들에 대한 설명량은 다음과 같다.

		표준화계수	설명량(표준화계수^2)
Qual	→ V1	.85	$.85^2 = .72$
	→ V2	.91	$.91^2 = .83$
	→ V3	.87	$.87^2 = .76$

---

1. 표준화계수 그림에서 관측변수 오른쪽 상단의 수치가 설명량에 해당한다.

결국 관측변수에서 잠재변수의 설명량을 도식화하면 다음과 같다.

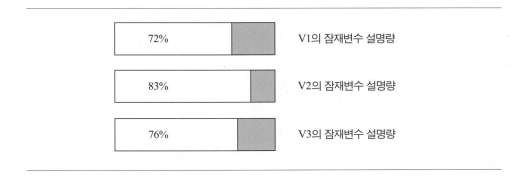

72%	V1의 잠재변수 설명량
83%	V2의 잠재변수 설명량
76%	V3의 잠재변수 설명량

5. 헤이우드 케이스

잠재변수분산과 측정오차분산에 대해 특별히 유의해야 할 부분이 헤이우드 케이스(Heywood case)이다. 헤이우드 케이스[2]는 표준화된 요인부하량이 1을 초과하는 비정상적인 수치를 보이면서 측정오차의 분산이 음의 수치를 보이는 경우이다. 즉 잠재변수의 분산과 측정오차의 분산이 합쳐져 관측변수의 분산이 되어야 하는데, 잠재변수의 분산이 관측변수의 분산을 100% 이상으로 설명하다 보니 어쩔 수 없이 측정오차분산이 음의 경우가 되는 기현상이 일어나는 것이다.

다음의 예를 통해 헤이우드 케이스를 알아보도록 하자.

---

2. 헤이우드 케이스에 대한 자세한 내용은 《구조방정식모델 개념과 이해》(우종필, 2012, pp. 344~348)를 참조하기 바란다.

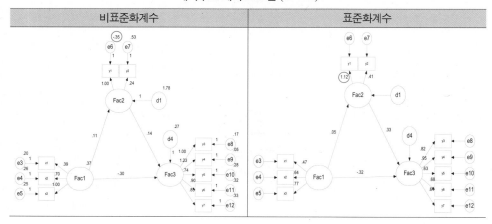

헤이우드 케이스 모델 (N=100)

[헤이우드 케이스 모델]의 결과를 보면, 비표준화계수에서 측정오차인 e6의 분산이 –.35이며, 표준화계수에서 Fac2 → y1로 가는 경로의 표준화계수가 1.12로 비정상적인 수치를 보이고 있음을 알 수 있다. 헤이우드 케이스는 이상치나 결측치로 인해 발생한 문제가 아닌 만큼 데이터가 아닌 모델에서 수정을 하여 그 문제를 해결해야 하는데, 해결법들은 다음과 같다.

(1) 변수를 제거하는 방법

이 방법은 문제를 일으키는 변수 자체를 생략하는 방법이나 Fac2에 관측변수가 2개이므로 문제의 관측변수를 제거하면 잠재변수를 측정하는 변수가 하나밖에 남지 않는 문제가 발생한다.

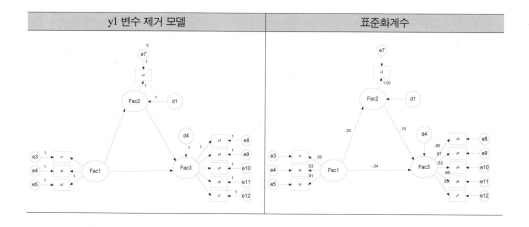

y1 변수 제거 모델

(2) 작은 수로 오차분산을 지정하는 방법

이 방법은 오차분산을 .005처럼 작은 수로 고정하는 방법이다. 헤이우드 케이스를 수정하는 가장 일반적인 방법이지만 오차분산을 실제 수치가 아닌 임의로 고정한 수치를 사용하기 때문에 논란의 여지가 있을 수 있다.

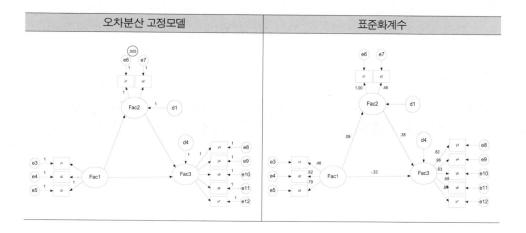

(3) 요인부하량을 모두 동일하게 고정하는 방법

이 방법은 잠재변수와 연결된 관측변수의 모든 요인부하량을 1로 고정시키는 방법이나, 모수를 임의의 특정한 수로 고정시키기 때문에 이 방법 역시 논란의 소지가 있다.

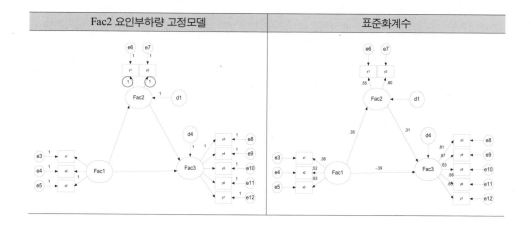

(4) 표본의 크기와 관측변수의 수를 증가시키는 방법

사실 앞서 설명한 방법들의 경우, 어떤 형태로든지 간에 모델의 변형이 일어나는 단점이 존재한다. 헤이우드 케이스는 주로 표본의 크기가 작거나 하나의 잠재변수가 3개 미만의 관측변수로 구성될 때 자주 발생하므로, 조사자가 표본의 크기를 300 이상으로 늘리든지 연구 초기부터 구성개념인 잠재변수를 측정하는 관측변수의 수를 3개 이상으로 계획하면 자연스럽게 헤이우드 케이스를 피할 수 있다.

2 구조오차

교란(disturbance), 잔차(residual), 방정식오차(equation error), 예측오차(prediction error) 등의 다양한 이름으로 불리는 '구조오차(structural error)'는 내생변수가 다른 변수들에 의해 설명되고 난 나머지 부분, 즉 설명되지 않은 부분을 의미한다. 다중회귀분석에서도 독립변수가 종속변수를 설명하는 부분(R^2) 이외의 부분을 오차로 간주하는데, 구조오차를 이와 비슷한 개념으로 이해할 수 있다. 특히 모든 내생변수에는 구조오차가 필수적으로 존재하는데, 그 이유는 한 내생변수가 다른 외생변수에 의해 100% 영향을 받지 않기 때문이다. 반대로 외생변수에는 구조오차가 존재하지 않는다.

예를 들어, 품질이 만족도에 영향을 미친다고 가정해 보자. 품질(V1~V3)의 평균치인 QUAL이 만족도(V4~V6)의 평균치인 SATIS에 미치는 모델의 회귀분석 결과는 다음과 같다.

진입/제거된 변수[b]

모형	진입된 변수	제거된 변수	방법
1	QUAL[a]	.	입력

a. 요청된 모든 변수가 입력되었습니다.

b. 종속변수: SATIS

모형 요약

모형	R	R 제곱	수정된 R 제곱	추정값의 표준오차
1	.600[a]	.359	.356	.63996

a. 예측값: (상수), QUAL

분산분석[b]

모형		제곱합	자유도	평균 제곱	F	유의확률
1	회귀 모형	45.508	1	45.508	111.115	.000[a]
	잔차	81.092	198	.410		
	합계	126.599	199			

a. 예측값: (상수), QUAL

b. 종속변수: SATIS

계수[a]

모형		비표준화 계수		표준화 계수	t	유의확률
		B	표준오차	베타		
1	(상수)	1.455	.170		8.542	.000
	QUAL	.535	.051	.600	10.541	.000

a. 종속변수: SATIS

'모형 요약' 표에서 제공한 R제곱[3]은 종속변수의 분산 중 몇 %가 독립변수에 의해 설명되느냐에 관한 것으로, R제곱(R^2=.359)은 만족의 분산 중 36%가 품질에 의해 설명되고 있음을 의미한다.

---

3. '모형 요약' 표에서 제시한 R제곱은 R^2를 의미한다.

다음은 똑같은 데이터를 가지고 경로분석을 한 결과다.

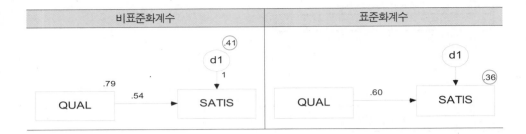

먼저 비표준화계수에서 d1이라는 구조오차 위에 적혀 있는 .41이 구조오차의 분산에 해당하며, SATIS라는 만족도 오른쪽 위에 있는 .36은 .60²=.36으로 품질이 만족도를 설명하는 설명력에 해당한다. 위 결과는 SPSS에서 제공하는 '모형 요약' 표의 R제곱의 수치와 일치함을 알 수 있다.

Regression Weights: (Group number 1 - Default model)

	Estimate	S.E.	C.R.	P	Label
SATIS <--- QUAL	.535	.051	10.568	***	

Standardized Regression Weights: (Group number 1 - Default model)

	Estimate
SATIS <--- QUAL	.600

Variances: (Group number 1 - Default model)

	Estimate	S.E.	C.R.	P	Label
QUAL	.794	.080	9.975	***	
d1	.405	.041	9.975	***	

Squared Multiple Correlations: (Group number 1 - Default model)

	Estimate
SATIS	.359

위에 제시된 경로분석 결과에서도 SMC 수치가 R제곱의 수치인 .359로 동일하게 제시되고 있다.

반면에 구조방정식모델의 경우에는 내생잠재변수에 측정오차와 구조오차가 모두 존재한다. [품질 모델]을 예로 들어 보면 다음과 같다.

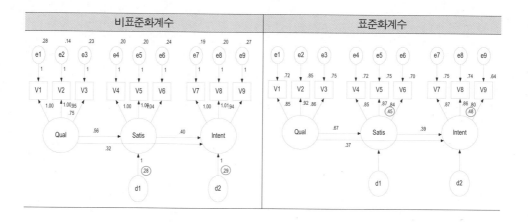

모델에서 e1~e9는 측정오차에 해당하며 d1~d2는 구조오차를 나타낸다. 외생잠
재변수에는 구조오차가 존재하지 않으며 내생잠재변수에는 측정오차와 구조오차
가 모두 있다. 먼저 Qual→Satis의 경로에서 구조오차 d1의 분산은 .28(비표준화계
수), 설명량은 .45(표준화계수)로 나타났다. Satis→Intent의 경로에서 구조오차 d2의
분산은 .29, Qual과 Satis가 Intent에 미치는 설명량은 .48로 나타났다.

3 구조오차가 적을수록 좋을까?

그렇다면 구조오차가 적을수록 좋은 모델일까? 구조오차가 적다는 것은 그만큼
내생변수를 설명하는 외생변수를 정확히 찾아냈다는 의미이기 때문에 모델이 잘
구성되었다고 볼 수 있다. 하지만 구조오차를 줄이기 위해 외생변수를 과도하게
설정하면 구조오차는 줄어들지 몰라도 모델은 복잡해진다. 연구모델이 복잡하다
고 꼭 좋은 모델은 아니기 때문에 구조오차는 연구목적에 따라 결정하여야 한다.

예를 들어, 일기예보의 적중률을 높이거나 폐암 발생요인을 규명하는 것처럼 외생
변수가 내생변수를 설명하는 양을 늘리고 구조오차를 줄이는 것이 연구의 목적이

라면, 모델 내에서 내생변수에 영향을 미치는 외생변수를 많이 늘리는 것이 바람직하다. 하지만 조사자가 관심 있는 특정 외생변수와 내생변수 간 인과관계를 알아보고자 하는 경우라면, 구조오차 자체가 연구목적은 아니므로 그것을 줄이기 위해 많은 외생변수를 사용할 필요는 없다. 이런 논문의 경우, 조사자가 억지로 구조오차를 줄이려다 보면 조사자의 관심 밖에 있는 외생변수를 찾아야 하기 때문에 논문의 초점이 흐려지는 단점이 발생하기도 한다.

구조오차의 설정

구조오차 설정에서 주의해야 할 점은 외생변수에 영향을 받는 내생변수는 반드시 구조오차가 존재하지만 외생변수에는 구조오차가 존재하지 않는다는 점이다. 이 부분에 대해서 많이 혼동하는 것 같은데, 다음의 예를 보면서 알아보도록 하자.

구조오차가 설정되지 않은 좋지 않은 예 1

위 모델의 경우, 외생잠재변수에 영향을 받는 내생잠재변수인 Satis와 Intent에 구조오차가 설정되지 않았다. 특히 위와 같은 모델은 Amos에서 분석되지 않기 때문에 유의해야 한다. 다음의 예를 보자.

구조오차가 불필요하게 설정된 좋지 않은 예 2

위 모델의 경우, 외생잠재변수인 Qual에 불필요한 구조오차가 설정되어 있다. 이런 경우는 Qual에 설정된 구조오차(d1)를 제거해 주어야 한다. Amos의 경우, 조사자가 임의대로 구조오차를 설정할 수 있기 때문에 이 부분에 대해 특히 신경 써야 한다.

Chapter 5

탐색적 요인분석과
확인적 요인분석은
서로 비슷한 기법이다?

요인분석 부분을 강의하다 보면, 대다수 학생들이 탐색적 요인분석과 확인적 요인분석의 차이점에 대해 잘 이해하지 못하는 것을 느낄 수 있다. 이 두 기법을 자주 접해 보지 못한 통계 초보자들의 경우, 그 차이를 명확히 이해하기란 쉽지 않은 일이다. 이 두 기법은 요인분석이라는 기법에 속해 비슷해 보이지만, 그 특성이 매우 상이하기 때문에 사실 '한 지붕 두 가족'에 해당한다. 본 장에서는 탐색적 요인분석(Exploratory Factor Analysis, EFA)과 확인적 요인분석(Confirmatory Factor Analysis, CFA)의 특성과 그 차이점에 대해서 알아보도록 하자.

1 탐색적 요인분석과 확인적 요인분석

요인분석은 크게 탐색적 요인분석과 확인적 요인분석으로 나뉜다. 탐색적 요인분석은 'exploratory factor analysis'란 표현 그대로 사전 정보 없이 탐색적인 방법으로 분석이 이루어지기 때문에 조사자가 데이터를 분석하기 전까지는 요인에 대한 통제가 불가능하며,[1] 요인의 수에 대해서도 알 수 없고, 요인이 어떤 항목으로 묶일지도 예측할 수 없다. 이런 특성 때문에 새로운 구성개념의 척도 개발처럼 가설을 세우기에 충분한 증거들이 없을 때 주로 사용한다. 즉 탐색적 요인분석은 선행연구를 통한 이론적 배경이나 논리적 근거 대신 데이터가 보여 주는 결과 자체를 그대로 받아들이게 되므로 '이론 생성 과정(theory generating procedure)'[2]에 가깝다고 할 수 있다.

탐색적 요인분석을 이해하기 쉬운 예를 들자면, 선생님이 한 학급에서 학생들에게 친한 친구끼리 집단으로 모이라고 한 후, 모인 학생들의 집단을 보고 '이 집단은 같은 동네에 사는 학생들의 집단', '이 집단은 축구를 좋아하는 학생들의 집단'과 같이 그 특성에 따라 명명하는 과정에 해당한다. 그래서 선생님은 학생들에게 친한

---

1. 단, SPSS에서는 탐색적 요인분석에서 추출된 수에 대한 기술적인 제약은 가능하다.
2. Stapleton(1997).

친구끼리 모이라고 하기 전까지는 그들이 몇 개의 집단으로 모일지, 어떤 학생들이 모일지 알 수 없으며, 모인 학생들의 특성을 살핀 후 그 집단에 대한 명명을 조사자가 주관적으로 직접 하게 된다. 여기서 집단은 요인에, 학생은 설문항목에 해당된다.

반면, 확인적 요인분석은 'confirmatory factor analysis'란 의미 그대로 잠재변수와 관측변수 간의 관계 및 잠재변수 간의 관계를 검증하는 것으로, 탐색적 요인분석과 다른 점은 분석 전에 요인(잠재변수)의 개수뿐만 아니라 요인(잠재변수)과 그에 따른 항목(관측변수)들이 이미 지정된 상태에서 분석된다는 것이다. 이렇듯 확인적 요인분석은 선행연구의 이론적 배경이나 논리적 근거를 중요시(theory driven)[3]하기 때문에 이론 검증 과정(theory testing procedure)[4]에 가깝다고 할 수 있다.

확인적 요인분석의 예를 들면, 한 학급에서 선생님이 첫 번째 줄은 1분단, 두 번째 줄은 2분단, 세 번째 줄은 3분단…… 이런 식으로 지정해 주는 경우에 해당한다. 학생들은 선생님이 미리 계획한 집단의 수에 따라 나뉘고, 자신들이 몇 분단인지 선생님에게 통보를 받는 형태이다. 이런 경우는 친한 친구끼리 집단을 형성하는 것이 아니라 선생님이 어떤 기준으로 집단을 나누기 때문에, 아무리 친한 친구가 있다 하더라도 그 친구와 같은 분단에 소속되지 못한다.

탐색적 요인분석의 결과와 확인적 요인분석의 결과가 일치하지 않는 이유도 이와 비슷한 이치라고 생각하면 된다. 탐색적 요인분석은 상관관계에 의해서 영향을 받기 때문에 상관이 높은 변수가 한 요인으로 묶일 확률이 높지만, 확인적 요인분석은 변수 간 상관이 높다 하더라도 선행연구나 어떤 논리적 이론적 관계가 없으면 같은 요인으로 묶일 수 없다. 즉 선행 조사자가 지정한 항목이 그 구성개념을 측정하는 변수가 된다.

---

3. Van Prooijen and Van der Kloot(2001).

4. Stapleton(1997).

두 분석에서 요인과 변수의 관계를 비교해 보면, 탐색적 요인분석은 모든 지표가 모든 요인과 연결되어 있기 때문에 분석 시 요인부하량이 높은 변수들은 같은 요인으로 묶이고, 낮은 변수들은 다른 요인으로 묶이며, 어느 요인에도 묶이지 않는 변수는 제거된다. 반면에 확인적 요인분석은 잠재변수에 관측변수가 이미 지정되어 있기 때문에 잠재변수가 모든 관측변수와 관계를 갖지 않으며, 잠재변수와 관측변수 간의 관계(요인부하량)에 초점이 맞춰진다. 관측변수 중 요인부하량이 낮은 변수는 제거된다.

2 탐색적 요인분석과 확인적 요인분석 결과 비교

그렇다면 실제 이 두 분석은 어떻게 다르고, 우리는 이 두 분석의 결과를 어떻게 해석해야 하는지 [품질 모델]의 예를 들어 알아보도록 하자. 모델에서 측정항목은 품질 3항목, 만족도 3항목, 재구매 의도 3항목으로 총 9항목이 사용되었다. 하지만 탐색적 요인분석의 특성상 이들 항목이 분석 후 몇 개의 요인으로 묶일지, 그 요인에 어떤 항목이 묶일지는 알 수 없다.

1. 탐색적 요인분석 결과[5]

탐색적 요인분석을 위해 V1~V9의 변수를 사용하였으며 회전법은 Varimax기법을 이용하였다. 탐색적 요인분석을 실행한 결과는 다음과 같다.

---

5. [품질 모델]의 측정항목들이 선행연구들에 의해 체계화되어 타당성을 이미 검증받았다면 탐색적 요인분석을 반드시 실행할 필요는 없다. 다만 본 장에서는 탐색적 요인분석과 확인적 요인분석의 분석결과를 비교하기 위해 탐색적 요인분석을 진행하였다.

공통성

	초기	추출
V1	1.000	.671
V2	1.000	.748
V3	1.000	.698
V4	1.000	.630
V5	1.000	.629
V6	1.000	.633
V7	1.000	.804
V8	1.000	.830
V9	1.000	.777

추출 방법: 주성분 분석.

'공통성' 표에서는 주성분 분석결과를 제공하며 공통성은 추출된 요인에 의해서 변수가 얼마나 설명되는지를 보여 준다.

설명된 총분산

성분	초기 고유값			추출 제곱합 적재값			회전 제곱합 적재값		
	합계	% 분산	% 누적	합계	% 분산	% 누적	합계	% 분산	% 누적
1	5.317	59.076	59.076	5.317	59.076	59.076	3.805	42.276	42.276
2	1.103	12.256	71.333	1.103	12.256	71.333	2.615	29.057	71.333
3	1.000	11.110	82.443						
4	.384	4.270	86.712						
5	.287	3.192	89.904						
6	.273	3.036	92.941						
7	.251	2.789	95.730						
8	.220	2.439	98.169						
9	.165	1.831	100.000						

추출 방법: 주성분 분석.

'설명된 총분산' 표에서는 초기 고유값, 추출 제곱합 적재값, 회전 제곱합 적재값을 제공한다. 초기 고유값은 초기에 사용된 9가지 변수의 고유값을 제공하며 추출 제곱합 적재값은 성분(eigenvalue) 1을 기준으로 두 요인이 추출되었음을 알려 준다. 요인 1의 고유값은 5.317이고 59%를 설명하며, 요인 2의 고유값은 1.103이고 12%를 설명하기 때문에 요인 1과 요인 2가 전체의 71%를 설명한다는 것을 알 수 있다.

성분행렬[a]

	성분	
	1	2
V1	.777	-.259
V2	.828	-.250
V3	.770	-.324
V4	.762	-.222
V5	.778	-.153
V6	.766	-.216
V7	.769	.461
V8	.740	.532
V9	.724	.503

요인추출 방법: 주성분 분석.

성분행렬은 회전 전 성분행렬과 회전 후 성분행렬이 있는데, '성분행렬' 표에서는 회전 전 성분행렬을 나타낸다.

회전된 성분행렬[a]

	성분	
	1	2
V1	.777	.258
V2	.813	.295
V3	.811	.201
V4	.743	.279
V5	.715	.344
V6	.743	.286
V7	.339	.830
V8	.274	.869
V9	.279	.836

요인추출 방법: 주성분 분석.
회전 방법: Kaiser 정규화가 있는 베리멕스.

a. 3 반복계산에서 요인회전이 수렴되었습니다.

'회전된 성분행렬' 표에서는 회전 후 성분행렬을 나타낸다. 요인 1에서는 V1~V6이, 요인 2에서는 V7~V9가 높은 요인부하량을 보이는 것을 알 수 있다.

앞서 언급했듯이, 탐색적 요인분석의 경우에는 요인의 개수가 몇 개인지, 어떠한 항목들끼리 요인이 묶일지 분석 전까지 알 수 없다는 점이 특징이다. 이번 예의 경우에는 연구모델에서처럼 Qual(V1~V3), Satis(V4~V6), Intent(V7~V9)의 형태로 묶이지 않고 요인1(V1~V6), 요인2(V7~V9)로 묶여 있음을 알 수 있다.

2. 확인적 요인분석 결과

확인적 요인분석의 경우는 이미 Qual(V1~V3), Satis(V4~V6), Intent(V7~V9)로 항목이 지정되어 있기 때문에, 탐색적 요인분석과 달리 요인에 변수가 지정된 상태에서 분석이 진행된다. 확인적 요인분석 결과는 다음과 같다.

품질 모델 확인적 요인분석 결과

Regression Weights: (Group number 1 - Default model)

	Estimate	S.E.	C.R.	P	Label
V1 <--- Qual	1.000				
V2 <--- Qual	.998	.059	16.797	***	
V3 <--- Qual	.951	.062	15.459	***	
V4 <--- Satis	1.000				
V5 <--- Satis	1.093	.075	14.608	***	
V6 <--- Satis	1.044	.075	13.999	***	
V7 <--- Intent	1.000				
V8 <--- Intent	1.005	.070	14.448	***	
V9 <--- Intent	.936	.071	13.204	***	

Standardized Regression Weights: (Group number 1 - Default model)

	Estimate
V1 <--- Qual	.851
V2 <--- Qual	.919
V3 <--- Qual	.864
V4 <--- Satis	.850
V5 <--- Satis	.866
V6 <--- Satis	.837
V7 <--- Intent	.865
V8 <--- Intent	.860
V9 <--- Intent	.800

비표준화계수 결과에서 알 수 있듯이 모든 항목에서 C.R.값 역시 1.965 이상이며, 표준화계수 결과에서 보여 주듯이 모든 표준화된 요인부하량이 .80 이상으로 통계적으로 유의하게 나타났다.

3. 두 분석의 결과 비교

탐색적 요인분석 및 확인적 요인분석의 결과를 정리하면 다음과 같다.

변수	탐색적 요인분석	확인적 요인분석
V1		요인 1(Qual)
V2		
V3	요인 1	
V4		
V5		요인 2(Satis)
V6		
V7		
V8	요인 2	요인 3(Intent)
V9		

탐색적 요인분석에서는 요인이 2개로 묶인 반면, 확인적 요인분석에서는 3개의 구성개념이 사용되었기 때문에 3개의 요인으로 묶인 후 분석되었다. 즉 두 분석의 결과가 반드시 일치하는 것은 아니라고 할 수 있다. 탐색적 요인분석의 경우에는 변수 간 상관관계에 의해 분석되지만, 확인적 요인분석은 이론적·논리적 근거에 의해서 분석되기 때문이다. 탐색적 요인분석의 경우에는 조사자가 요인 1과 요인 2에 대한 명명을 해 주면 된다.

가끔 탐색적 요인분석[6]과 확인적 요인분석의 결과가 일치하지 않아 고민하는 조사자들을 볼 수 있는데, 두 분석의 결과가 다르게 나타났다고 하더라도 제대로 된 방

---

6. 탐색적 요인분석의 문제점에 대해서는 《구조방정식모델 개념과 이해》(우종필, 2012, pp. 152~153)를 참조하기 바란다.

법을 통해 데이터를 수집했다면 그 결과는 조사자의 잘못이라 보기 힘들다. 개념적으로 분리된 개념이지만 상관이 높을 수 있고, 개념적으로 같지만 상관이 낮을 수도 있기 때문이다.

3. 측정모델 분석 시 탐색적 요인분석과 확인적 요인분석 사용

그렇다면 실제 논문에서는 측정모델을 검증할 때에 어느 방법을 사용해야 할까? 사실 명확한 기준이 있는 것은 아니지만, 앞서 언급했듯이 선행연구가 부족하거나 가설이 명확히 서 있지 않은 경우라면 탐색적 요인분석을 적극 추천한다. 반대로 선행연구가 충분하고 가설이 명확한 경우라면 확인적 요인분석을 추천하며, 이때 탐색적 요인분석과 확인적 요인분석을 반드시 같이 실행할 필요는 없다. .

Medesker et al(1994)의 연구에 따르면 1988~1993년 사이 〈Academy of Management Journal〉, 〈Journal of Applied Psychology〉, 〈Personnel Psychology〉, 〈Organizational Behavior and Human Decision Processes〉 등 4개의 저널에서 구조방정식모델의 잠재변수가 포함된 논문을 대상으로 조사한 결과, 총 39편의 논문 중 구조모델을 분석하기 전에 확인적 요인분석을 이용하여 측정모델을 분석한 모델이 19편으로 조사되었다. 반면에 탐색적 요인분석이나 t-검정을 이용하여 측정한 모델은 4편이었으며, 어떠한 요인분석도 하지 않은 논문은 6편으로 나타났다. 이는 선행연구 등을 통해 가설이 잘 짜인 논문의 경우에는 확인적 요인분석이 측정모델 검증에 주로 사용된다는 사실을 보여 주는 좋은 예라고 할 수 있다.

하지만 새로운 이론을 개발하기 위해 요인분석이 필요한 경우라면 항목들에 대해 탐색적 요인분석을 실시하여 정제한 후, 확인적 요인분석을 통해 최종적으로 요인과 변수 간 관계를 검증하는 과정이 필요하다. 이때는 탐색적 요인분석에 사용한 데이터가 아닌 다른 데이터를 이용해 확인적 요인분석을 실시해 주어야 한다. 만약 이것이 힘든 경우라면 데이터를 둘로 나누어 절반으로는 탐색적 요인분석을 실시하고, 나머지 절반으로는 확인적 요인분석을 실시하는 방법이 권장된다.

본 장에서는 그동안 조사자들이 모호하게 여기던 탐색적 요인분석과 확인적 요인분석의 차이에 대해 알아보았다. 사실 이 두 기법은 요인분석이라는 틀 안에 같이 묶여 있지만 그 특성은 매우 상이하다고 할 수 있다. 탐색적 요인분석에서는 조사자가 수집한 데이터를 바탕으로 요인의 수와 항목이 정해지기 때문에 데이터 지향적(data driven)인 반면, 확인적 요인분석에서는 이론적·논리적 배경이 중요하기 때문에 이론 지향적(theory driven)인 성향을 지닌다. 그래서 이 두 기법의 결과가 반드시 일치하지 않아도 된다는 특징을 지닌다. 특히 구조방정식모델을 이해하려면 먼저 확인적 요인분석의 개념을 파악해야 하기 때문에 요인분석들 간의 차이를 명확히 알아두는 것이 필요하다.

Chapter 6

구조방정식모델과
회귀분석은
별 차이가 없다?

'청출어람(靑出於藍)'이란 한자성어가 있다. '푸른색은 쪽에서 나왔지만 쪽보다 더 푸르다.'라는 뜻으로 주로 제자가 스승보다 더 훌륭한 경우를 의미한다. 개인적으로 생각하기에 회귀분석과 구조방정식모델의 관계에 딱 들어맞는 표현이 바로 이 말인 듯싶다. 물론 회귀분석과 구조방정식모델의 차이점에 대해서는 의구심이 얼마든지 생길 수 있다. 수치만 좀 다를 뿐 큰 차이가 없어 보이기 때문이다. 사실 경로분석이 회귀분석에서 발전된 형태이기 때문에 그런 의견이 완전히 틀렸다고는 볼 수 없다. 하지만 구조방정식모델과 회귀분석 사이에는 엄연히 상당한 차이가 존재한다.

본 장에서는 구조방정식모델과 회귀분석의 차이점을 사례를 통해 알아보도록 하자. 먼저 다음과 같이 조사자가 [가공식품 모델]을 개발했다고 가정해 보자.

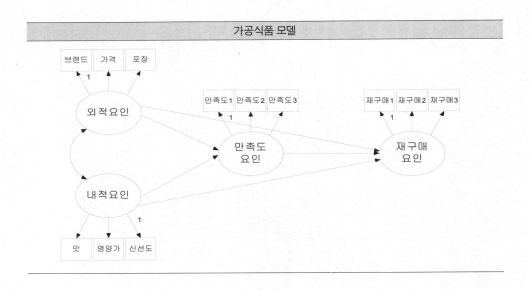

모델의 구성은 가공식품의 브랜드, 가격, 포장 같은 외적요인과 맛, 영양가, 신선도 같은 내적요인이 만족도와 재구매에 영향을 미치는 모델이다. 각 구성개념에 대한 측정항목과 신뢰성 및 항목 수는 다음과 같다.

구성개념	항목	신뢰계수	구성개념	항목	신뢰계수
외적 요인	브랜드	.897	만족도 요인	만족도1	.913
	가격			만족도2	
	포장			만족도3	
내적 요인	맛	.929	재구매 요인	재구매1	.885
	영양가			재구매2	
	신선도			재구매3	

1   잠재변수의 사용 및 측정오차의 추정

회귀분석과 구조방정식모델의 가장 큰 차이는 잠재변수 개념의 사용[1]이라고 할 수 있다. 잠재변수라는 개념은 오로지 구조방정식모델에서만 사용되는 것으로, 순수한 구성개념들끼리의 인과관계를 분석한다는 점이 구조방정식모델의 장점이라 할 수 있다. 즉 회귀분석에서는 변수 간 측정오차들이 포함된 채 분석이 진행되는 반면, 구조방정식모델에서는 측정오차가 배제된 상태에서 분석이 진행되기 때문이다. 결론적으로, 측정오차가 포함된 상태에서 분석되는 회귀분석보다 잠재변수가 사용되는 구조방정식모델에서 더 정확한 구성개념 간 인과관계가 도출된다고 볼 수 있다.

예를 들어, [가공식품 모델]에서 '외적요인→만족도요인'과 '내적요인→만족도요인' 모델만을 설정한 후에 회귀분석과 구조방정식모델의 경로를 비교해 보자.

---

1. 경로분석과 구조방정식모델의 차이 역시 잠재변수에 대한 사용이며, 경로분석도 회귀분석처럼 측정오차가 포함된 상태에서 분석이 진행된다. 단 경로분석의 경우, 회귀분석에서 불가능한 다수의 독립변수와 다수의 종속변수 간 인과관계 및 종속변수 간 인과관계 분석이 가능하다는 점이 차이점이라 볼 수 있다.

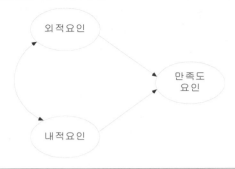

1. 회귀분석

회귀분석의 경우에는 외적요인(브랜드·가격·포장), 내적요인(맛·영양가·신선도), 만족도요인(만족도1·만족도2·만족도3) 등 각각 3항목씩 측정하였기 때문에 단일항목화 과정이 필요하다. 외적요인 3항목의 평균값을 '외적요인평균', 내적요인 3항목의 평균값을 '내적요인평균', 만족도 3항목의 평균값을 '만족도평균'으로 단일항목화한 후 명명하였다. 이들 변수 간의 회귀분석 결과는 다음과 같다.

계수[a]

모형		비표준화 계수		표준화 계수		
		B	표준오차	베타	t	유의확률
1	(상수)	.767	.174		4.414	.000
	외적요인평균	.217	.055	.224	3.923	.000
	내적요인평균	.559	.053	.606	10.635	.000

a. 종속변수: 만족도평균

'외적요인평균→만족도'의 회귀분석 결과 비표준화계수=.217, 표준오차=.055, 표준화계수=.224, t=3.923, 유의확률(p)=.000으로 나타났다. '내적요인평균→만족도'의 회귀분석 결과 비표준화계수=.559, 표준오차=.053, 표준화계수=.606, t=10.635, 유의확률(p)=.000으로 나타났다.

2. 구조방정식모델

Amos를 이용한 구조방정식모델의 결과는 다음과 같다.

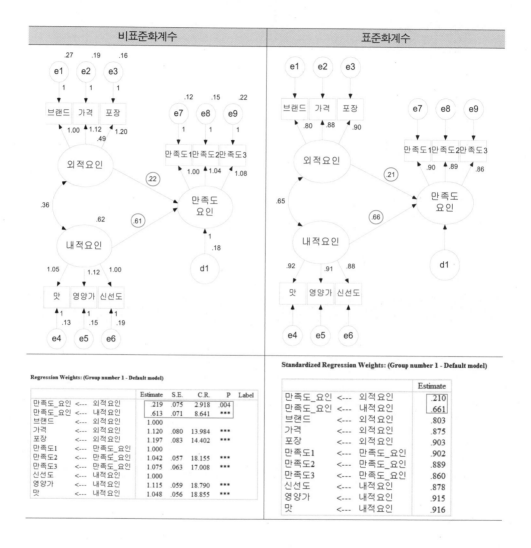

'외적요인→만족도요인'의 구조방정식모델을 분석한 결과, 비표준화계수=.219, 표준오차=.075, C.R.=2.918, 유의확률(p)=.004(p<.05), 표준화계수=.210으로 나타났다. '내적요인→만족도'의 구조방정식모델을 분석한 결과, 비표준화계수=.613, 표준오차=.071, C.R.=8.641, 유의확률(p)=.000(p<.05), 표준화계수=.661로 나타났다.

회귀분석과 구조방정식모델에서 경로의 표준화계수에 대한 비교는 다음과 같다.

회귀분석 & 구조방정식모델 경로계수 비교

경로	회귀분석의 표준화계수	구조방정식모델의 표준화계수
외적요인→만족도	.224	.210
내적요인→만족도	.606	.661

표에서 알 수 있듯이, 측정오차를 포함한 상태에서 분석한 회귀분석의 결과와 측정오차를 배제한 상태에서 분석한 구조방정식모델에서의 결과가 서로 다르게 나타났다. 본 예제의 경우에는 구성개념의 신뢰성이 높고 측정오차가 크지 않아 두 분석의 차이가 크지 않았지만, 신뢰성이 낮고 측정오차가 큰 경우라면 두 분석의 경로계수값에는 얼마든지 큰 차이가 날 수 있다. 잠재변수와 측정오차에 대한 부분은 앞 장에서 자세히 설명했기 때문에 다음으로 넘어가도록 하자.

2 동시 추정

회귀분석에는 다수의 외생변수는 가능하나 종속변수는 하나여야 한다는 제약이 존재한다. 이 점은 어떤 종속변수를 예측할 수 있다는 점에서는 큰 장점이지만, 다수의 종속변수 간 인과관계를 측정한다는 점에서는 단점으로 작용한다. 구조방정식모델은 (앞서 누차 강조했지만) 다수의 독립변수(외생변수)와 다수의 종속변수(내생변수) 간의 관계뿐만 아니라 종속변수들끼리의 인과관계를 동시에 추정할 수 있기 때문에 복잡한 인과 모델 분석이 가능하다.

1. 회귀분석

회귀분석의 경우, 종속변수가 반드시 하나여야 한다는 가정이 있기 때문에 [가공식품 모델]을 분석하려면 '외적요인 & 내적요인→만족도', '외적요인 & 내적요인→재구매요인', '만족도요인→재구매요인'으로 가는 분석을 나누어 실시해야 한다.

또한 앞선 방법과 마찬가지로 구성개념들을 단일항목화해야 한다. 구성개념의 항목을 평균 낸 후에 회귀분석을 실시한 결과는 다음과 같다.

① '외적요인 & 내적요인→만족도' 결과

계수ª

모형		비표준화 계수		표준화 계수	t	유의확률
		B	표준오차	베타		
1	(상수)	.767	.174		4.414	.000
	외적요인평균	.217	.055	.224	3.923	.000
	내적요인평균	.559	.053	.606	10.635	.000

a. 종속변수: 만족도평균

② '외적요인 & 내적요인→재구매' 결과

계수ª

모형		비표준화 계수		표준화 계수	t	유의확률
		B	표준오차	베타		
1	(상수)	.945	.167		5.673	.000
	외적요인평균	.259	.053	.278	4.869	.000
	내적요인평균	.494	.050	.560	9.794	.000

a. 종속변수: 재구매평균

③ '만족도→재구매' 결과

계수ª

모형		비표준화 계수		표준화 계수	t	유의확률
		B	표준오차	베타		
1	(상수)	1.223	.172		7.103	.000
	만족도평균	.671	.048	.702	13.869	.000

a. 종속변수: 재구매평균

2. 구조방정식모델

구조방정식모델에서는 회귀분석과 달리 다수의 독립변수 및 종속변수, 그리고 종속변수 간 인과관계가 가능하기 때문에 이러한 모델을 한 번에 분석할 수 있다는 장점이 있다. 구조방정식모델을 이용해 구현한 [가공식품 모델]은 다음과 같다.

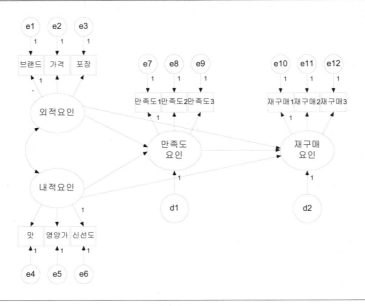

모델 분석결과에 대한 비표준화 및 표준화계수 결과는 다음과 같다.

비표준화계수	표준화계수

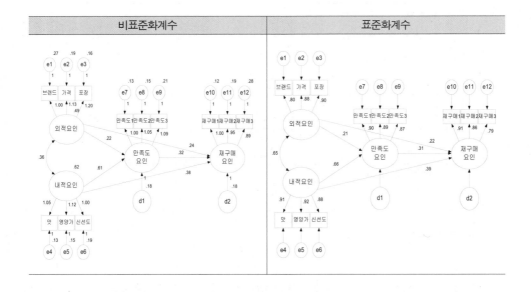

가공식품 모델에 대한 결과표

경로	비표준화계수	표준오차	C.R.	p	표준화계수
외적요인→만족도	.222	.075	2.952	.003	.213
내적요인→만족도	.607	.071	8.584	.000	.658
외적요인→재구매	.241	.079	3.046	.002	.221
내적요인→재구매	.378	.093	4.062	.000	.393
만족도→재구매	.322	.100	3.212	.002	.308

회귀분석과 구조방정식모델에서 경로의 표준화계수에 대한 비교는 다음과 같다.

회귀분석 & 구조방정식모델 결과 비교

경로	회귀분석의 표준화계수	구조방정식모델의 표준화계수
외적요인→만족도	.224	.213
내적요인→만족도	.606	.658
외적요인→재구매	.278	.221
내적요인→재구매	.560	.393
만족도→재구매	.702	.308

위의 표를 보면 두 기법의 결과에 차이가 존재하는데, 특히 만족도→재구매의 경우에 큰 차이가 보인다. 결과적으로, 종속변수가 다수인 복잡한 모델의 경우에 회귀분석에서는 여러 번 나누어 분석해야 하지만 구조방정식모델에서는 그럴 필요가 없다는 점을 알 수 있다.

3 직접효과, 간접효과, 총효과 (매개효과의 검증)

두 분석 간 세 번째 차이점은 경로분석이나 구조방정식모델의 경우, 다수의 외생변수 및 내생변수 사이에 인과관계를 설정할 수 있기 때문에 변수 간 직접효과(direct effect), 간접효과(indirect effect), 총효과(total effect)를 파악할 수 있다는 것이다. 회귀분석에서는 종속변수의 수에 따라 여러 번 나누어 분석해야 하기 때문에 이 부분이 매우 부자연스럽다.[2] [가공식품 모델]에서 변수들 간 표준화계수의 총효과, 직접효과, 간접효과는 다음과 같다.

직접효과, 간접효과 및 총효과 표

경로	직접효과	간접효과	총효과
외적요인→만족도	.213	-	.213
내적요인→만족도	.658	-	.658
외적요인→재구매	.221	.066	.287
내적요인→재구매	.393	.203	.596
만족도→재구매	.308	-	.308

구조방정식모델에서는 요즘 다양하게 사용되고 있는 간접효과 및 총효과에 대한 크기를 자유롭게 측정할 수 있기 때문에 이 부분에서 회귀분석과 차이가 난다고 할 수 있다.

| 4 | 다양한 표현기법 |

마지막으로, 회귀분석과 달리 구조방정식모델은 다양한 모델 표현기법(쌍방향 인과관계, 순환적 인과관계, 제약모수)을 사용함으로써 다른 분석기법에 비해 많은 결과를 도출할 수 있다는 특징이 있다. 이 중 제약모수를 통한 경로 간 계수비교의 예를 들어 보도록 하자.

경로 간 계수비교 분석은 연구모델 내에서 특정 경로가 다른 경로보다 통계적으로 유의하고 더 강하게 영향을 미치는지에 대한 가설을 검증하기 위한 방법으로, [가공식품 모델]에서 '외적요인→만족도'와 '내적요인→만족도'의 경로를 비교하는 경우가 이에 해당한다. 조사자가 다음과 같은 가설을 설정했다고 가정해 보자.

---

2. 회귀분석을 이용하여 매개효과를 분석하는 방법이 있으나, 본서에서는 구조방정식모델의 경우만 설명하였다. 구조방정식모델에서 매개효과에 대한 자세한 사항은 《구조방정식모델 개념과 이해》(우종필, 2012, pp. 209~216)를 참조하기 바란다.

> 가설: 외적요인이 만족도에 미치는 영향은 내적요인이 만족도에 미치는 영향보다
> 통계적으로 유의하고 강할 것이다.

가설 검증을 위해 비제약모델과 '외적요인→만족도', '내적요인→만족도'의 경로를 제약한 제약모델의 설정이 필요하다.[3] 비제약모델은 조사자가 만든 연구모델이기 때문에 별다른 지정이 필요 없지만, 제약모델에서는 모델 내 경로를 똑같이 제약해 주는 과정이 필요하다. 제약모델을 만들기 위해서는 '외적요인→만족도'와 '내적요인→만족도' 경로를 같은 기호로 고정해 주어야 한다.

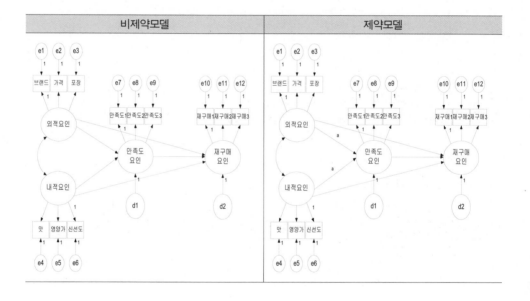

---

3. 경로 간 계수 비교의 자세한 내용은 《구조방정식모델 개념과 이해》(우종필, 2012, pp. 524~527)를 참조하기 바란다.

위 모델을 분석한 결과는 다음과 같다.

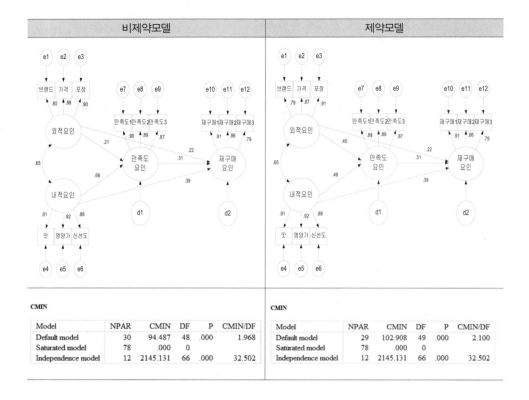

| | 비제약모델 | | | | | 제약모델 | | | | |

CMIN (비제약모델)

Model	NPAR	CMIN	DF	P	CMIN/DF
Default model	30	94.487	48	.000	1.968
Saturated model	78	.000	0		
Independence model	12	2145.131	66	.000	32.502

CMIN (제약모델)

Model	NPAR	CMIN	DF	P	CMIN/DF
Default model	29	102.908	49	.000	2.100
Saturated model	78	.000	0		
Independence model	12	2145.131	66	.000	32.502

비제약모델과 제약모델의 $\Delta\chi^2$값은 다음과 같다.

비제약모델	제약모델	제약모델 – 비제약모델
χ^2=94.5, df=48	χ^2=102.9, df=49	$\Delta\chi^2$=8.4 (Δdf=1)

분석 결과 $\Delta\chi^2$=8.4로서 $\Delta\chi^2$이 3.84 이상이기 때문에 경로계수 간에 통계적으로 유의한 차이가 있는 것으로 나타났다.

요컨대 '외적요인→만족도'와 '내적요인→만족도' 경로가 모두 유의하지만 '내적요인→만족도'가 '외적요인→만족도'보다 통계적으로 유의하고 강하게 영향을 미친다고 볼 수 있다. 만약 두 모델 간 χ^2의 차이가 3.84보다 작다면, '내적요인→만족도'의 경로계수가 '외적요인→만족도'보다 상대적으로 더 크더라도 통계적으로 유의하고 강하게 영향을 미친다고 볼 수 없다. 이 분석 역시 회귀분석에서는 실행할 수 없으며 구조방정식모델에서만 가능한 방법이다.

본 장에서는 구조방정식모델과 회귀분석의 차이에 대해 알아보았다. 구조방정식모델이 회귀분석에서 발전한 기법인 것은 맞지만, 그렇다고 두 기법의 분석결과가 언제나 동일한 것은 아니다. 특히 구조방정식모델에서 구현할 수 있는 다양한 분석을 회귀분석에서는 실행할 수 없다는 점이 두 분석의 가장 큰 차이점이라 볼 수 있다. 물론 구조방정식모델도 단점이 없는 것은 아니다. 하지만 기존 통계기법들에 비해 상대적으로 장점이 더 많기 때문에 조사자가 이러한 특징을 잘 살린다면 좀 더 다양하고 가치 있는 분석결과를 도출할 수 있을 것이다.

마지막으로 회귀분석, 경로분석, 구조방정식모델 간 특성의 차이를 정리해 보면 다음과 같다.

	회귀분석	경로분석	구조방정식모델
잠재변수 및 측정오차의 사용	×	×	○
다수의 종속변수 및 종속변수 간 인과관계	×	○	○
총효과 및 간접효과	×	○	○
경로의 제약	×	○	○

구조방정식모델 결과의 오류

구조방정식모델은 장점이 많은 분석기법임이 틀림없지만, 그렇다고 해서 단점이 없는 것은 아니다. 특히, 측정항목의 평균치를 이용하여 분석하는 회귀분석이나 경로분석에서 발생하기 힘든 절대값이 1이 넘는 표준화계수 수치를 제공하여 조사자들을 당황시키기도 한다. 다음의 예를 보도록 하자.

비표준화계수	표준화계수

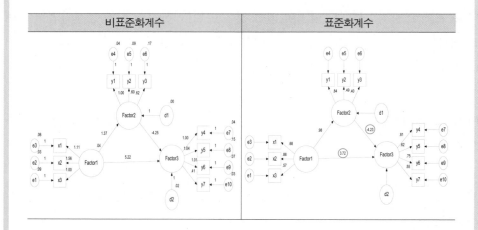

위 모델에서 표준화계수 결과를 보면 경로계수의 수치들이 절대값이 1이 훨씬 넘는 결과를 보이는데, 이는 다중공선성으로 인해 문제가 발생한 경우라고 할 수 있다.

위의 모델에 사용된 동일한 데이터를 가지고 관측변수들을 평균치를 이용하여 경로분석을 한 결과는 다음과 같다.

비표준화계수	표준화계수

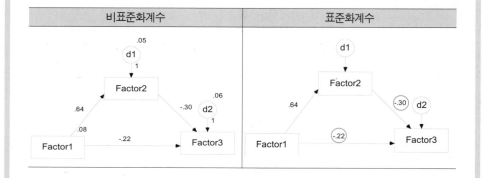

동일한 데이터를 사용하였음에도 불구하고, 놀랍게도 두 분석의 결과는 상당한 차이를 보인다.

결론적으로 구조방정식모델의 결과를 무조건적으로 맹신하는 것은 문제일 수 있으며, 회귀분석이나 경로분석에서 발생하기 힘든 1이 넘는 표준화계수 수치들이 자주 발생할 수 있음을 알아야 한다. 이 부분은 집중타당성 및 판별타당성과 관련된 문제로 8장에서 조금 더 자세히 알아보도록 하자.

Thinking of *JP*

#2 'SEM vs. UFC'

요즘 TV를 보면 UFC(Ultimate Fighting Championship) 같은 이종격투기가 인기인 것을 알 수 있습니다. 반대로 한때 큰 인기를 끌었던 권투나 프로레슬링 같은 경기는 상대적으로 시청하기 어렵습니다. 그러다 문득 이런 생각을 해 보았습니다. '왜 UFC가 이렇게 인기일까?' 물론 다양한 이유가 있겠지만, 서로 본인들이 연마한 무술이 강하다고 말로만 주장할 것이 아니라 정해진 룰 안에서 어떤 방법을 쓰든 상대방을 이기기만 하면 되는 매력이 있기 때문이 아닐까 합니다. 사실 무술을 무예처럼 일종의 심신수련의 방법으로 여기는 한국적 정서에 맞지 않을 수 있지만, 사람을 흥분시키는 데는 매력적인 스포츠임이 틀림없습니다.

그런데 UFC 선수들이 익힌 종목들을 보면 하나의 특정 무술만을 고집하지 않고, 다양한 기술을 배워서 시합에 출전하는 것을 볼 수 있습니다. 예를 들어, 전 세계에서 가장 멋진 발차기를 자랑하는 태권도만을 훈련해서 UFC에 참가하는 선수들은 극히 드뭅니다. 태권도가 다른 무술에 비해 약해서 그런 것이 아니라, 시합에서 주먹으로 안면을 공격하는 기술을 제한하다 보니 실전기술이 필요한 UFC와 다소 동떨어져 있기 때문입니다. 반면, 권투나 무예타이의 경우 그렇지 않습니다. 일단 공격의 기본이 상대방의 안면이므로 훨씬 실전에 가깝습니다. 하지만 이러한 입식타격 기술을 익힌 선수라도 만에 하나 쓰러졌을 경우에는 유도나 레슬링, 주짓수를 배운 선수에게 속수무책으로 당하게 됩니다. 이러한 이유로 UFC 출전 선수들은 하나의 무술을 고집하는 것이 아니라 다양한 무술을 배워 경기에 임합니다.

사실 이런 비유가 맞는지 모르겠으나, 개인적으로 구조방정식모델도 통계기법 중 종합격투기에 가까운 종목이 아닌가 싶습니다. 그동안 SPSS에서는 종합적으로 구현하기 힘들던 요인분석, 상관분석, 회귀분석 등과 같은 다양한 분석기법을 한 모델에서 조사자의 연구목적에 맞게 동시에 구현할 수 있기 때문입니다. 물론 이러한 기법을 사용하기 위해서는 각 분석기법들에 대한 조사자의 이해가 선행되어야 하겠지요. 요즘 수많은 논문에서 이 기법이 사용되기 때문에 요인분석, 상관분석 그리고 회귀분석만을 단독으로 이용하여 발표한 논문의 편수는 상대적으로 눈에 띄게 줄어들었다고 생각합니다. 저자가 개인적으로 생각하기에 구조방정식모델은 UFC처럼 앞으로 당분간 많은 조사자들에게 사랑을 받을 것이며, 이 기법을 뛰어넘는 다른 분석기법도 쉽게 나타나지 않을 것 같습니다. 물론 언젠가는 권투나 회귀분석처럼 한 시대를 풍미하고 하향의 길로 접어들겠지만 말입니다.

Chapter 7

구조방정식모델로는
실험법을 해결할 수 없다?

구조방정식모델은 독립변수와 종속변수가 연속형 변수이어야 한다는 통계적 가정이 필요하다. 이런 이유로, 범주형 변수가 독립변수나 종속변수에 사용된다면 구조방정식모델에 적합하지 않은 분석이 된다. 예를 들어, 새로 개발한 신약 감기약이 실제로 감기증상에 효과가 있는지에 대한 조사처럼 독립변수가 범주형 변수(감기약 처방 유무)이고 종속변수가 연속형 변수(감기증상의 호전)인 실험법 형태[1]의 분석에는 구조방정식모델 기법보다 평균비교 중심의 분산분석(ANOVA)이나 다변량분산분석(MANOVA)이 더 적합하다.

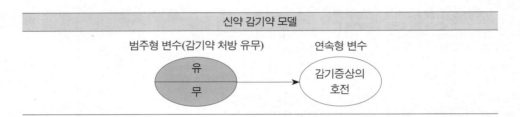

그런데 이런 통계적 가정에도 불구하고 구조방정식모델을 이용하여 실험법을 해결할 수 있다는 주장들이 이어졌다. Kline(2005)은 구조방정식모델이 비실험(non-experimental) 데이터뿐만 아니라 실험 설계(experimental design)에 대한 분석에도 적용 가능한 분석이라고 서술했고, Baggozi and Yi(1989)나 Bollen(1989)은 구조방정식모델을 통한 분석방법이 기존의 분산분석이나 다변량분산분석에 비해 오히려 더 좋은 장점을 지녔다고 주장했다.

이런 주장은 기존의 통계적 가정과 모순되기 때문에 통계 초보자라면 잘 이해되지 않을 수 있다. 실제로 구조방정식모델을 이용하여 실험법을 분석한 논문들은 국내외적으로 소수이며, 그나마도 Lisrel이나 EQS 등을 이용하였지 Amos로 실험법을 분석한 논문은 거의 발표되지 않아 Amos 사용자들에게는 이 방법이 생소할 것이다. 그래서 본 장에서는 Amos를 이용하여 분산분석과 다변량분산분석뿐

---

1. 이와 비슷한 실험법의 예는 얼마든지 많은데, 새로운 교육방법이 기존의 교육방법과 얼마나 차이가 있는지 혹은 새로운 운동기구가 기존의 기구보다 얼마나 더 효능이 있는지의 경우가 이에 해당한다. 교육방법의 종류나 운동기구의 종류 역시 실험법에서는 독립변수에 해당하며, 변수로 전환 시 명목형 척도에 해당하기 때문에 원칙적으로 구조방정식모델에 부적합하다.

만 아니라 다변량공분산분석(Multivariate ANalysis of COVAriance, MANCOVA)을 실행하는 방법에 대해서 살펴보고, 왜 여러 학자들이 구조방정식모델이 이들 기법보다 더 우수하다고 주장했는지 그 이유에 대해서도 알아보도록 하자.

먼저, 실험법(experimental method)에 대해서 좀 더 구체적으로 살펴보자. 예를 들어, 조사자가 같은 종류의 감기에 걸려 증상이 비슷한 환자들을 대상으로 통제집단(control group)과 실험집단(experimental group)으로 나눈 후, 통제집단은 특별한 처방을 하지 않고 실험집단에는 신약 감기약을 처방했을 때 두 집단에서 유의한 차이가 났다면 신약 감기약이 효과가 있다는 결론을 내릴 수 있다. 여기서 신약 감기약의 처방이 원인이 되고 감기증상의 호전이 결과에 해당된다.

신약 감기약 효능의 예

통제집단: O_1 O_2

실험집단: O_3 $\times$ O_4

O = 종속변수의 관측이나 측정 (감기증상)

$\times$ = 피실험자가 실험처치에 노출 (신약 감기약 처방)

이때 $(O_4 - O_3) - (O_2 - O_1)$이 실제 신약의 효능에 해당한다.

지금부터 위의 예를 바탕으로 SPSS와 Amos를 이용하여 분산분석, 다변량분석분석, 다변량공분산분석을 실행해 보자.[2]

---

2. 본 장에서는 독립변수가 이분형인 변수에 한해서 분석을 실시하였다. 단, 구조방정식모델의 경우에는 SPSS에서 제공하는 Levene's test와 동일한 형태의 등분산성을 검증할 수 없기 때문에 이 부분에 대한 비교분석은 제외하였다.

분산분석 실행을 위해 조사자가 감기약을 먹지 않은 집단과 신약 감기약을 먹은 집단을 독립변수에 해당하는 Dummy로 명명하고, 환자들의 감기증상인 두통의 정도를 종속변수로 설정한 후, 두 집단 간 차이에 대해 알아보자. 연구모델의 형태는 다음과 같다.

1. SPSS에서 분산분석 실행

연구모델의 경우, 독립변수가 범주형(집단)이고 종속변수(두통의 증상정도)가 연속형 변수이기 때문에 분산분석을 실행해야 한다. SPSS를 이용한 분산분석의 결과는 다음과 같다.

SPSS에서 분산분석 옵션지정

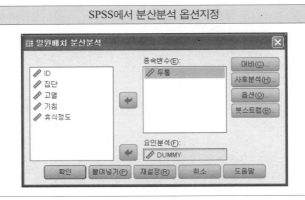

SPSS에서 분산분석 결과표

기술통계

두통

	N	평균	표준편차	표준오차	평균에 대한 95% 신뢰구간		최소값	최대값
					하한값	상한값		
통제	106	3.82	.728	.071	3.68	3.96	1	5
실험	102	3.86	.598	.059	3.75	3.98	2	5
합계	208	3.84	.666	.046	3.75	3.93	1	5

'기술통계' 표를 통해 통제집단의 수=106, 통제집단의 두통에 대한 평균=3.82, 통제집단의 표준편차=.728, 통제집단의 표준오차=.071이며, 실험집단의 수=102, 실험집단의 두통에 대한 평균=3.86, 실험집단의 표준편차=.598, 실험집단의 표준오차=.059임을 알 수 있다.

분산분석

두통

	제곱합	df	평균 제곱	거짓	유의확률
집단-간	.092	1	.092	.206	.650
집단-내	91.673	206	.445		
합계	91.764	207			

'분산분석' 표를 통해서 거짓(검정통계량 F)=.206, 유의확률=.650으로 통제집단과 실험집단 간 두통에는 차이가 없는 것으로 나타났다. 즉 신약 감기약을 처방한 집단과 그러지 않은 집단의 두통에 대한 효능은 차이가 없음을 알 수 있다.

2. Amos에서 분산분석 실행

분산분석을 Amos에서 실행하기 위해서는 독립변수를 Dummy 변수로 놓고 두통이 종속변수인 모델의 형태가 필요하다.[3]

---

3. 연구모델은 단일 잠재변수와 단일 관측변수 모델 형태로 구성하는 것이 좋다. 이에 대해서는《구조방정식모델 개념과 이해》(우종필, 2012, pp. 204~206)를 참조하기 바란다.

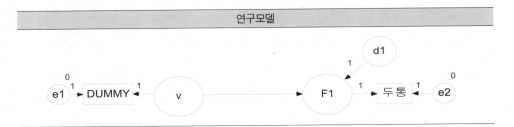

모델을 완성한 후에 Amos에서 [Analysis Properties]를 선택한 후 [Estimation]에
서 [Estimate means and intercepts]를 지정한다.

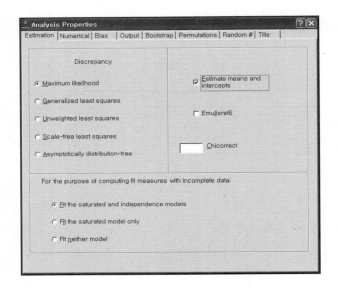

모델은 다음과 같은 형태가 된다.

위 모델을 실행한 후, 비표준화계수 결과를 보면 다음과 같다.

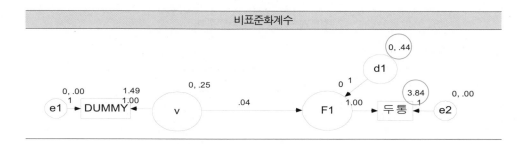

모델에서 V→F1로 가는 경로계수는 .04인데, 이는 SPSS 분산분석 '기술통계' 표에서 제공한 두 집단 간 두통에 대한 두 집단의 평균 차이(3.86–3.82=.04)를 나타낸다. 즉 모델에서 비표준화 경로계수는 집단 간 평균의 차이를 의미한다. 관측변수인 두통 위에 위치한 3.84란 수치는 두통의 평균이며 d1 위에 위치한 .44는 오차분산에 해당한다.

연구모델의 표준화계수 결과는 다음과 같다.

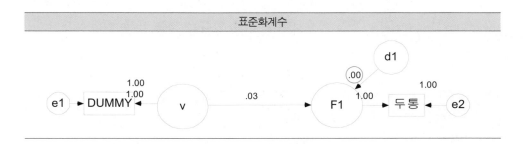

모델에서 F1 상단에 위치한 .00은 SMC로 R제곱에 해당한다.

다음으로 모델의 경로계수, 분산 및 SMC에 대한 결과는 다음과 같다.

경로계수, 분산 및 SMC 결과

경로계수 결과	분산 및 SMC

Regression Weights: (Group number 1 - Default model)

			Estimate	S.E.	C.R.	P	Label
F1	<---	v	.042	.092	.455	.649	
두통	<---	F1	1.000				
DUMMY	<---	v	1.000				

Standardized Regression Weights: (Group number 1 - Default model)

			Estimate
F1	<---	v	.032
두통	<---	F1	1.000
DUMMY	<---	v	1.000

Variances: (Group number 1 - Default model)

	Estimate	S.E.	C.R.	P	Label
v	.250	.025	10.173	***	
d1	.441	.043	10.173	***	
e1	.000				
e2	.000				

Squared Multiple Correlations: (Group number 1 - Default model)

	Estimate
F1	.001
두통	1.000
DUMMY	1.000

V→F1로 가는 경로는 유의하지 않은 것(p=.649>.05)을 알 수 있는데, 이는 SPSS '분산분석' 표에서 집단 간의 유의확률인 .650과 일치함을 알 수 있다. 결과적으로 SPSS 분산분석의 결과를 Amos에서도 적절한 연구모델 설정과 함께 [Estimate means and intercept] 기능을 이용하여 얻을 수 있다는 것을 알 수 있다.

분산분석 결과 비교

	두통	
	SPSS	Amos
평균의 차이/ 비표준화경로계수	.04 (3.86–3.82)	.04
유의확률	.650	.649
집단평균	3.84	3.84

다음으로 조금 더 복잡한 다변량분산분석에 대해서 알아보자. 분산분석과 마찬가지로 조사자가 감기약을 먹지 않은 집단과 신약 감기약을 먹은 집단을 독립변수에 해당하는 Dummy로 명명하고, 환자들의 증상인 '두통', '고열', '기침'의 정도를 종속변수로 설정한 후, 두 집단 간 차이에 대해 알아보기로 하자.

연구모델의 형태는 다음과 같다.

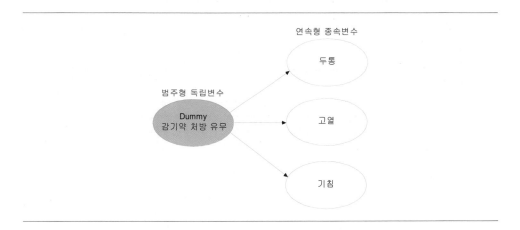

1. SPSS에서 다변량분산분석 실행

연구모델의 경우, 독립변수가 범주형(집단)이고 다수의 종속변수(두통, 고열, 기침)가 연속형 변수이기 때문에 다변량분산분석을 실행해야 한다. SPSS를 이용한 다변량분산분석의 결과는 다음과 같다.

SPSS에서 다변량분산분석 결과표

기술통계량

	DUMMY	평균	표준편차	N
두통	통제	3.82	.728	106
	실험	3.86	.598	102
	합계	3.84	.666	208
고열	통제	3.57	.862	106
	실험	3.33	.749	102
	합계	3.45	.815	208
기침	통제	3.92	.732	106
	실험	3.88	.634	102
	합계	3.90	.684	208

'기술통계량' 표에서는 통제집단과 실험집단의 두통, 고열, 기침증상에 대한 평균치를 보여 준다.

개체-간 효과 검정

소스	종속 변수	제 III 유형 제곱합	자유도	평균 제곱	F	유의확률
수정 모형	두통	.092[a]	1	.092	.206	.650
	고열	2.815[b]	1	2.815	4.305	.039
	기침	.056[c]	1	.056	.119	.731
절편	두통	3068.745	1	3068.745	6895.849	.000
	고열	2474.353	1	2474.353	3783.965	.000
	기침	3160.440	1	3160.440	6724.057	.000
DUMMY	두통	.092	1	.092	.206	.650
	고열	2.815	1	2.815	4.305	.039
	기침	.056	1	.056	.119	.731
오차	두통	91.673	206	.445		
	고열	134.704	206	.654		
	기침	96.824	206	.470		
합계	두통	3161.000	208			
	고열	2616.000	208			
	기침	3259.000	208			
수정 합계	두통	91.764	207			
	고열	137.519	207			
	기침	96.880	207			

a. R 제곱 = .001 (수정된 R 제곱 = -.004)
b. R 제곱 = .020 (수정된 R 제곱 = .016)
c. R 제곱 = .001 (수정된 R 제곱 = -.004)

'개체 간 효과검정' 표를 보면 집단 간 두통(p=.650>.05)과 기침(p=.731>.05)에는 차이가 없지만 고열(p=.039<.05)의 경우에는 유의한 차이가 있음을 알 수 있다. 즉 신약 감기약을 처방받은 환자의 고열(3.33)이 치료를 받지 않은 환자의 고열(3.57)보다 유의하게 더 낮은 것으로 나타났다. 오차는 두통=.445, 고열=.654, 기침=.470으로 나타났으며 R제곱은 두통=.001, 고열=.020, 기침=.001로 나타났다.

2. Amos에서 다변량분산분석 실행

다변량분산분석을 Amos에서 실행하기 위해서는 독립변수를 Dummy 변수로 놓고 두통, 고열, 기침이 종속변수인 모델의 형태가 필요하다.

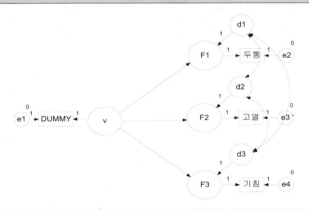

[Estimation]에서 [Estimate means and intercept]를 지정해 준 후, 비표준화계수 (unstandardized estimates) 결과를 보면 다음과 같다.

비표준화계수

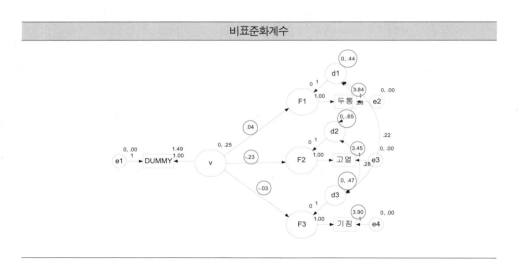

모델에서 V→F1의 경로계수=.04(3.862–3.820), V→F2의 경로계수=−.23(3.333–3.567), V→F3의 경로계수=−.03(3.882–3.915)는 집단 간 평균의 차이를 의미한다. 또한 두통, 고열, 기침 위에 위치한 3.84, 3.45, 3.90은 각 변수의 평균이며 d1, d2, d3 위에 위치한 .44, .65, .47은 오차분산에 해당한다. 이는 '개체 간 효과검정' 표에서 제공하는 오차의 크기와 일치하는 수치다.

연구모델의 표준화계수 결과는 다음과 같다.

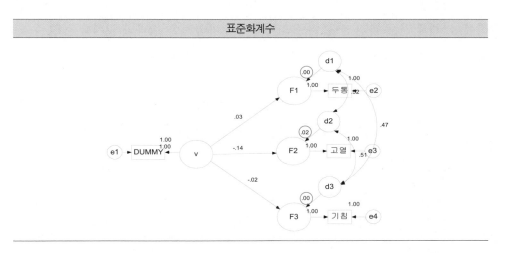

표준화계수

모델에서 F1, F2, F3 상단에 위치한 .00, .02, .00은 SMC로 R제곱에 해당한다. 이
는 '개체 간 효과검정' 표에서 제공하는 R제곱의 크기와 일치하는 수치다.

다음으로 모델의 경로계수, 분산 및 SMC에 대한 결과는 다음과 같다.

경로계수	분산 및 SMC

Regression Weights: (Group number 1 - Default model)

			Estimate	S.E.	C.R.	P	Label
F1	<---	v	.042	.092	.455	.649	
F2	<---	v	-.233	.112	-2.080	.038	
F3	<---	v	-.033	.095	-.345	.730	
두통	<---	F1	1.000				
고열	<---	F2	1.000				
기침	<---	F3	1.000				
DUMMY	<---	v	1.000				

Standardized Regression Weights: (Group number 1 - Default model)

			Estimate
F1	<---	v	.032
F2	<---	v	-.143
F3	<---	v	-.024
두통	<---	F1	1.000
고열	<---	F2	1.000
기침	<---	F3	1.000
DUMMY	<---	v	1.000

Variances: (Group number 1 - Default model)

	Estimate	S.E.	C.R.	P	Label
v	.250	.025	10.173	***	
d1	.441	.043	10.173	***	
d2	.648	.064	10.173	***	
d3	.466	.046	10.173	***	
e1	.000				
e2	.000				
e3	.000				
e4	.000				

Squared Multiple Correlations: (Group number 1 - Default model)

	Estimate
F3	.001
F2	.020
F1	.001
기침	1.000
고열	1.000
두통	1.000
DUMMY	1.000

V→F2로 가는 경로만 유의하고(p=.038<.05), 나머지 V→F1(p=.649>.05), V→F3(p=.730>.05)으로 가는 경로는 유의하지 않은데, 이 역시 SPSS 다변량분산분석에서 '개체 간 효과검정' 표의 유의확률에서 제공하는 결과와 일치함을 알 수 있다. 결과적으로 SPSS의 다변량분산분석이 Amos에서도 가능함을 보여 주고 있다.

다변량분산분석 결과 비교[4]

	두통		고열		기침	
	SPSS	Amos	SPSS	Amos	SPSS	Amos
평균의 차이/ 비표준화경로계수	.04 (3.86–3.82)	.04	−.24 (3.33–3.57)	−.23	−.04 (3.88–3.92)	−.03
유의확률	.650	.649	.039	.038	.731	.730
두 집단의 평균	3.84	3.84	3.45	3.45	3.90	3.90
오차	.445	.441	.654	.648	.470	.466
R 제곱	.001	.001	.020	.020	.001	.001

3 다변량공분산분석 실행

다음으로 연속형 독립변수인 공변량이 포함된 다변량공분산분석에 대해서 알아보도록 하자. 다변량공분산분석은 다변량분산분석에 공변량인 '휴식정도'가 모델에 추가된 형태로서, 연구모델의 형태는 다음과 같다.

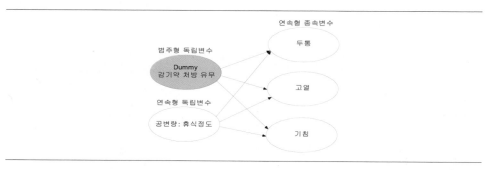

---

4. 고열과 기침의 경우, SPSS에서는 소수점 셋째자리에서 반올림하나, Amos의 경우에는 소수점 넷째자리에서 반올림하기 때문에 평균의 차이에 대한 결과에서 차이가 발생한다.

1. SPSS에서 다변량공분산분석 실행

연구모델은 다변량분산분석 모델에서 공변량인 휴식정도가 추가된 형태다. 다변량공분산분석의 분석결과는 다음과 같다.

SPSS에서 다변량공분산분석 옵션지정

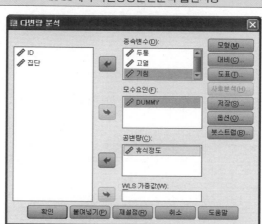

SPSS에서 다변량공분산분석 결과표

개체-간 효과 검정

소스	종속 변수	제 III 유형 제곱합	자유도	평균 제곱	F	유의확률
수정 모형	두통	14.237ª	2	7.119	18.823	.000
	고열	62.531ᵇ	2	31.265	85.471	.000
	기침	15.675ᶜ	2	7.837	19.785	.000
절편	두통	56.041	1	56.041	148.185	.000
	고열	6.057	1	6.057	16.558	.000
	기침	55.720	1	55.720	140.663	.000
휴식정도	두통	14.145	1	14.145	37.404	.000
	고열	59.716	1	59.716	163.248	.000
	기침	15.619	1	15.619	39.430	.000
DUMMY	두통	.677	1	.677	1.791	.182
	고열	.344	1	.344	.940	.334
	기침	.100	1	.100	.252	.616
오차	두통	77.527	205	.378		
	고열	74.989	205	.366		
	기침	81.205	205	.396		
합계	두통	3161.000	208			
	고열	2616.000	208			
	기침	3259.000	208			
수정 합계	두통	91.764	207			
	고열	137.519	207			
	기침	96.880	207			

a. R 제곱 = .155 (수정된 R 제곱 = .147)
b. R 제곱 = .455 (수정된 R 제곱 = .449)
c. R 제곱 = .162 (수정된 R 제곱 = .154)

'개체 간 효과검정' 표를 살펴본 결과, 집단 간 두통(p=.182>.05)과 고열(p=.334>.05), 기침(p=.616>.05)은 차이가 없는 것으로 나타났다. 즉 휴식정도를 통제한 상황에서는 신약 감기약을 복용한 환자집단과 그러지 않은 집단 간에 차이가 없음을 알 수 있다. 오차의 경우 두통=.378, 고열=.366, 기침=.396으로 나타났으며, R제곱은 두통=.155, 고열=.455, 기침=.162로 나타났다.

2. Amos에서 다변량공분산분석 실행

다변량공분산분석을 Amos에서 실행하려면 다변량분산분석 모델에 공변량인 휴식정도가 두통, 고열, 기침에 영향을 미치는 형태의 모델이 필요하다.

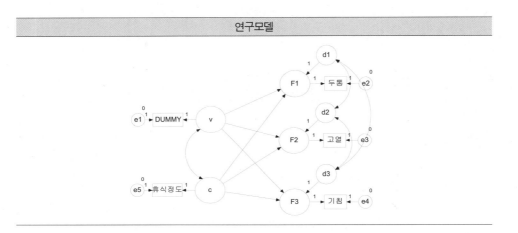

연구모델

[Estimation]에서 [Estimate means and intercept]를 지정해 준 후, 비표준화계수결과를 보면 다음과 같다.

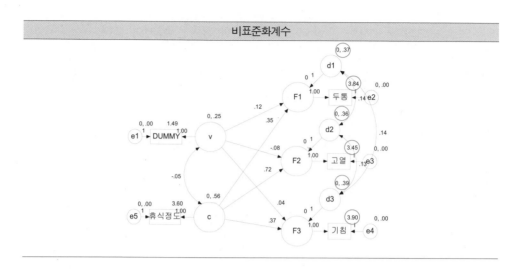

모델에서 두통, 고열, 기침 위에 위치한 3.84, 3.45, 3.90은 각 변수의 평균이며 d1, d2, d3 위에 위치한 .37, .36, .39는 오차분산에 해당한다. 이는 '개체 간 효과검정' 표에서 제공하는 오차의 크기와 일치하는 수치다.

연구모델의 표준화계수 결과를 보면 다음과 같다.

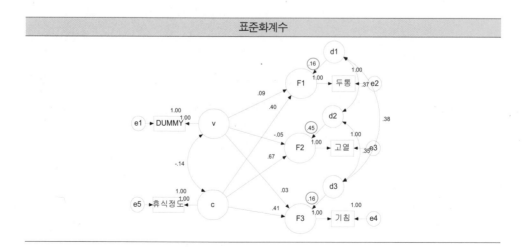

모델에서 F1, F2, F3 상단에 위치한 .16, .45, .16은 SMC로 R제곱에 해당한다. 이는 '개체 간 효과검정' 표에서 제공하는 R제곱의 크기와 일치하는 수치다.

다음으로 모델의 경로계수, 분산 및 SMC에 대한 결과는 아래와 같다.

경로계수	분산 및 SMC

Regression Weights: (Group number 1 - Default model)

			Estimate	S.E.	C.R.	P	Label
F1	<---	v	.115	.086	1.345	.179	
F2	<---	v	-.082	.084	-.974	.330	
F3	<---	v	.044	.088	.505	.614	
F1	<---	c	.353	.057	6.146	***	
F2	<---	c	.724	.056	12.839	***	
F3	<---	c	.370	.059	6.310	***	
두통	<---	F1	1.000				
고열	<---	F2	1.000				
기침	<---	F3	1.000				
DUMMY	<---	v	1.000				
휴식정도	<---	c	1.000				

Variances: (Group number 1 - Default model)

	Estimate	S.E.	C.R.	P	Label
v	.250	.025	10.173	***	
c	.558	.055	10.173	***	
d1	.373	.037	10.173	***	
d2	.361	.035	10.173	***	
d3	.390	.038	10.173	***	
e1	.000				
e2	.000				
e3	.000				
e4	.000				
e5	.000				

Standardized Regression Weights: (Group number 1 - Default model)

			Estimate
F1	<---	v	.087
F2	<---	v	-.050
F3	<---	v	.032
F1	<---	c	.396
F2	<---	c	.665
F3	<---	c	.405
두통	<---	F1	1.000
고열	<---	F2	1.000
기침	<---	F3	1.000
DUMMY	<---	v	1.000
휴식정도	<---	c	1.000

Squared Multiple Correlations: (Group number 1 - Default model)

	Estimate
F3	.162
F2	.455
F1	.155
휴식정도	1.000
기침	1.000
고열	1.000
두통	1.000
DUMMY	1.000

유의확률(p)의 경우 V→F1(p=.179>.05), V→F2(p=.330>.05), V→F3(p=.614>.05)으로 나타나 SPSS의 '개체 간 효과검정' 표의 유의확률에 나타난 결과와 거의 일치함을 알 수 있다. 결과적으로 SPSS의 다변량공분산분석이 Amos에서도 가능함을 보여 준다.

다변량공분산분석 결과 비교

	두통		고열		기침	
	SPSS	Amos	SPSS	Amos	SPSS	Amos
유의확률	.182	.179	.334	.330	.616	.614
오차	.378	.373	.366	.361	.396	.390
R 제곱	.155	.155	.455	.455	.162	.162

4 잠재변수가 포함된 분산분석 실행

그렇다면 구조방정식모델을 이용한 분석이 분산분석이나 다변량분산분석보다 더 뛰어나다는 주장은 어떤 근거에서 비롯된 것일까? 그 이유는 종속변수에 잠재변수를 사용한 형태의 모델을 구조방정식모델에서만 분석[5]할 수 있기 때문이다. 예를 들어 연구모델에서 종속변수인 두통, 고열, 기침의 증상이 분리된 종속변수가 아닌 감기증상이라는 하나의 잠재변수를 이루는 형태로 구성되어 있다면, 구조방정식모델을 통해서만 분석이 가능하다.

모델의 형태는 다음과 같다.

잠재변수가 포함된 연구모델

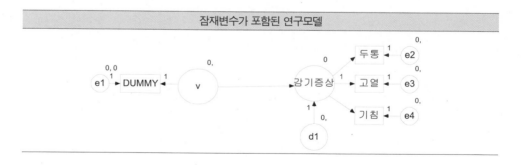

---

5. 구조방정식모델을 사용하면 잠재변수가 종속변수인 다변량분산분석이 가능할 뿐만 아니라 다중집단분석을 통해 동질성 가정을 검증할 수 있다는 장점이 있다. 자세한 내용은 Bagozzi and Yi(1989)를 참조하길 바란다.

다른 분석과 마찬가지로 [Estimation]에서 [Estimate means and intercept]를 지정
해 준 후, 모델의 분석결과를 보면 다음과 같다.

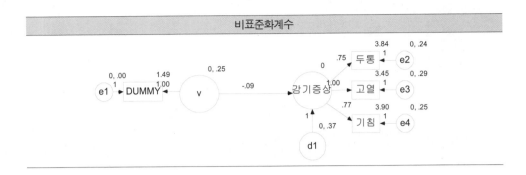

비표준화계수

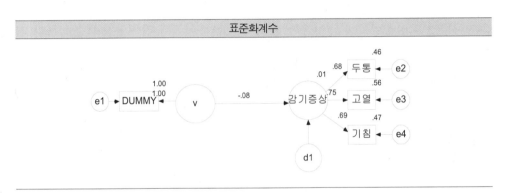

표준화계수

다음으로 모델의 경로계수, 분산 및 SMC에 대한 결과는 아래와 같다.

경로계수	분산 및 SMC

Regression Weights: (Group number 1 - Default model)

			Estimate	S.E.	C.R.	P	Label
감기증상	<---	v	-.093	.097	-.957	.339	
고열	<---	감기증상	1.000				
DUMMY	<---	v	1.000				
두통	<---	감기증상	.747	.106	7.066	***	
기침	<---	감기증상	.772	.109	7.070	***	

Standardized Regression Weights: (Group number 1 - Default model)

			Estimate
감기증상	<---	v	-.077
고열	<---	감기증상	.745
DUMMY	<---	v	1.000
두통	<---	감기증상	.682
기침	<---	감기증상	.685

Variances: (Group number 1 - Default model)

	Estimate	S.E.	C.R.	P	Label
v	.250	.025	10.173	***	
d1	.365	.073	4.986	***	
e1	.000				
e2	.236	.034	6.902	***	
e3	.294	.053	5.497	***	
e4	.247	.036	6.831	***	

Squared Multiple Correlations: (Group number 1 - Default model)

	Estimate
감기증상	.006
기침	.469
고열	.555
두통	.465
DUMMY	1.000

위의 표를 보면 V→감기증상의 경로가 유의하지 않은 것(p=.339>.05)으로 나타났다. 집단 간 평균의 차이는 –.09로 나타났는데, 이는 두 집단의 감기증상이라는 잠재변수에 대한 평균의 차이를 말한다. 하지만 이런 분석은 앞서 언급했듯이 SPSS에서는 불가능하며 오로지 구조방정식모델을 통해서만 할 수 있기 때문에 몇몇 학자들은 기존의 분산분석이나 다변량분산분석보다 더 강점이 있다고 주장했던 것이다.

결론적으로, 현재까지 SPSS에서만 분석 가능한 줄 알았던 분산분석, 다변량분산분석, 다변량공분산분석을 Amos에서도 분석할 수 있다는 사실을 본 장을 통해 알 수 있었다. 물론 이 방법이 대중적으로 활성화되지는 않았는데, 그 이유는 SPSS 등을 통해 충분히 분석 가능했기 때문에 굳이 구조방정식모델을 사용할 필요를 느끼지 못했으며, 기술적으로도 Amos에서 구현하기가 다소 복잡했기 때문인 것으로 보인다.

하지만 종속변수가 다수의 관측변수로 구성된 잠재변수인 경우, SPSS를 통해서는 분석할 수 없지만 구조방정식모델로는 가능하기 때문에 어떤 측면에서 본다면 구조방정식모델을 통해 분석하는 것이 더 나은 점이 있다고 할 수 있다. 구조방정식모델이 지닌 이러한 강점 등을 이용하여 기존 연구들과 차별화되는 연구결과를 발표하는 것도 흥미로운 일이라 생각된다.

구조방정식모델의 통계적 가정

구조방정식모델의 통계적 가정[6]은 다양하다. 연구모델에서 독립변수와 종속변수가 모두 연속형 변수이어야 한다는 내용은 가정 7번에 해당한다. 이런 이유로, 독립변수나 종속변수가 범주형 변수인 것은 원칙적으로 분석에 적합하지 않은 경우에 해당한다.

구조방정식모델의 가정

1. 다변량 정규분포 (multivariate normal distribution)	구조방정식모델은 ML(Maximum Likelihood)법을 기본 추정법으로 사용하고 있기 때문에 다변량 정규분포를 가정하고 있다. 이러한 정규성이 무너질 경우에는 X^2 등에 영향을 미치게 된다.
2. 선형성 (linearity)	구조방정식모델에서는 연구모델 내에 존재하는 외생변수와 내생변수 간 선형성을 가정하고 있다.
3. 이상치 (outlier)	구조방정식모델에 사용되는 데이터에는 이상치가 존재하고 있지 않음을 가정하고 있다. 이상치는 데이터 분석결과에 영향을 미치기 때문에 반드시 분석 전에 확인해야 한다.
4. 인과성 (causal effect)	구조방정식모델은 인과관계를 바탕으로 하고 있기 때문에 외생변수와 내생변수 간 관계는 반드시 원인과 결과를 바탕으로 구성되어야 한다.
5. 모델의 식별 (identification)	구조방정식모델에서는 정보의 수가 모수의 수와 같거나(적정식별), 더 큰(과대식별) 경우에만 구조방정식모델로 인정하며, 정보의 수가 모수의 수보다 더 적은(과소식별) 경우에는 구조방정식모델로 인정하지 않는다.
6. 오차변수 간 무상관 (uncorrelated error term)	구조방정식모델에서는 기본적으로 오차변수 간 상관을 가정하고 있지 않다. 단, 수정지수 등을 통해서 조사자가 설정할 수는 있다.
7. 데이터의 특성 (interval data)	구조방정식모델은 회귀분석이 변형된 형태이기 때문에 모든 변수는 등간이나 비율척도이어야 한다.

---

6. 《구조방정식모델 개념과 이해》(우종필, 2012, p. 244)

구성개념타당성

구성개념타당성은 구성개념과 그것을 측정하는 변수 사이의 일치성(agreement)에 관한 것으로, 구성개념이 관측변수에 의해 얼마나 잘 측정되었는지를 나타낸다. 구성개념타당성은 집중타당성(convergent validity), 판별타당성(discriminant validity), 법칙타당성(nomological validity) 등으로 분류된다.

구성개념타당성

타당성의 분류	의미	검증방법
집중타당성 (convergent validity)	잠재변수를 측정하는 관측변수들의 일치성 정도	관측변수 간 상관이 높을수록 집중타당성이 있다.
판별타당성 (discriminant validity)	서로 독립된 잠재변수 간의 차이를 나타내는 정도	잠재변수 간 상관이 낮을수록 판별타당성이 있다.
법칙타당성 (nomological validity)	이론적 배경을 바탕으로 하나의 구성개념이 다른 구성개념을 정확히 예측하는 정도	잠재변수 간 상관의 방향성과 유의성으로 확인된다.

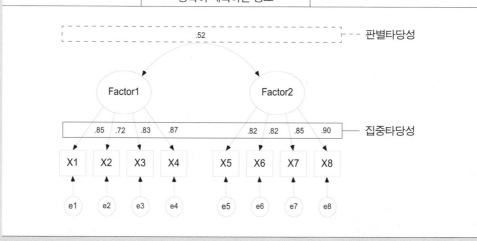

■ 집중타당성

집중타당성은 '수렴타당성'이라고도 하며 잠재변수를 측정하는 관측변수들의 일치성 정도를 나타낸다. 만약 측정항목들에 구성개념이 일관성 있게 잘 측정되었다면 항목들 간에 높은 상관이 있을 것이고, 이런 경우에 집중타당성이 있다고 할 수 있다. 집중타당성을 검증하는 방법은 잠재변수와 관측변수 간의 요인부하량을 측정하는 것이 대표적이다.

예를 들어서 관측변수인 디자인, 각종 기능, 승차감이 잠재변수인 자동차이미지를 잘 측정했다면 관측변수들 간에 상관이 높을 것이고, 잠재변수에서 관측변수로 가는 요인부하량이 좋은 값(.5 이상)을 보일 것이다. 반대로 관측변수 간 상관이 낮고 요인부하량이 낮다면, 이는 집중타당성이 없는 경우에 해당한다.

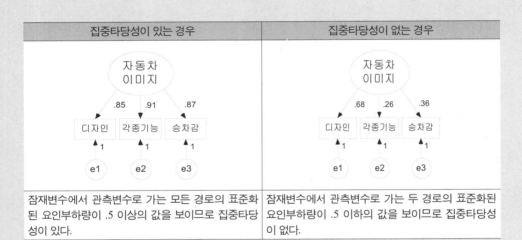

집중타당성이 있는 경우	집중타당성이 없는 경우
잠재변수에서 관측변수로 가는 모든 경로의 표준화된 요인부하량이 .5 이상의 값을 보이므로 집중타당성이 있다.	잠재변수에서 관측변수로 가는 두 경로의 표준화된 요인부하량이 .5 이하의 값을 보이므로 집중타당성이 없다.

■ 판별타당성

판별타당성은 서로 다른 잠재변수 간의 차이를 나타내는 정도이다. 잠재변수 간에 낮은 상관을 보인다면 판별타당성이 있는 것이며, 높은 상관을 보인다면 두 구성개념 간에 차별성이 떨어지는 것을 의미하므로 잠재변수 간 판별타당성이 없는 것이다.

아래의 예에서 모델 1과 모델 2는 잠재변수에 대한 관측변수들의 요인부하량이 모두 .5 이상이므로 집중타당성이 있다고 할 수 있다. 그러나 잠재변수 간에 상관을 보면, 모델 1은 상관이 .54로 그다지 높지 않기 때문에 판별타당성이 있지만 모델 2는 상관이 .95로 매우 높기 때문에 판별타당성이 없는 경우이다. 이는 통계적으로 이들 잠재변수가 서로 독립된 형태의 구성개념이 아닌 동일한 구성개념임을 의미한다.

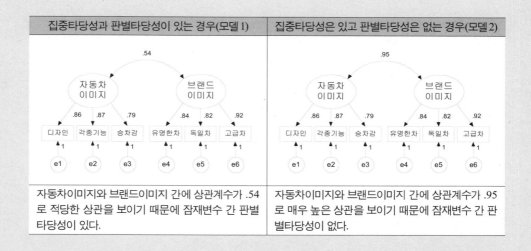

집중타당성과 판별타당성이 있는 경우(모델 1)	집중타당성은 있고 판별타당성은 없는 경우(모델 2)
자동차이미지와 브랜드이미지 간에 상관계수가 .54로 적당한 상관을 보이기 때문에 잠재변수 간 판별타당성이 있다.	자동차이미지와 브랜드이미지 간에 상관계수가 .95로 매우 높은 상관을 보이기 때문에 잠재변수 간 판별타당성이 없다.

▣ 법칙타당성

법칙타당성은 이론적 배경을 바탕으로 하나의 구성개념이 다른 구성개념을 어느 정도 예측하는지에 대한 정도를 나타낸다. 예를 들어, 조사자가 선행연구나 논리적인 이론을 바탕으로 두 구성개념 간에 관계를 정(+)의 방향으로 예측했는데, 실제로 잠재변수 간 관계가 유의한 정(+)의 관계로 나타났다면 법칙타당성이 있는 것이다. 반대로 잠재변수 간 관계가 부(−)의 관계이거나 정(+)의 관계이지만 통계적으로 유의하지 않다면 법칙타당성이 없는 것이다.

법칙타당성이 있는 경우	법칙타당성이 없는 경우
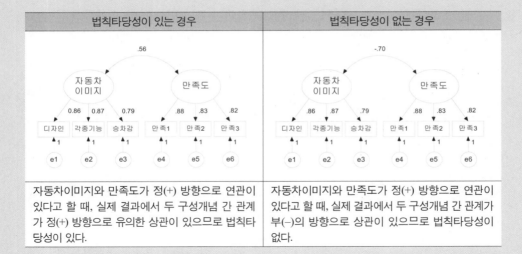	
자동차이미지와 만족도가 정(+) 방향으로 연관이 있다고 할 때, 실제 결과에서 두 구성개념 간 관계가 정(+) 방향으로 유의한 상관이 있으므로 법칙타당성이 있다.	자동차이미지와 만족도가 정(+) 방향으로 연관이 있다고 할 때, 실제 결과에서 두 구성개념 간 관계가 부(−)의 방향으로 상관이 있으므로 법칙타당성이 없다.

Chapter 8

구성개념의
타당성 검증은
형식적인 과정이다?

구조방정식모델을 이용한 논문들을 보면 주로 확인적 요인분석을 통해서 구성개념의 타당성을 검증한다. 그런데 초보 조사자들의 경우에는 타당성 검증 자체를 왜 해야 하는지 그 이유도 모른 체 확인적 요인분석을 형식적으로 실행하고 타 논문과 비슷한 순서로 결과를 기술해 나가는 것을 볼 수 있다. 하지만 논문에서 타당성 검증은 측정도구와 관련된 매우 중요한 부분 중 하나로, 이 부분이 무너지면 논문 자체가 의미 없게 되기도 한다. 구조방정식모델에서는 주로 구성개념을 연구모델에 사용하기 때문에 구성개념타당성에 대한 내용을 집중적으로 검증하지만, 실제로 타당성의 종류는 다양하다. 본 장에서는 타당성의 종류와 그 중요성들에 대해 자세히 알아보기로 하자.

1 타당성 종류

타당성은 조사의 대상을 얼마나 잘 측정하느냐에 관련된 것으로 ①기준관련타당성(criterion related validity), ②내용타당성(content validity), ③구성개념타당성(construct validity)으로 나뉜다. 기준관련타당성은 다시 예측타당성(predictive validity)과 동시타당성(concurrent validity)으로 나뉘고, 구성개념타당성은 집중타당성(convergent validity), 판별타당성(discriminant validity), 법칙타당성(nomological validity)으로 분류된다.

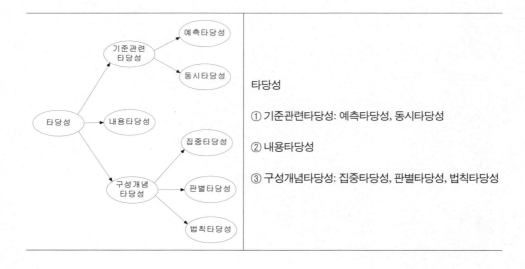

타당성

① 기준관련타당성: 예측타당성, 동시타당성

② 내용타당성

③ 구성개념타당성: 집중타당성, 판별타당성, 법칙타당성

1. 기준관련타당성

기준관련타당성은 하나의 측정도구를 사용해 얻은 결과와 다른 측정도구를 사용해 얻은 결과를 서로 비교하는 것으로, 측정도구 간 상관관계와 관련이 있다. 기준관련타당성은 예측타당성과 동시타당성으로 나뉜다.

예측타당성은 현재의 측정이 미래의 일을 얼마나 잘 예측할 수 있는지 정도를 나타낸 것이다. 예를 들어, 조사자는 레스토랑에 대해 전반적으로 만족했다고 응답한 고객들은 미래에도 이 레스토랑을 재방문할 수 있을 것이라고 예측할 수 있다. 그런데 실제로 레스토랑에서 만족한 고객이 다시 레스토랑을 방문하여 만족도와 재방문 간 높은 상관관계를 보였다면 이는 예측타당성이 있는 것이다.

동시타당성은 현재의 어떤 현상에 대한 측정이 다른 현상과 동시에 평가되는 경우이다. 예를 들어, 조사자는 고객들에게 타 점포보다 높은 만족도 점수를 얻은 레스토랑의 경우라면 매출액 역시 높을 것으로 예상할 수 있다. 그런데 실제로 고객만족도와 매출액 간 높은 상관관계가 존재한다면 이는 동시타당성이 있는 것이다.

2. 내용타당성

내용타당성(content validity, 혹은 face validity)은 측정하려는 항목(혹은 도구)의 내용이 측정하고자 하는 개념을 얼마나 적절히 나타내는지를 의미한다.

3. 구성개념타당성

구성개념타당성(construct validity)은 구성개념과 그것을 측정하는 변수 사이의 일치성에 관한 것으로, 구성개념이 측정변수에 의해 얼마나 잘 측정되었는지를 나타낸 것이라고 할 수 있다. 구성개념타당성은 집중타당성, 판별타당성, 법칙타당성 등으로 구성되어 있다. 특히 구조방정식모델에서는 구성개념(construct)을 중심으로 연구모델을 개발하기 때문에 이러한 타당성들은 매우 중요하다.

지금부터 내용타당성과 구성개념타당성을 중심으로, 왜 이들 타당성이 구조방정식모델 분석에 있어 중요한지 알아보도록 하자.

2 내용타당성 문제

논문을 읽다 보면 구성개념의 내용과 실제 측정한 항목의 내용이 다르게 측정된 경우를 발견할 때가 있다. 이런 경우는 내용타당성과 관련된 부분으로, 이론적 배경이나 연구가설 등에 서술되어 있는 구성개념의 정의나 특성이 실제 측정한 설문 항목의 내용과 일치하지 않을 경우에 해당한다.

1. 단일항목의 문제

내용타당성의 문제가 특히 자주 발생하는 경우는 단일항목으로 구성개념을 측정했을 경우[1]이다. 지금부터 예를 통해 그 이유를 알아보도록 하자. 먼저, 레스토랑의 전반적인 만족도 측정을 위해 '이 레스토랑의 음식 맛에 얼마나 만족하십니까?'라는 설문항목을 사용했다면, 이 항목 하나가 레스토랑의 만족도라는 구성개념을 제대로 측정했다고 볼 수 있을까? 이 항목이 음식 맛에 대한 만족도는 측정했을지 몰라도 레스토랑의 전반적인 만족도를 측정했다고 보기는 어렵다. 예컨대 음식 맛에는 만족했지만 그 외 서비스나 인테리어 부분에 실망하여 전반적인 만족도가 낮을 수 있으며, 또 반대로 음식 맛에는 실망했지만 분위기나 접근성 부분에서 만족하여 전반적인 만족도가 높을 수도 있기 때문이다.

다음으로 '이 레스토랑에 대해 전반적으로 얼마나 만족하십니까?'라고 묻는다면

---

1. 단일항목 측정법은 구성개념 자체를 단일항목으로 평가하는 것으로, 바람직한 방법은 아니지만 논문에서 종종 사용된다. 구성개념을 단일항목으로 측정한 경우와 다항목으로 측정한 후 단일항목화하는 방법은 분석상 차이가 존재하는데, 단일항목으로 측정한 경우는 타당성에 대해 문제가 있을 수 있지만 측정오차는 존재하지 않는 반면, 다항목을 평균이나 총점으로 단일항목화한 경우는 타당성에 대한 문제는 줄일 수 있지만 분석 시 측정오차가 포함되어 있다는 점이 다르다.

어떨까? 내용타당성은 처음의 경우보다 좋아졌다고 볼 수 있다. 하지만 이 경우 역시 전반적인 만족도는 측정했을지 몰라도 기타 구체적인 만족도에 대해서는 자세히 알 수 없다. 레스토랑의 만족도는 음식 맛, 메뉴 다양성, 가격, 분위기(인테리어), 종업원의 서비스(친절도), 접근성 등등 다양한 항목에 의해 형성되기 때문에 이러한 항목을 적절히 측정해야 전반적인 만족도를 제대로 측정했다고 볼 수 있다.

요컨대 단일항목으로 구성개념을 측정하면, 내용타당성과 구성개념에 대한 구체적인 정보를 얻기 힘들다는 단점이 있다. 구성개념을 측정할 때 단일항목 측정을 피하는 이유는 바로 이러한 문제점이 존재하기 때문이다. 조사자가 다음과 같이 레스토랑의 만족도를 측정했다면 훨씬 좋은 내용타당성을 확보했다고 볼 수 있을 것이다.

속 성	전혀 그렇지 않다	그렇지 않다	보통이다	그렇다	매우 그렇다
1. 음식 맛에 대해서 만족하셨습니까?	①	②	③	④	⑤
2. 메뉴의 다양성에 대해서 만족하셨습니까?	①	②	③	④	⑤
3. 음식 가격에 대해서 만족하셨습니까?	①	②	③	④	⑤
4. 분위기에 대해서 만족하셨습니까?	①	②	③	④	⑤
5. 종업원 서비스에 대해서 만족하셨습니까?	①	②	③	④	⑤
6. 접근성에 대해서 만족하셨습니까?	①	②	③	④	⑤
7. 레스토랑에 대해서 전반적으로 만족하셨습니까?	①	②	③	④	⑤

위의 표에서 1~6번까지 항목은 각 부분에 대한 만족도이며 7번은 전반적인 만족도이기 때문에 안정적으로 구성된 측정항목들이라고 볼 수 있다.

2. 구성개념과 측정항목의 내용 불일치

그렇다면 측정항목이 많을수록 내용타당성이 좋은 것일까? 다수의 측정항목을 사용했다 하더라도 내용타당성이 좋지 않은 경우는 얼마든지 존재할 수 있다. 예를 들어, 어떤 논문의 이론적 배경 부분에서 '신뢰'란 구성개념을 정의하고 설명하였다면, 신뢰에 관련된 내용의 측정항목을 설문지에 사용해야 한다. 하지만 실제 측정항목들의 내용이 신뢰에 관련된 것이 아니라면, 그 측정항목은 구성개념을 제대로 반영했다고 볼 수 없다. 이렇게 잠재변수와 실제 측정변수의 불일치 문제점에 대해서 여러 학자[2]들이 비판과 우려를 표하기도 했다.

예를 들어, 기업 간 사업 파트너의 '신뢰(trust)'에 대해서 측정한 설문항목이 아래와 같다고 가정해 보자.

> [설문항목 예1]
> 1. 파트너와의 관계가 긍정적이다.
> 2. 파트너와의 관계가 행복하다.
> 3. 파트너와의 관계에서 수익이 발생해 만족스럽다.
> 4. 파트너를 돕고 싶다.

자, 여러분이 보기에 [설문항목 예1]이 기업 간 신뢰에 대해서 제대로 측정한 항목들이라 할 수 있겠는가? 물론 전체적인 설문내용이 상대방 기업에 대해 긍정적인 부분을 묻는 형태로 구성되어 있지만, 신뢰라는 것을 정확히 측정했다기에는 왠지 부족한 면이 있다. 신뢰보다는 오히려 만족이나 협력적인 관계를 측정하는 항목에 가깝다고 할 수 있다.

그럼 다음의 질문은 어떠한가?

---

2. Cliff(1983), Bollen(1989).

> [설문항목 예2]
> 1. 파트너의 약속을 신뢰할 수 있다.
> 2. 파트너는 왠지 사업상 배신할 것 같지 않다.
> 3. 나는 파트너를 믿기 때문에 당장 손해가 있더라도 관계를 끊고 싶지 않다.
> 4. 나는 파트너를 신뢰하고 있다.

그 누가 보더라도 [설문항목 예2]가 신뢰를 측정하기에 더 적합한 항목이라고 생각할 것이다. 하지만 실제로 많은 논문을 접하다 보면 내용타당성에 의구심이 가는 구성개념들을 발견하게 된다. 특히 해외에서 많이 사용되는 측정항목이라 하더라도 한국 상황에 맞지 않아 구성개념을 잘 반영하지 못하는 경우도 종종 있기 때문에 조사자들은 이런 부분에 대해서도 신중해야 한다. 내용타당성은 어떤 명확한 기준이 없고 수치화가 불가능하기 때문에 적합성 여부를 객관적으로 판단하는 것이 쉽지 않지만, 그 누가 봐도 인정할 수 있는 설문항목들에 대한 내용타당성을 확보하는 것이 중요하다.

3   집중타당성 문제

집중타당성은 '수렴타당성'이라고도 불리며 잠재변수를 측정하는 관측변수들의 일치성 정도를 나타낸다. 만약 구성개념이 측정항목들에 의해 일관성 있게 잘 측정되었다면 항목들 간에 상관이 높을 것이고, 그럴 경우 집중타당성이 있다고 볼 수 있다. 일반적으로 요인부하량의 값(.5 이상), AVE(.5 이상), CCR(.7 이상) 등이 높을 때 집중타당성이 있다고 평가한다.

많은 교재에 집중타당성에 문제를 일으키는 변수는 무조건적으로 삭제해야 한다고 서술되어 있다. 물론 요인부하량이 현저히 낮은 소수의 항목을 삭제하는 것은 큰 문제가 아닐 수 있지만, 전체 측정항목 중 다수의 항목을 낮은 요인부하량 때문에 삭제한 후 분석을 진행한다면 이는 적절한 방법일까?

다음의 예를 보도록 하자.

우울 모델

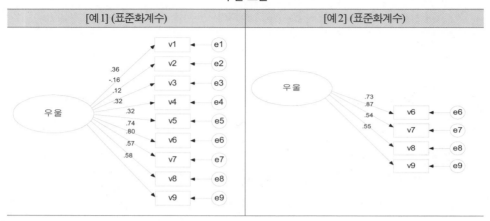

[우울 모델]의 경우, [예 1]은 잠재변수와 관측변수 간 표준화된 요인부하량들의 수치가 대체적으로 낮고(<.5) 부호 또한 서로 섞여 있기 때문에 집중타당성이 좋지 못한 모델이라고 할 수 있다. 조사자가 [예 1]에서 낮은 요인부하량을 보이는 항목(V1, V2, V3, V4, V5)들을 제거한다면 [예 2]에서 보듯 9개 변수 중 고작 4개 변수만 남는다. 물론 요인부하량이 낮은 요인을 제거한 후 분석을 진행하는 것이 맞지만, 실제로 9개로 구성된 설문항목 중 절반 이상이 떨어져 나간 상태라면 구성개념이 과연 제대로 측정되었는지에 대한 의문을 가지게 된다. 이런 경우는 우울을 측정한 측정항목의 집중타당성에 문제가 있는 것이다.

물론 조사자는 요인부하량이 좋은 항목만을 분석에 사용했기 때문에 큰 문제가 없다고 주장할 수 있겠지만, 이는 옳지 않다. 제거된 항목 중에 구성개념을 반영하는 중요한 내용들이 존재할 수 있으며, 이런 논리라면 9항목 중 1항목이나 2항목이 남더라도 좋은 요인부하량이 나올 때까지는 항목을 줄여 가도 문제가 없다는 의미이기 때문이다. 특히 조사자가 처음에 9항목을 이용하여 측정한 [예 1]의 결과를 언급하지 않고, [예 2]의 결과인 4항목만으로 처음부터 구성개념을 측정한 것처럼 발표한 경우도 역시 잘못된 행동이다. 이런 상태라면 집중타당성을 떠나 내용타당성에도 심각한 문제가 발생할 수 있기 때문이다.

다음의 경우를 보도록 하자.

불안 모델

[불안 모델]의 경우도 [예 1]에서 잠재변수와 관측변수 간 표준화된 요인부하량이 낮고 부호 또한 서로 섞여 있기 때문에 집중타당성이 매우 좋지 못한 모델이라고 할 수 있다. 낮은 요인부하량을 가진 변수를 제거한다 하더라도 [예 2]에서 보듯 18개 변수 중 5개 변수만 남아 실제로 구성개념을 제대로 반영했다고 볼 수 없다. 내용타당성 역시 문제의 소지가 남아 있게 된다. 결론적으로 이 두 구성개념은 [예 2]에 남아 있는 변수들의 요인부하량이 높기 때문에 겉으로는 집중타당성이 있어 보일지 모르나 실제로는 없는 경우이다.

만약 이러한 [우울 모델]과 [불안 모델]이 인과관계로 설정된다면 어떨까?

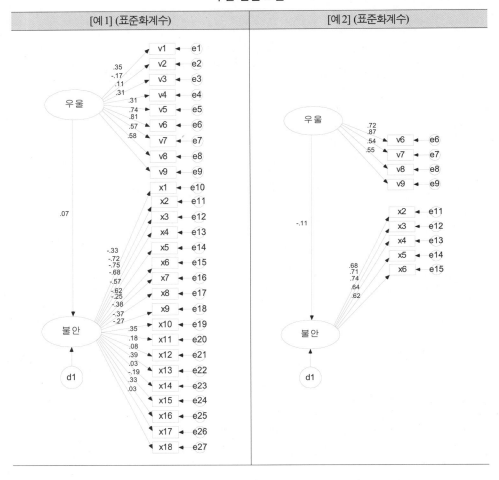

우울-불안 모델

[예1] (표준화계수)　　　　　　　　　　[예2] (표준화계수)

[우울-불안 모델]은 우울과 불안의 인과관계를 보여 주는 모델이다. [예1]에서 이미 집중타당성이 무너졌기 때문에 두 잠재변수 간 인과관계를 측정한다는 것이 큰 의미가 없을 뿐만 아니라 결과 자체도 신뢰할 수 없다.

[예2]의 경우에는 집중타당성이 좋기 때문에 통계적으로는 분석이 가능할지 모르겠으나, 남아 있는 항목들이 실제 구성개념을 얼마나 잘 나타내는지에 대한 내용타당성에 문제의 소지가 있다. 결과 또한 우울과 불안은 둘 다 부정적인 구성개념으로 높은 정(+)의 관계가 기대되어야 하지만 부(-)의 낮은 인과관계를 보인다. 결론적으로, 집중타당성이 결여된 구성개념에 대한 분석은 그 결과 자체를 믿을 수

없기 때문에 집중타당성에 대한 검증은 매우 중요한 부분이라 할 수 있다. 논문은 통계적 결과가 중요하지만, 그 의미가 통계적으로 왜곡된 결과라면 차라리 발표하지 않는 것이 더 좋을 수도 있음을 명심해야 한다. 이런 경우는 선행연구들을 통해 구성개념에 대한 개념을 철저히 파악한 후 측정항목들을 재구성해서 데이터를 재수집하는 것이 좋은 대체 방안이라 할 수 있다.

4 판별타당성 문제

집중타당성 못지않게 중요한 것이 바로 판별타당성이다. 판별타당성은 서로 다른 구성개념 간의 차이를 나타내는 정도로, 잠재변수끼리 낮은 상관을 보인다면 판별타당성이 있는 것이며 높은 상관을 보인다면 두 구성개념 간에 차별성이 떨어지는 것을 의미하므로 잠재변수 간 판별타당성이 없는 것이다. 물론 구성개념이 제대로 측정되었다는 가정하에 판별타당성이라는 개념이 성립하기 때문에 집중타당성과 판별타당성 중 어느 것이 더 중요하냐고 묻는다면 집중타당성이 더 중요한 것이 논리적으로 맞다. 하지만 그렇다고 판별타당성이 중요하지 않은 것은 아니며, 특히 다중공선성에 대한 문제 등으로 인해 판별타당성을 반드시 점검해야 한다.

다음의 [만족-신뢰-재방문 모델]의 예를 통해 이러한 문제를 살펴보도록 하자.

만족-신뢰-재방문 모델의 분석결과

확인적 요인분석 결과	구조방정식모델 결과

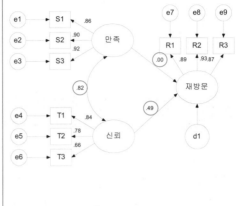

Regression Weights: (Group number 1 - Default model)

	Estimate	S.E.	C.R.	P	Label
S3 <--- 만족	1.000				
S2 <--- 만족	.975	.043	22.668	***	
S1 <--- 만족	.975	.047	20.857	***	
T3 <--- 신뢰	1.000				
T2 <--- 신뢰	1.118	.105	10.689	***	
T1 <--- 신뢰	1.202	.107	11.279	***	
R3 <--- 재방문	1.000				
R2 <--- 재방문	1.080	.049	22.054	***	
R1 <--- 재방문	1.049	.051	20.611	***	

Standardized Regression Weights: (Group number 1 - Default model)

	Estimate
S3 <--- 만족	.917
S2 <--- 만족	.899
S1 <--- 만족	.864
T3 <--- 신뢰	.661
T2 <--- 신뢰	.776
T1 <--- 신뢰	.844
R3 <--- 재방문	.875
R2 <--- 재방문	.935
R1 <--- 재방문	.893

Covariances: (Group number 1 - Default model)

	Estimate	S.E.	C.R.	P	Label
만족 <--> 신뢰	.546	.069	7.855	***	
만족 <--> 재방문	.403	.071	5.638	***	
신뢰 <--> 재방문	.365	.062	5.843	***	

Correlations: (Group number 1 - Default model)

	Estimate
만족 <--> 신뢰	.819
만족 <--> 재방문	.403
신뢰 <--> 재방문	.491

Regression Weights: (Group number 1 - Default model)

	Estimate	S.E.	C.R.	P	Label
재방문 <--- 만족	.000	.153	.000	1.000	
재방문 <--- 신뢰	.774	.222	3.492	***	
S3 <--- 만족	1.000				
S2 <--- 만족	.975	.043	22.668	***	
S1 <--- 만족	.975	.047	20.857	***	
T3 <--- 신뢰	1.000				
T2 <--- 신뢰	1.118	.105	10.689	***	
T1 <--- 신뢰	1.202	.107	11.279	***	
R1 <--- 재방문	1.000				
R2 <--- 재방문	1.029	.045	23.042	***	
R3 <--- 재방문	.953	.046	20.611	***	

Standardized Regression Weights: (Group number 1 - Default model)

	Estimate
재방문 <--- 만족	.000
재방문 <--- 신뢰	.491
S3 <--- 만족	.917
S2 <--- 만족	.899
S1 <--- 만족	.864
T3 <--- 신뢰	.661
T2 <--- 신뢰	.776
T1 <--- 신뢰	.844
R1 <--- 재방문	.893
R2 <--- 재방문	.935
R3 <--- 재방문	.875

먼저 [만족-신뢰-재방문 모델]의 확인적 요인분석 결과를 보면, 각 구성개념에 대한 요인부하량이 모두 .7 이상으로 양호하지만 특히 만족↔신뢰의 상관계수가 .82로 높게 나타나 판별타당성에 문제가 있음을 짐작할 수 있다. 그런데 만족과 재방문의 관계를 자세히 보면, 확인적 요인분석 결과에서 .40이던 상관계수가 구조방정식모델 결과에서 인과관계(만족→재방문)로 변환하면서 .00으로 비정상적인 계수로 변화하는데, 이러한 경우가 판별타당성에 의해서 발생하는 다중공선성 문제[3]에 해당된다. 이렇게 계수가 변한 이유는 바로 만족과 신뢰의 높은 상관관계 때문이다. 즉 유의하게 나왔어야 할 만족과 재방문의 인과관계가 독립변수(외생변수)인 만족과 신뢰의 높은 상관으로 유의하지 않게 나온 것이다.

여기서 유의해야 할 부분은 조사자가 만족→재방문이 통계적으로 유의한 영향을 미치지 않는 것으로 분석의 결과를 해석하는 경우이다. 이는 잘못된 것으로 조사자는 다중공선성으로 인해 결과가 잘못 분석되었음을 사전에 알아차려야 한다. 실제 다중공선성 문제는 구조방정식모델뿐만 아니라 회귀분석이나 경로분석에서도 독립변수 간 상관이 높을 때에 자주 발생하는 문제이기 때문에 항상 주의해야 한다.

---

3. 다중공선성 문제는 독립변수 간 높은 상관관계 때문에 발생하는 문제다. 회귀분석 시 독립변수들은 서로 독립적이어야 한다는 가정이 있는데, 독립변수 간 상관이 높을 때는 이러한 가정이 위배되면서 분석에서 제공하는 회귀계수에 대한 결과를 신뢰할 수 없는 경우가 발생한다.

지금부터는 집중타당성과 판별타당성이 모두 문제가 되는 예를 보도록 하자.

Factor 모델

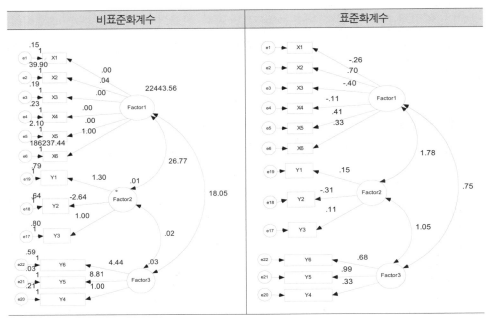

[Factor 모델]의 집중타당성을 보면 구성개념인 Factor1, Factor2, Factor3의 관측변수에 대한 표준화된 요인부하량의 수치가 전체적으로 너무 낮다. 사실 저렇게 구성하고 싶어도 쉽지 않을 정도의 결과치들이라고 할 수 있다. 일반적으로 표준화된 요인부하량이 .5 이상인 경우가 양호한데, Factor1은 X2를 제외한 전 항목이 .5 이하이며 부호 역시 정의 방향, 부의 방향으로 섞여 있다. Factor2의 경우도 마찬가지다. 이렇게 요인부하량에 대한 부호가 불일치할 경우는 한쪽의 수치를 역전환해 주는 과정이 필요한데, 항목 수치를 역전환한다고 해도 부호만 바뀔 뿐 계수의 크기는 변하지 않기 때문에 낮은 요인부하량이 문제가 될 수 있다. Factor 3은 그나마 부호는 한 방향이고 Y6, Y5 정도 분석이 가능하지만 역시 Y4가 좋지 못하다. 다시 말해서 측정항목들이 구성개념을 잘 나타내지 못하는 상태라고 할 수 있다.

판별타당성의 경우는 잠재변수 간 상관계수가 1.78, 1.05, .75 등으로 −1~1 사이에 나와야 할 상관계수가 비정상적으로 높게 나오고 있음을 알 수 있다. 즉 판별타당성도 없는 것으로 나타났다.

이처럼 [Factor 모델]은 정상적인 확인적 요인분석을 통한 타당성 검증이 불가능하기 때문에 측정도구부터 다시 선별하여 데이터를 재수집한 후 분석해야 한다. 큰 의미는 없겠지만, 이 데이터를 바탕으로 구조방정식모델을 구성한 결과는 다음과 같다.

Factor 모델의 분석결과

구조방정식모델에서도 거의 모든 요인부하량에서 문제를 일으키고 있으며 Factor1과 Factor2의 표준화된 경로계수가 –1~1 이상의 수치를 보인다. 비표준화계수 역시 Factor1→Factor2와 Factor1→Factor3으로 가는 경로계수가 .00으로 나와 비정상적임을 알 수 있다. 즉 집중타당성이나 판별타당성에 문제가 있는 구성개념이나 연구모델의 경우는 구조방정식모델에서도 그대로 문제점을 표출하고 있음을 알 수 있다.

본 장에서는 타당성의 종류와 그 중요성에 대해 알아보았다. 타당성과 관련하여 조사자는 올바른 분석결과를 얻기 위해 다음과 같은 점에 유의해야 한다.

첫째, 구성개념을 측정하는 측정항목의 내용타당성을 확보해야 한다. 아무리 집중타당성과 판별타당성이 좋다고 하여도 측정항목의 내용이 구성개념의 본질과 다르다면 이는 기초부터 잘못된 연구이기 때문이다. 다수의 측정항목을 사용함으로써 내용타당성을 높일 수 있지만, 타당성 유무를 측정할 수 있는 객관적인 수치가 없기 때문에 선행연구의 철저한 고찰이나 논리적 배경 등을 통하여 내용타당성이 검증된 측정항목을 선택하고 개발하여야 한다.

둘째, 집중타당성이 있다는 것은 측정항목들이 구성개념을 얼마나 일관성 있게 측정하고 있느냐를 의미한다. 하지만 전체 측정항목 중 다수에서 좋지 않은 요인부하량 수치를 보였을 경우, 좋은 수치를 보여 주는 (소수의 특정) 측정항목들만 뽑아서 연구결과를 만들어 냈다면 이는 옳지 않은 방법이다. 이와 같은 방법은 측정항목들의 집중타당성은 높일 수 있을지 모르나 내용타당성에 문제를 일으키고 편향된 연구결과를 도출할 수 있기 때문이다. 즉 조사자는 문제 항목들을 제거하기에 앞서 측정도구의 선정이나 측정항목의 내용에 문제가 없는지 심각하게 고려해야 한다.

셋째, 판별타당성은 잠재변수 간 차이를 나타내는 정도이기 때문에 확인적 요인분석에서 높은 상관을 보이는 구성개념들의 쌍을 유의해야 한다. 상관이 높은 변수들은 불안정한 분석결과를 보이는데, 특히 이들 쌍이 외생변수인 경우에는 경로분석이나 구조방정식모델에서 인과관계로 전환 시 다중공선성 문제를 일으킬 수 있기 때문이다. 또한 조사자는 이렇게 발생한 잘못된 결과를 그대로 논문에 발표하는 실수를 범해서도 안 된다.

결론적으로, 타당성과 관련된 내용들은 구조방정식모델에서 분석결과에 직접 혹은 간접적인 영향을 미치기 때문에 정확한 분석을 위해서는 올바른 타당성 검증이 반드시 선행되어야 한다.

#3 동양철학과 구성개념

어느 날 동양철학을 전공하신 분과 담소를 나누다가 '믿을 신(信)'에 대한 폭넓은 식견을 접하고, 비록 짧은 하나의 단어에 불과하지만 그 안에 수많은 뜻이 담겨 있음을 새삼 깨달았습니다. 그리고 집에 돌아와 그분이 말한 신(信)이 동양철학에서 얼마나 깊은 의미를 지니고 있는지 생각해 보았습니다.

'신(信)'은 사람 인(人)과 말씀 언(言)이 결합하여 생겨난 문자로, 그 의미를 보면 '사람이 한 말'이라는 뜻에 해당하는데요, 과연 현대를 사는 우리들은 상대방이 한 말을 얼마나 믿을 수 있을까요? 노자의《도덕경》중에 이런 말이 있다고 합니다. '신언불미 미언불신(信言不美 美言不信)', 즉 '미더운 말은 아름답지 않고 아름다운 말은 미덥지 않다.'라는 의미인데 참으로 가슴에 와 닿는 구절이라 생각합니다. 오늘날 사람들이 주고받는 수많은 말들 중에 믿음이 담긴 말은 과연 얼마나 될까요? 그 가운데 얼마나 많은 감언이설(甘言利說)들이 상대를 속이기 위해 사용되고 있을까요?

공자는 제자들에게 나라가 잘되는 비결을 얘기하면서 경제(食), 국방(兵), 그리고 믿음(信)이 중요하다고 했는데, 그중 하나만 남긴다면 무엇이냐는 질문에 '믿음'이라고 대답했답니다. 즉 나라를 지키는 군대보다 그리고 국민들이 먹고사는 경제적인 문제보다 신뢰가 더 중요하다고 강조한 것입니다.

우리는 믿을 신(信)을 신뢰나 믿음으로 이해하고 영어로는 'trust'라는 단어로 통칭해 사용합니다. 그런데 인문사회과학 분야에서는 신뢰라는 구성개념을 언급한 논문들이 제법 많이 등장하는데요, 과연 논문에 사용된 신뢰라는 개념은 어떻게 측정되어질까요?

신뢰 역시 다른 구성개념들처럼 다수의 설문항목에 의해 측정되고, 필요에 맞게 수치화된 변수로 표현됩니다. 그렇다면 몇 개의 설문항목으로 측정된 신뢰가 동양철학에서 의미하는 믿을 신(信)을 제대로 반영한다고 볼 수 있을까요? 물론 혹자는 동양철학에서 말하는 믿을 신(信)과 논문에서 의미하는 trust의 정의나 개념은 다르다고 할 수 있습니다. 하지만 이 두 가지 개념을 서로 이질적인 의미로 이해하는 것이 일반적일까요? 저자는 그렇지 않다고 봅니다.

구조방정식모델을 사용하기 위해서는 설문지나 기타 방법을 통해 구성개념을 측정하고 그것을 수치화하는 과정이 반드시 필요합니다. 저자 역시 이 방법으로 수많은 논문을 발표했으니 더더욱 할 말이 없습니다. 그러나 정말 깊고 심오한 개념들을 논문 발표라는 명목 아래 몇 개의 항목을 이용해 측정하고 수치화한 뒤, 그것이 완벽하게 측정되었다고 가정하는 것이 옳은 일인지 잘 모르겠습니다.

요즘 학문의 흐름이 서구주의적인 경향에 맞춰 변하다 보니 여러 논문에서 다양한 구성개념들을 수치화하고, 그것들을 이용해 변수 간 관계를 측정하는 경우가 많습니다. 하지만 구성개념의 계량화에만 신경을 쓰다 보니, 실제로 그 개념들이 의미하는 중요한 부분을 놓치는 것은 아닌지 한번쯤 깊이 생각해 볼 일입니다.

Chapter 9

구성개념은 언제나
잠재변수를 의미한다?

구성개념은 추상적인 개념으로 조사자의 연구모델을 구성하는 기본적인 요소이며 구조방정식모델에서 잠재변수로 표현된다. 그런데 연구모델에서 구성개념을 잠재변수로 전환할 때 잘못된 설정으로 인해 문제가 발생하기도 한다. 이 부분은 앞서 언급한 내용타당성이나 집중타당성 문제와 다른 차원의 문제로서, 이들 타당성에 문제가 없더라도 연구모델을 구조방정식모델로 구체화하는 과정에서 잠재변수의 잘못된 설정으로 인해 발생하는 것이다. 본 장에서는 구성개념의 잠재변수화에 대한 문제점과 해결방법에 대해서 알아보도록 하자.

1 잠재변수의 잘못된 설정

구조방정식모델에서 구성개념이 잠재변수를 의미하는 것은 맞지만 이때 조사자의 주의가 필요하다. 모든 구성개념이 잠재변수로 전환되는 것이 적절하지 않기 때문이다. 특히 개념적으로 성격이 다른 하위개념으로 이루어진 상위 구성개념이 구조방정식모델에서 잠재변수로 표현될 때 문제가 발생한다.

예를 들어, CEO의 리더십이 실제 직원들의 만족도와 업무성과에 영향을 미치고, 다시 직원만족이 성과에 영향을 미치는 연구모델을 개발했다고 가정해 보자.

리더십 모델

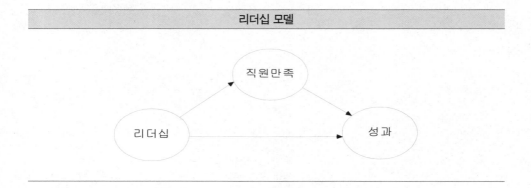

모델에 대한 가설은 다음과 같다.

가설1: 리더십은 직원만족에 유의한 영향을 미칠 것이다.
가설2: 리더십은 성과에 유의한 영향을 미칠 것이다.
가설3: 직원만족은 성과에 유의한 영향을 미칠 것이다.

CEO 리더십의 경우 4가지 형태의 각기 다른 리더십이 측정되었는데, 그 특성은 다음과 같다.

① 비전제시형: 사람들과 꿈을 공유하는 리더
② 지시형: 비상시에 뚜렷한 방향을 제시하는 리더
③ 분석형: 현재 상황을 철저히 평가해 대안을 마련하는 리더
④ 관계중시형: 감정적 유대감과 조화를 이끌어 내는 리더

측정항목은 4가지 종류의 리더십 각 3항목과 직원만족 및 성과 각 3항목 등 총 18항목으로 구성되어 있다. 측정항목들에 대한 신뢰도는 다음과 같다.

구성개념		측정항목	신뢰도
리더십	비전제시형	3	.7320
	지시형	3	.7968
	분석형	3	.7881
	관계중시형	3	.8338
직원만족		3	.8798
성과		3	.7466

외생잠재변수 간 확인적 요인분석 결과는 다음과 같다.

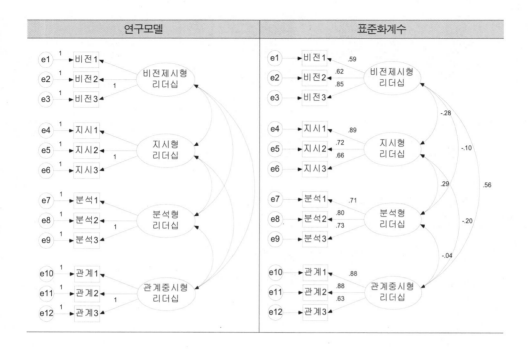

확인적 요인분석 결과, 잠재변수를 이루는 관측변수들의 표준화된 요인부하량이 높아서 집중타당성에 문제가 없으며, 잠재변수 간 상관관계 역시 높지 않아 판별타당성이 있는 것으로 나타났다.

다음 단계로서 연구모델을 구조방정식모델로 구체화한 형태는 다음과 같다. 리더십의 경우, 4개의 하위요인으로 구성되어 있기 때문에 2차 확인적 요인분석의 형태를 갖는다.

구체화된 리더십 모델

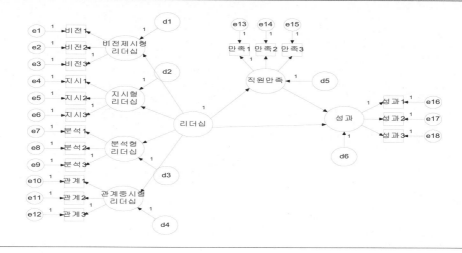

위 모델을 분석한 결과는 다음과 같다.

표준화계수

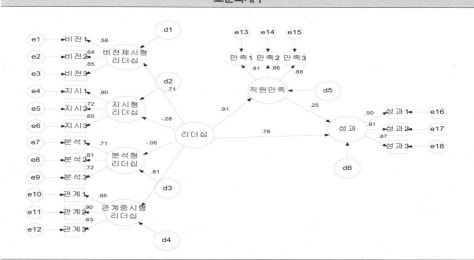

Regression Weights: (Group number 1 - Default model)

			Estimate	S.E.	C.R.	P	Label
직원만족	<---	리더십	.955	.075	12.813	***	
성과	<---	직원만족	.171	.200	.857	.392	
비전제시형_리더십	<---	리더십	.808	.077	10.542	***	
지시형_리더십	<---	리더십	-.170	.042	-4.038	***	
분석형_리더십	<---	리더십	-.050	.062	-.816	.414	
관계중시형_리더십	<---	리더십	.699	.074	9.490	***	
성과	<---	리더십	.575	.218	2.634	.008	

Standardized Regression Weights: (Group number 1 - Default model)

			Estimate
직원만족	<---	리더십	.910
성과	<---	직원만족	.245
비전제시형_리더십	<---	리더십	.709
지시형_리더십	<---	리더십	-.282
분석형_리더십	<---	리더십	-.057
관계중시형_리더십	<---	리더십	.808
성과	<---	리더십	.785

리더십은 직원만족(C.R.=12.813, p=.000)과 성과(C.R.=2.634, p=.008)에 매우 유의한 영향을 미치는 반면, 직원만족은 성과에 유의한 영향(C.R.=.857, p=.392)을 미치지 않는 것으로 나타났다. 그런데 문제는 2차 확인적 요인분석 형태인 리더십에서 비전제시형(λ=.709), 지시형(λ=-.282), 분석형(λ=-.057), 관계중시형(λ=.808) 리더십 등 하위요인으로 가는 요인부하량의 부호가 서로 섞여 있을 뿐만 아니라, 지시형과 분석형 리더십의 표준화된 요인부하량도 낮다는 것이다. 이는 통계적으로 4개의 하위 리더십이 하나의 구성개념인 리더십으로 묶이지 않는다는 것을 의미한다.

즉 [리더십 모델]에서 문제점은 개념적으로 특성이 다른 하위요인을 구조방정식모델에서 하나의 잠재변수로 묶어 분석했다는 점이다. 이런 경우는 하위개념들에 문제가 있다거나 조사자가 데이터를 잘못 모은 것이라 보기 힘들고, 구성개념을 잠재변수로 전환하는 과정이 잘못되어서 발생한 문제라고 할 수 있다. 또한 모델의 해석에서도 리더십이 만족에 유의한 영향(C.R.=12.813, p=.000)을 미치는 것으로 나타나 가설이 채택되었다고 하더라도 대체 어떤 리더십이 만족에 구체적으로 영향을 미친다는 것인지 알 수 없다.

그렇다면 이 부분을 어떻게 처리해야 할까?[1] 구성개념을 잠재변수로 전환하는 과정이 잘못되어 문제가 발생했을 때는 각각의 하위 리더십 요인을 독립적인 구성개념으로 바꿔 주는 것이 바람직하다.

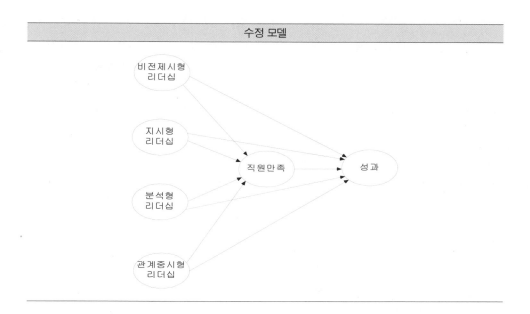

수정 모델

가설 역시 다음과 같이 수정해야 한다.

> 가설1-1: 비전제시형 리더십은 직원만족에 유의한 영향을 미칠 것이다.
> 가설1-2: 비전제시형 리더십은 성과에 유의한 영향을 미칠 것이다.
> 가설2-1: 지시형 리더십은 직원만족에 유의한 영향을 미칠 것이다.
> 가설2-2: 지시형 리더십은 성과에 유의한 영향을 미칠 것이다.
> 가설3-1: 분석형 리더십은 직원만족에 유의한 영향을 미칠 것이다.
> 가설3-2: 분석형 리더십은 성과에 유의한 영향을 미칠 것이다.
> 가설4-1: 관계중시형 리더십은 직원만족에 유의한 영향을 미칠 것이다.
> 가설4-2: 관계중시형 리더십은 성과에 유의한 영향을 미칠 것이다.
> 가설5: 직원만족은 성과에 유의한 영향을 미칠 것이다.

---

1. [리더십 모델]과 같은 경우에 본 장에서는 하위요인을 독립적인 구성개념으로 바꿔 주었지만, 리더십을 조형지표로 전환한 후 PLS 등을 이용하여 분석하는 방법도 있다. 조형지표에 관한 내용은 《구조방정식모델 개념과 이해》(우종필, 2012, pp. 234~240)를 참조하길 바란다.

연구모델을 구조방정식모델로 구체화하면 다음과 같다.

구체화된 수정 모델

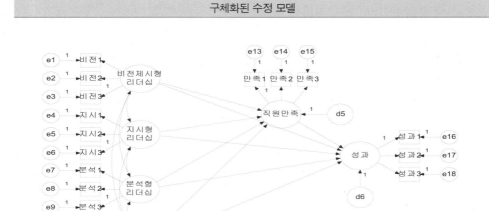

위 모델을 분석한 결과는 다음과 같다.

표준화계수

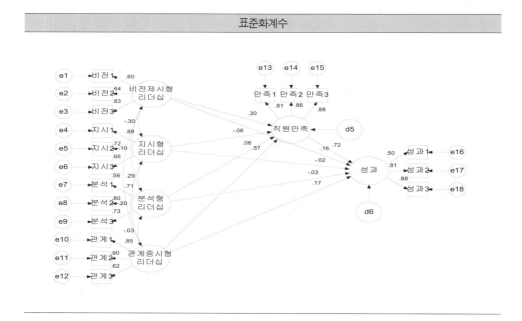

Regression Weights: (Group number 1 - Default model)

			Estimate	S.E.	C.R.	P	Label
직원만족	<---	비전제시형_리더십	.279	.068	4.087	***	
직원만족	<---	지시형_리더십	-.104	.094	-1.111	.267	
직원만족	<---	분석형_리더십	.068	.062	1.109	.267	
직원만족	<---	관계중시형_리더십	.696	.096	7.213	***	
성과	<---	직원만족	.509	.074	6.913	***	
성과	<---	비전제시형_리더십	.108	.039	2.790	.005	
성과	<---	지시형_리더십	-.020	.048	-.415	.678	
성과	<---	분석형_리더십	-.026	.032	-.816	.414	
성과	<---	관계중시형_리더십	.148	.055	2.677	.007	

Standardized Regression Weights: (Group number 1 - Default model)

			Estimate
직원만족	<---	비전제시형_리더십	.296
직원만족	<---	지시형_리더십	-.060
직원만족	<---	분석형_리더십	.059
직원만족	<---	관계중시형_리더십	.572
성과	<---	직원만족	.723
성과	<---	비전제시형_리더십	.163
성과	<---	지시형_리더십	-.016
성과	<---	분석형_리더십	-.032
성과	<---	관계중시형_리더십	.173

위 결과를 보면 [리더십 모델]보다 [수정 모델]이 훨씬 다양한 결과를 제시하는 것을 알 수 있다. [수정 모델]의 경우에 비전제시형(C.R.=4.087, p=.000)과 관계중시형(C.R.=7.213, p=.000) 리더십은 직원만족에 유의한 영향을 미치는 반면, 지시형(C.R.=−1.111, p=.267)과 분석형(C.R.=1.109, p=.267) 리더십은 직원만족에 유의한 영향을 미치지 않는 것으로 나타났다. 또한 성과에 대해서도 비전제시형(C.R.=2.790, p=.005)과 관계중시형(C.R.=2.677, p=.007) 리더십은 유의한 영향을 미치는 반면, 지시형(C.R.=−.415, p=.678)과 분석형(C.R.=−.816, p=.414) 리더십은 유의한 영향을 미치지 않는 것으로 나타났다.

결과적으로 비전제시형과 관계중시형 리더십이 직원들의 만족도와 성과에 정(+)의 방향으로 유의한 영향을 미치기 때문에 CEO는 이런 방향의 리더십으로 전환하는 것이 좋다는 결론에 이르게 된다. 이 결과는 [리더십 모델]의 결과와는 판이하게 다른 것이라고 볼 수 있다. 즉 같은 데이터를 사용했다 하더라도 구성개념을 어떻게 잠재변수로 구성하느냐에 따라 다른 결과를 제시한다는 것을 알 수 있다.

다음으로 구조방정식모델에서 구성개념이 잠재변수의 개념으로 올바르게 사용된 예를 보도록 하자. 연구모델은 [전반만족 모델]로서 전반적인 만족이 신뢰와 성과에 영향을 주고 신뢰는 성과에 영향을 미치는 것으로 구성되어 있다. 전반만족의 경우 4개의 하위 만족요인으로 구성되어 있으며, 신뢰와 성과의 경우 단일차원으로 되어 있다.

전반만족 모델

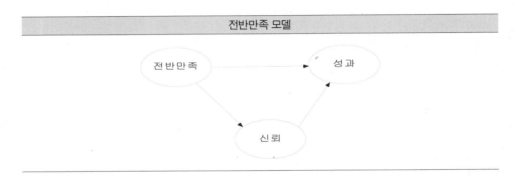

측정항목의 경우에는 만족의 하위요인 각 3항목씩, 신뢰 3항목 및 성과 6항목 등 총 21항목으로 구성되어 있다. 측정항목에 대한 신뢰도는 다음과 같다.

구성개념		측정항목	신뢰도
전반 만족	만족요인1	3	.9161
	만족요인2	3	.8631
	만족요인3	3	.8230
	만족요인4	3	.8521
신뢰		3	.7659
성과		6	.8939

외생잠재변수 간 확인적 요인분석 결과는 다음과 같다.

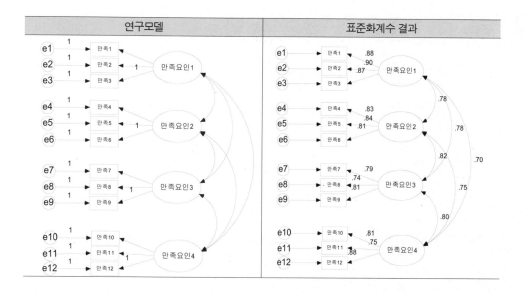

확인적 요인분석 결과, 잠재변수를 이루는 관측변수들의 표준화된 요인부하량이 높아 집중타당성에는 문제가 없지만, 구성개념 간 상관이 높아 판별타당성에 문제[2]가 있다는 것을 알 수 있다. 연구모델을 구조방정식모델로 전환하면 다음과 같이 구체화할 수 있다.

---

2. [전반만족 모델]에서 외생변수 간 상관이 높기 때문에 판별타당성에 문제가 있지만, 이런 경우는 오히려 2차 확인적 요인분석 형태의 모델 구성 시 상위개념에 대해 높은 집중타당성을 보이게 되므로 분석상 큰 문제가 되지 않는다.

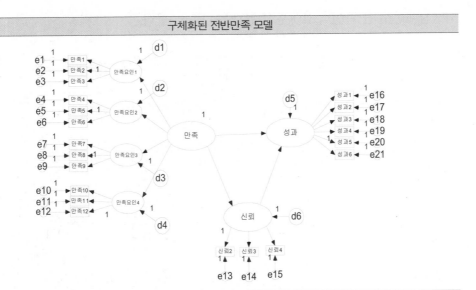

구체화된 전반만족 모델

위 모델을 분석한 표준화계수 결과는 다음과 같다.

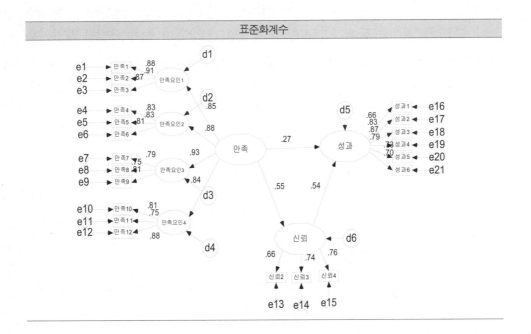

표준화계수

Regression Weights: (India - Default model)

			Estimate	S.E.	C.R.	P	Label
신뢰	<---	전반만족	.321	.044	7.334	***	
만족요인1	<---	전반만족	.672	.045	14.941	***	
만족요인2	<---	전반만족	.686	.049	14.045	***	
만족요인3	<---	전반만족	.613	.042	14.747	***	
만족요인4	<---	전반만족	.691	.048	14.458	***	
성과	<---	신뢰	.431	.068	6.374	***	
성과	<---	전반만족	.124	.031	3.951	***	

Standardized Regression Weights: (India - Default model)

			Estimate
신뢰	<---	전반만족	.549
만족요인1	<---	전반만족	.854
만족요인2	<---	전반만족	.884
만족요인3	<---	전반만족	.934
만족요인4	<---	전반만족	.842
성과	<---	신뢰	.544
성과	<---	전반만족	.267

위의 표를 보면 전반만족은 신뢰(C.R.=7.334, p=.000)와 성과(C.R.=3.951, p=.000)에 유의한 영향을 미치며 신뢰는 성과에 유의한 영향(C.R.=6.374, p=.000)을 미치는 것으로 나타났다. 2차 확인적 요인분석 형태인 만족 역시 하위요인인 만족요인 1(λ=.854), 만족요인 2(λ=.884), 만족요인 3(λ=.934), 만족요인 4(λ=.842) 등에서 모두 좋은 요인부하량을 보여 준다. 이런 경우는 구성개념인 만족도를 잠재변수로 적절하게 사용한 예라고 볼 수 있다. 즉 구조방정식모델에서는 관측변수의 상관이 높을수록 집중타당성이 있는데, 이번 모델의 경우에는 하위변인 간 상관이 높기 때문에 상위개념인 전반만족의 집중타당성이 있다고 볼 수 있다.

그런데 만약 이 모델의 구성개념인 전반만족을 하위요인으로 분리해서 다음과 같은 [수정 모델]로 구성한다면 어떠한 결과가 나올까?

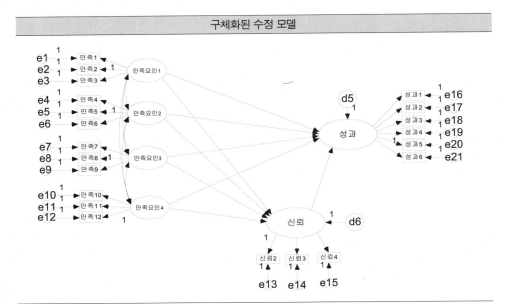

위 모델을 분석한 표준화계수 결과는 다음과 같다.

표준화계수

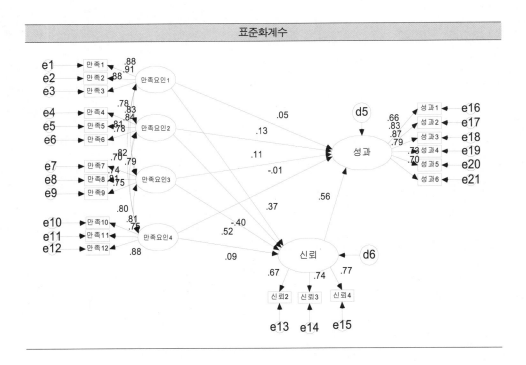

			Estimate	S.E.	C.R.	P	Label
신뢰	<---	만족요인1	.277	.093	2.983	.003	
신뢰	<---	만족요인2	-.308	.120	-2.567	.010	
신뢰	<---	만족요인3	.466	.169	2.763	.006	
신뢰	<---	만족요인4	.064	.094	.672	.502	
성과	<---	신뢰	.443	.073	6.093	***	
성과	<---	만족요인1	.027	.061	.449	.653	
성과	<---	만족요인2	.077	.079	.968	.333	
성과	<---	만족요인3	.075	.111	.671	.502	
성과	<---	만족요인4	-.008	.060	-.125	.900	

Standardized Regression Weights: (India - Default model)

			Estimate
신뢰	<---	만족요인1	.371
신뢰	<---	만족요인2	-.404
신뢰	<---	만족요인3	.521
신뢰	<---	만족요인4	.089
성과	<---	신뢰	.565
성과	<---	만족요인1	.047
성과	<---	만족요인2	.129
성과	<---	만족요인3	.106
성과	<---	만족요인4	-.013

위의 표를 보면 만족요인1(C.R.=2.983, p=.003), 만족요인3(C.R.=2.763, p=.006)은 정의 방향으로 유의하게 신뢰에 영향을 미치는 반면, 만족요인2(C.R.=-2.567, p=.010)는 부의 방향으로 유의하게 영향을 미치며, 만족요인4(C.R.=.672, p=.502)는 유의하지 않게 신뢰에 영향을 미치는 것을 알 수 있다.

성과의 경우에는 만족요인1(C.R.=.449, p=.653), 만족요인2(C.R.=.968, p=.333), 만족요인3(C.R.=.671, p=.502), 만족요인4(C.R.=-.125, p=.900) 모두 유의하지 않게 영향을 미치는 것으로 나타났다. 이 결과는 외생잠재변수인 만족요인들 간 상관이 높기 때문에 발생한 다중공선성 문제라고 볼 수 있다. 이런 경우는 오히려 연구모델에 전반만족이라는 잠재변수를 사용하여야 올바른 분석이 될 수 있다.

[수정 모델]에서 만족요인들 간 상관관계는 다음 표와 같다. 외생잠재변수인 만족들 간 상관계수가 .698~.821로 높아 판별타당성에 문제가 있다고 볼 수 있다.

Covariances: (India - Default model)

	Estimate	S.E.	C.R.	P	Label
만족요인1 <--> 만족요인4	.453	.053	8.625	***	
만족요인2 <--> 만족요인4	.477	.055	8.619	***	
만족요인3 <--> 만족요인4	.434	.049	8.915	***	
만족요인2 <--> 만족요인3	.418	.048	8.724	***	
만족요인1 <--> 만족요인3	.404	.046	8.845	***	
만족요인1 <--> 만족요인2	.474	.053	8.878	***	

Correlations: (India - Default model)

	Estimate
만족요인1 <--> 만족요인4	.698
만족요인2 <--> 만족요인4	.749
만족요인3 <--> 만족요인4	.801
만족요인2 <--> 만족요인3	.821
만족요인1 <--> 만족요인3	.778
만족요인1 <--> 만족요인2	.777

본 장에서는 구성개념의 잠재변수화에 대해 알아보았다. 구성개념이 구조방정식모델에서 잠재변수에 해당하는 것은 맞지만, 그렇다고 모든 구성개념을 무조건적으로 잠재변수화할 수 있는 것은 아니며 상황에 따라 적합하게 전환해야 한다. 학문적인 측면에서는 특성이 상이한 하위요인들이 하나의 구성개념을 얼마든지 이룰 수 있지만, 구조방정식모델에서는 관측변수나 하위변인 간에 높은 상관관계가 요구되기 때문에 특성이 다른 요인들을 관측변수화하거나 2차 요인분석 형태를 띠게 하면 문제가 발생할 수 있다.

결론적으로, 조사자는 구성개념의 학문적인 측면과 분석적인 측면을 적절히 고려해 연구모델을 구체화해야 하며, 잠재변수라는 개념이 구조방정식모델의 하나의 장점이지만 그것을 잘못 사용하면 오히려 역효과가 나타날 수 있다는 사실을 염두에 두어야 한다. Kaplan(2000)은 구조방정식모델은 매우 복합적인 기법이기 때문에 통계적으로 충분한 지식을 갖추지 못한 상태에서 이 기법을 사용하는 것은 적절치 않다고 주장했는데, 아마도 이런 이유에서 그렇게 말한 듯싶다.

Chapter 10

분석을 위해서는 반드시
원자료가 필요하다?

Lisrel을 한번쯤 공부한 사람이라면 구조방정식모델이 행렬자료로 분석된다는 사실을 알고 있을 것이다. 그 이유는 수많은 변수들 간의 행렬계수를 직접 입력하는 다소 고통스러운 과정을 거쳐야 하기 때문이다. 반면에 대부분의 Amos 사용자들은 원자료(raw data)를 직접 연결하여 모델 분석을 실행하기 때문에 '행렬자료'라는 개념을 모를 뿐만 아니라 원자료 없이는 프로그램을 실행할 수 없다고 알고 있는 듯하다. 사실 Amos, Lisrel, EQS와 같은 프로그램은 모두 행렬자료(상관행렬[1] 혹은 공분산 행렬)에 의해 분석되기 때문에 원자료 없이 변수 간 행렬자료만 있어도 얼마든지 구조방정식모델을 분석할 수 있다. 지금까지 '공분산구조분석(covariance structure analysis)'이라는 명칭으로 구조방정식모델이 불리는 것도 바로 이런 연유에서다. 이런 특성 때문에 논문에서 행렬자료만 제시해 준다면 원자료가 없다 하더라도 논문의 연구모델 결과를 똑같이 재현[2]할 수 있다.

본 장에서는 구조방정식모델에서 원자료와 상관행렬자료를 이용한 분석결과를 서로 비교해 보고, 오로지 행렬자료를 통해서만 구현할 수 있는 표본의 크기와 관련된 흥미로운 분석결과에 대해서도 알아보도록 하자.

1	원자료 & 행렬자료

구조방정식모델에서 사용하는 프로그램들은 기본적으로 행렬자료를 이용하여 분석하기 때문에 원자료와 행렬자료를 사용한 분석결과가 반드시 일치해야 한다. 두 분석의 결과가 일치하는지 알아보기 위해서 [커피전문점 모델]을 예로 들어 보자.

---

1. Amos에서 상관행렬을 이용해 분석할 경우에는 평균과 표준편차를 함께 제공해야 한다.
2. 논문의 결과를 재현하기 위해서는 연구분석에서 실제 사용된 구성개념 간 행렬이 필요한데, 실제 분석된 구성개념과 논문에 발표된 구성개념 간에 차이가 날 경우에는 분석결과가 일치하지 않을 수 있다. 예를 들어, 조사자가 실제 다수의 관측변수를 사용하여 구조방정식모델을 분석하였으나 상관행렬표에서는 변수들이 너무 많아 구성개념의 평균치에 대한 행렬값을 제시했을 경우라면 분석결과가 다를 수 있다. 또한 논문에 발표한 모델과 실제 조사자가 분석한 모델에 차이가 있을 경우(예컨대 수정지수 사용 여부), 동일한 분석을 재현해 내는 것은 한계가 있다.

모델의 구성은 커피전문점의 외부환경, 내부환경, 브랜드 명성이 고객만족, 신뢰, 재방문에 영향을 미치고, 다시 고객만족과 신뢰가 재방문에 영향을 미치는 구조이다.

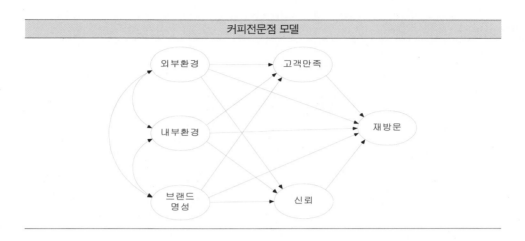

커피전문점 모델

연구모델을 구조방정식모델로 구체화하면 다음과 같다. 모델의 표본크기는 416이다.

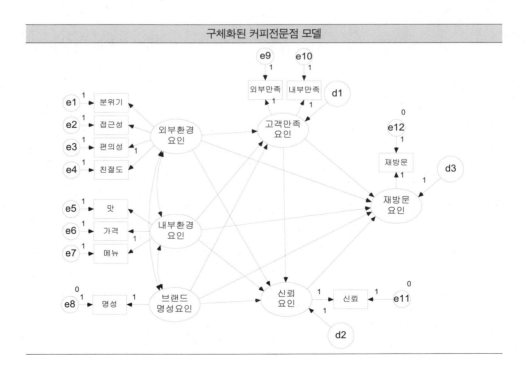

구체화된 커피전문점 모델

1. 행렬자료의 완성

행렬자료를 이용해 분석을 하기 위해서는 관측변수들에 대한 정보가 필요한데, SPSS를 이용한 관측변수들의 평균, 표준편차, 상관행렬의 수치(상관계수)는 다음과 같다.

기술통계량

	N	최소값	최대값	평균	표준편차
분위기	416	1.00	5.00	3.4411	.84987
접근성	416	1.25	5.00	3.7347	.83415
편의성	416	1.00	5.00	3.1334	.87786
친절도	416	1.00	5.00	3.4222	.82706
맛	416	1.83	5.00	3.6178	.56435
가격	416	1.00	5.00	3.8385	.84354
메뉴	416	1.83	5.00	3.5547	.56091
명성	416	1.00	5.00	3.6761	.79381
외부만족	416	1.00	5.00	3.5156	.80078
내부만족	416	1.00	5.00	3.4655	.83451
신뢰	416	1.00	5.00	3.5349	.79510
재방문	416	1.00	5.00	3.5401	.87529
유효수 (목록별)	416				

상관계수

		분위기	접근성	편의성	친절도	맛	가격	메뉴	명성	외부만족	내부만족	신뢰	재방문
분위기	Pearson 상관계수	1	.636**	.575**	.588**	.337**	.468**	.361**	.530**	.486**	.562**	.540**	.503**
	유의확률 (양쪽)		.000	.000	.000	.000	.000	.000	.000	.000	.000	.000	.000
	N	416	416	416	416	416	416	416	416	416	416	416	416
접근성	Pearson 상관계수	.636**	1	.576**	.642**	.424**	.589**	.437**	.625**	.501**	.598**	.587**	.500**
	유의확률 (양쪽)	.000		.000	.000	.000	.000	.000	.000	.000	.000	.000	.000
	N	416	416	416	416	416	416	416	416	416	416	416	416
편의성	Pearson 상관계수	.575**	.576**	1	.631**	.299**	.458**	.334**	.582**	.497**	.564**	.542**	.546**
	유의확률 (양쪽)	.000	.000		.000	.000	.000	.000	.000	.000	.000	.000	.000
	N	416	416	416	416	416	416	416	416	416	416	416	416
친절도	Pearson 상관계수	.588**	.642**	.631**	1	.389**	.535**	.422**	.586**	.501**	.580**	.548**	.508**
	유의확률 (양쪽)	.000	.000	.000		.000	.000	.000	.000	.000	.000	.000	.000
	N	416	416	416	416	416	416	416	416	416	416	416	416
맛	Pearson 상관계수	.337**	.424**	.299**	.389**	1	.563**	.742**	.460**	.390**	.414**	.411**	.422**
	유의확률 (양쪽)	.000	.000	.000	.000		.000	.000	.000	.000	.000	.000	.000
	N	416	416	416	416	416	416	416	416	416	416	416	416
가격	Pearson 상관계수	.468**	.589**	.458**	.535**	.563**	1	.637**	.725**	.616**	.664**	.617**	.657**
	유의확률 (양쪽)	.000	.000	.000	.000	.000		.000	.000	.000	.000	.000	.000
	N	416	416	416	416	416	416	416	416	416	416	416	416
메뉴	Pearson 상관계수	.361**	.437**	.334**	.422**	.742**	.637**	1	.480**	.476**	.495**	.504**	.448**
	유의확률 (양쪽)	.000	.000	.000	.000	.000	.000		.000	.000	.000	.000	.000
	N	416	416	416	416	416	416	416	416	416	416	416	416
명성	Pearson 상관계수	.530**	.625**	.582**	.586**	.460**	.725**	.480**	1	.646**	.703**	.703**	.734**
	유의확률 (양쪽)	.000	.000	.000	.000	.000	.000	.000		.000	.000	.000	.000
	N	416	416	416	416	416	416	416	416	416	416	416	416
외부만족	Pearson 상관계수	.486**	.501**	.497**	.501**	.390**	.616**	.476**	.646**	1	.768**	.684**	.626**
	유의확률 (양쪽)	.000	.000	.000	.000	.000	.000	.000	.000		.000	.000	.000
	N	416	416	416	416	416	416	416	416	416	416	416	416
내부만족	Pearson 상관계수	.562**	.598**	.564**	.580**	.414**	.664**	.495**	.703**	.768**	1	.729**	.686**
	유의확률 (양쪽)	.000	.000	.000	.000	.000	.000	.000	.000	.000		.000	.000
	N	416	416	416	416	416	416	416	416	416	416	416	416
신뢰	Pearson 상관계수	.540**	.587**	.542**	.548**	.411**	.617**	.504**	.703**	.684**	.729**	1	.708**
	유의확률 (양쪽)	.000	.000	.000	.000	.000	.000	.000	.000	.000	.000		.000
	N	416	416	416	416	416	416	416	416	416	416	416	416
재방문	Pearson 상관계수	.503**	.500**	.546**	.508**	.422**	.657**	.448**	.734**	.626**	.686**	.708**	1
	유의확률 (양쪽)	.000	.000	.000	.000	.000	.000	.000	.000	.000	.000	.000	
	N	416	416	416	416	416	416	416	416	416	416	416	416

위의 자료들을 이용하여 Amos 분석에 맞게 전환한 행렬자료[3]는 다음과 같다.

데이터 보기창

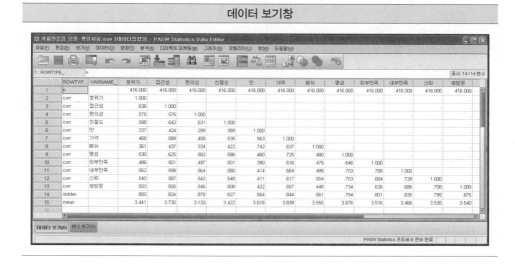

변수 보기창

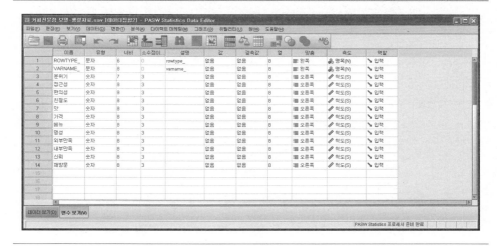

---

3. 행렬자료에 관한 자세한 내용은 《구조방정식모델 개념과 이해》(우종필, 2012, pp. 316~322)를 참조하기 바란다.

2. 분석결과 비교

원자료와 상관행렬을 이용하여 분석한 결과는 다음과 같다.

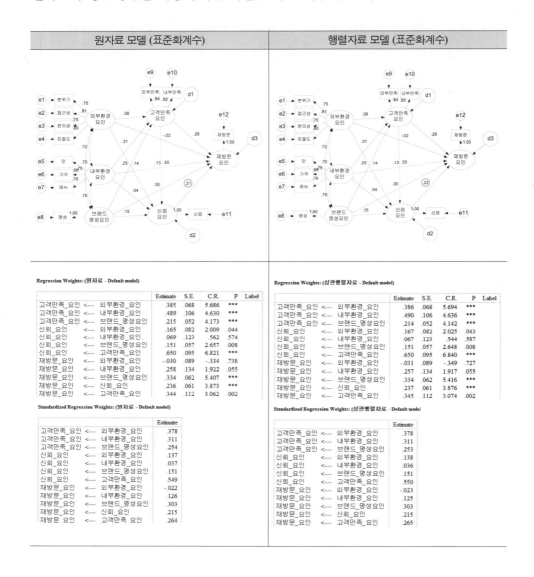

원자료 모델 (표준화계수)	행렬자료 모델 (표준화계수)

Regression Weights: (원자료 - Default model)

			Estimate	S.E.	C.R.	P	Label
고객만족_요인	<---	외부환경_요인	.385	.068	5.686	***	
고객만족_요인	<---	내부환경_요인	.489	.106	4.630	***	
고객만족_요인	<---	브랜드_명성요인	.215	.052	4.173	***	
신뢰_요인	<---	외부환경_요인	.165	.082	2.009	.044	
신뢰_요인	<---	내부환경_요인	.069	.123	.562	.574	
신뢰_요인	<---	브랜드_명성요인	.151	.057	2.657	.008	
신뢰_요인	<---	고객만족_요인	.650	.095	6.821	***	
재방문_요인	<---	외부환경_요인	-.030	.089	-.334	.738	
재방문_요인	<---	내부환경_요인	.258	.134	1.922	.055	
재방문_요인	<---	브랜드_명성요인	.334	.062	5.407	***	
재방문_요인	<---	신뢰_요인	.236	.061	3.873	***	
재방문_요인	<---	고객만족_요인	.344	.112	3.062	.002	

Standardized Regression Weights: (원자료 - Default model)

			Estimate
고객만족_요인	<---	외부환경_요인	.378
고객만족_요인	<---	내부환경_요인	.311
고객만족_요인	<---	브랜드_명성요인	.254
신뢰_요인	<---	외부환경_요인	.137
신뢰_요인	<---	내부환경_요인	.037
신뢰_요인	<---	브랜드_명성요인	.151
신뢰_요인	<---	고객만족_요인	.549
재방문_요인	<---	외부환경_요인	-.022
재방문_요인	<---	내부환경_요인	.126
재방문_요인	<---	브랜드_명성요인	.303
재방문_요인	<---	신뢰_요인	.215
재방문_요인	<---	고객만족_요인	.264

Regression Weights: (상관행렬자료 - Default model)

			Estimate	S.E.	C.R.	P	Label
고객만족_요인	<---	외부환경_요인	.386	.068	5.694	***	
고객만족_요인	<---	내부환경_요인	.490	.106	4.636	***	
고객만족_요인	<---	브랜드_명성요인	.214	.052	4.142	***	
신뢰_요인	<---	외부환경_요인	.167	.082	2.025	.043	
신뢰_요인	<---	내부환경_요인	.067	.123	.544	.587	
신뢰_요인	<---	브랜드_명성요인	.151	.057	2.648	.008	
신뢰_요인	<---	고객만족_요인	.650	.095	6.840	***	
재방문_요인	<---	외부환경_요인	-.031	.089	-.349	.727	
재방문_요인	<---	내부환경_요인	.257	.134	1.917	.055	
재방문_요인	<---	브랜드_명성요인	.334	.062	5.416	***	
재방문_요인	<---	신뢰_요인	.237	.061	3.876	***	
재방문_요인	<---	고객만족_요인	.345	.112	3.074	.002	

Standardized Regression Weights: (상관행렬자료 - Default model)

			Estimate
고객만족_요인	<---	외부환경_요인	.378
고객만족_요인	<---	내부환경_요인	.311
고객만족_요인	<---	브랜드_명성요인	.253
신뢰_요인	<---	외부환경_요인	.138
신뢰_요인	<---	내부환경_요인	.036
신뢰_요인	<---	브랜드_명성요인	.151
신뢰_요인	<---	고객만족_요인	.550
재방문_요인	<---	외부환경_요인	-.023
재방문_요인	<---	내부환경_요인	.125
재방문_요인	<---	브랜드_명성요인	.303
재방문_요인	<---	신뢰_요인	.215
재방문_요인	<---	고객만족_요인	.265

원자료와 행렬자료를 이용하여 분석한 결과가 동일하다는 사실을 표를 통해 알 수 있다. 소수점 둘째자리 이하에서 차이가 나는 이유는 원자료를 상관행렬로 전환할 때 소수점 셋째자리에서 반올림했기 때문인데, 그 수치는 무시해도 될 만한 정도이다.

행렬자료를 이용하여 분석할 때 반드시 짚고 넘어가야 할 부분이 한 가지 있다. 행렬자료 입력 시 표본의 크기는 조사자가 수치를 직접 입력해야 하는데, 이 부분에서 조사자가 만약 임의로 수치를 전환하면 분석결과 중 경로의 유의성이 얼마든지 바뀔 수 있다는 점이다.

이런 특징을 이용하여 다음과 같은 실험들을 할 수 있다. 예를 들어, [커피전문점모델]의 경우에는 416개의 표본이 사용되었으나 표본이 100일 경우와 1000일 경우처럼 표본의 크기를 임의대로 설정하여 경로의 유의성 및 모델적합도 등을 비교할 수 있다. 행렬자료에서 표본의 크기를 100, 416, 1000으로 조정한 연구모델의 분석결과는 다음과 같다.

1. 표본크기에 따른 표준화계수 결과 비교

표본 크기	표준화계수
100	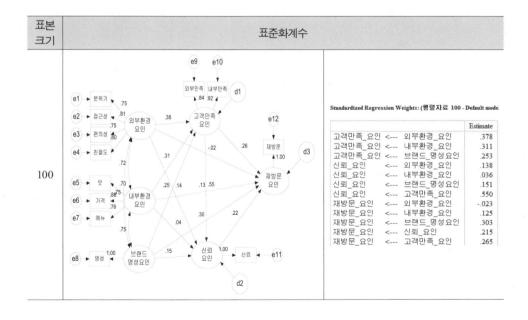

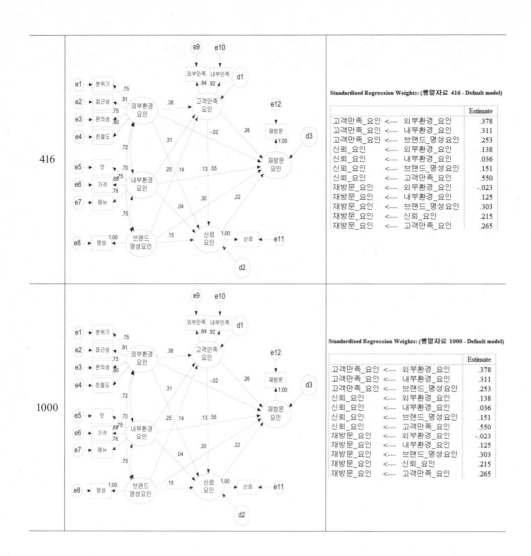

위 결과에서 알 수 있듯이, 표본의 크기와 관계없이 모든 모델의 표준화계수에 대한 결과는 동일하게 나타났다.

2. 표본크기에 따른 비표준화계수 및 유의성 결과 비교

표본 크기	비표준화계수, 표준오차, C.R., P

Regression Weights: (행렬자료 100 - Default model)

표본크기: 100

			Estimate	S.E.	C.R.	P	Label
고객만족_요인	<---	외부환경_요인	.386	.138	2.792	.005	
고객만족_요인	<---	내부환경_요인	.490	.216	2.273	.023	
고객만족_요인	<---	브랜드_명성요인	.214	.105	2.031	.042	
신뢰_요인	<---	외부환경_요인	.167	.168	.993	.321	
신뢰_요인	<---	내부환경_요인	.067	.251	.267	.790	
신뢰_요인	<---	브랜드_명성요인	.151	.116	1.299	.194	
신뢰_요인	<---	고객만족_요인	.650	.194	3.354	***	
재방문_요인	<---	외부환경_요인	-.031	.182	-.171	.864	
재방문_요인	<---	내부환경_요인	.257	.273	.940	.347	
재방문_요인	<---	브랜드_명성요인	.334	.126	2.656	.008	
재방문_요인	<---	신뢰_요인	.237	.125	1.901	.057	
재방문_요인	<---	고객만족_요인	.345	.229	1.508	.132	

Regression Weights: (행렬자료 416 - Default model)

표본크기: 416

			Estimate	S.E.	C.R.	P	Label
고객만족_요인	<---	외부환경_요인	.386	.068	5.695	***	
고객만족_요인	<---	내부환경_요인	.490	.106	4.637	***	
고객만족_요인	<---	브랜드_명성요인	.214	.052	4.143	***	
신뢰_요인	<---	외부환경_요인	.167	.082	2.025	.043	
신뢰_요인	<---	내부환경_요인	.067	.123	.544	.586	
신뢰_요인	<---	브랜드_명성요인	.151	.057	2.649	.008	
신뢰_요인	<---	고객만족_요인	.650	.095	6.841	***	
재방문_요인	<---	외부환경_요인	-.031	.089	-.349	.727	
재방문_요인	<---	내부환경_요인	.257	.134	1.917	.055	
재방문_요인	<---	브랜드_명성요인	.334	.062	5.417	***	
재방문_요인	<---	신뢰_요인	.237	.061	3.877	***	
재방문_요인	<---	고객만족_요인	.345	.112	3.075	.002	

Regression Weights: (행렬자료 1000 - Default model)

표본크기: 1000

			Estimate	S.E.	C.R.	P	Label
고객만족_요인	<---	외부환경_요인	.386	.044	8.830	***	
고객만족_요인	<---	내부환경_요인	.490	.068	7.189	***	
고객만족_요인	<---	브랜드_명성요인	.214	.033	6.424	***	
신뢰_요인	<---	외부환경_요인	.167	.053	3.140	.002	
신뢰_요인	<---	내부환경_요인	.067	.079	.843	.399	
신뢰_요인	<---	브랜드_명성요인	.151	.037	4.106	***	
신뢰_요인	<---	고객만족_요인	.650	.061	10.607	***	
재방문_요인	<---	외부환경_요인	-.031	.058	-.541	.589	
재방문_요인	<---	내부환경_요인	.257	.086	2.972	.003	
재방문_요인	<---	브랜드_명성요인	.334	.040	8.399	***	
재방문_요인	<---	신뢰_요인	.237	.039	6.011	***	
재방문_요인	<---	고객만족_요인	.345	.072	4.767	***	

비표준화계수 역시 표본의 크기와 관계없이 동일한 수치를 보여 준다. 하지만 표본의 수가 증가할수록 표준오차는 줄어들고 C.R.값은 증가하며 유의확률은 줄어든다. 예를 들어, '내부환경 요인→재방문 요인'의 C.R.값을 비교해 보면 표본의 크기가 100일 때는 C.R.=.940, p=.347, 416일 때는 C.R.=1.917, p=.055, 1000일 때는 C.R.=2.972, p=.003으로 나타나 표본의 크기가 증가함에 따라 표준오차는 작아지고 C.R.값은 높아지며 경로계수의 유의성이 변화함을 알 수 있다.

표본의 크기에 따른 표준화계수와 C.R.값은 다음과 같다.

경로			표본크기 100		표본크기 416		표본크기 1000	
			표준화계수	C.R.	표준화계수	C.R.	표준화계수	C.R.
H1	외부환경 → 고객만족		.378**	2.792	.378**	5.695	.378**	8.830
H2	외부환경 → 신뢰		.138	.993	.138**	2.025	.138**	3.140
H3	외부환경 → 재방문		−.023	−.171	−.023	−.349	−.023	−.541
H4	내부환경 → 고객만족		.311**	2.273	.311**	4.637	.311**	7.189
H5	내부환경 → 신뢰		.036	.267	.036	.544	.036	.843
H6	내부환경 → 재방문		.125	.940	.125	1.917	.125**	2.972
H7	명성 → 고객만족		.253**	2.031	.253**	4.143	.253**	6.424
H8	명성 → 신뢰		.151	1.299	.151**	2.649	.151**	4.106
H9	명성 → 재방문		.303**	2.656	.303**	5.417	.303**	8.399
H10	고객만족 → 신뢰		.550**	3.354	.550**	6.841	.550**	10.607
H11	고객만족 → 재방문		.265	1.508	.265**	3.075	.265**	4.767
H12	신뢰 → 재방문		.215	1.901	.215**	3.877	.215**	6.011

**P<.05

특히, 표본크기가 100인 경우는 전체 12개 경로 중 7개가 유의하지 않은 반면, 표본크기가 416인 경우는 3개가 유의하지 않고, 표본크기가 1000인 경우는 2개가 유의하지 않아 동일한 행렬자료를 사용했다 하더라도 표본의 크기에 따라 경로의 유의성이 변화함을 알 수 있다.

3. 표본크기에 따른 모델적합도 결과 비교

표본크기	경로계수 (표준화계수는 제외)
100	**Model Fit Summary** **CMIN** 	Model	NPAR	CMIN	DF	P	CMIN/DF
---	---	---	---	---	---
Default model	36	51.560	42	.148	1.228
Saturated model	78	.000	0		
Independence model	12	858.940	66	.000	13.014 | **RMR, GFI** | Model	RMR	GFI	AGFI	PGFI
---	---	---	---	---
Default model	.020	.921	.853	.496
Saturated model	.000	1.000		
Independence model	.331	.224	.083	.190 | **Baseline Comparisons** | Model	NFI Delta1	RFI rho1	IFI Delta2	TLI rho2	CFI
---	---	---	---	---	---
Default model	.940	.906	.988	.981	.988
Saturated model	1.000		1.000		1.000
Independence model	.000	.000	.000	.000	.000	
416	**Model Fit Summary** **CMIN** 	Model	NPAR	CMIN	DF	P	CMIN/DF
---	---	---	---	---	---
Default model	36	216.135	42	.000	5.146
Saturated model	78	.000	0		
Independence model	12	3600.605	66	.000	54.555 | **RMR, GFI** | Model	RMR	GFI	AGFI	PGFI
---	---	---	---	---
Default model	.021	.921	.853	.496
Saturated model	.000	1.000		
Independence model	.333	.224	.083	.190 | **Baseline Comparisons** | Model	NFI Delta1	RFI rho1	IFI Delta2	TLI rho2	CFI
---	---	---	---	---	---
Default model	.940	.906	.951	.923	.951
Saturated model	1.000		1.000		1.000
Independence model	.000	.000	.000	.000	.000	
1000	**Model Fit Summary** **CMIN** 	Model	NPAR	CMIN	DF	P	CMIN/DF
---	---	---	---	---	---
Default model	36	520.285	42	.000	12.388
Saturated model	78	.000	0		
Independence model	12	8667.481	66	.000	131.325 | **RMR, GFI** | Model	RMR	GFI	AGFI	PGFI
---	---	---	---	---
Default model	.021	.921	.853	.496
Saturated model	.000	1.000		
Independence model	.334	.224	.083	.190 | **Baseline Comparisons** | Model	NFI Delta1	RFI rho1	IFI Delta2	TLI rho2	CFI
---	---	---	---	---	---
Default model	.940	.906	.945	.913	.944
Saturated model	1.000		1.000		1.000
Independence model	.000	.000	.000	.000	.000	

결과표를 보면 표본의 크기가 증가함에 따라 χ^2(CMIN)가 크게 증가하고 GFI, AGFI, RMR과 같은 지수는 거의 변화가 없지만 TLI, CFI 같은 지수는 다소 감소한다는 것을 알 수 있다. 즉 표본의 크기에 따라 모델적합도 역시 전반적으로 영향을 받는 것으로 나타났다.

본 장에서는 원자료와 행렬자료의 분석결과를 비교해 보았고, 행렬자료를 이용한 표본크기에 따른 모델 결과의 변화를 알아보았다. 그 결과는 다음과 같다.

첫째, 원자료와 행렬자료의 분석결과는 동일한 것으로 나타났다. 앞서 2장에서 알아보았지만 프로그램끼리 동일한 결과를 보이는 이유도 바로 동일한 행렬자료를 분석에 사용하기 때문이다. 즉 원자료가 없어도 상관행렬이나 공분산행렬만 있으면 조사자가 얼마든지 구조방정식모델을 분석할 수 있다.

둘째, 표본크기의 변화에 따라 표준화계수, 비표준화계수는 변하지 않지만 표준오차, C.R., 유의확률(p), 모델적합도 등은 영향을 받는 것으로 나타났다. 특히 행렬자료의 경우에는 표본의 크기를 자유롭게 조정할 수 있다는 장점이 있기 때문에 데이터를 특별히 수집하지 않고 상관행렬에서 데이터의 크기를 조정하는 것만으로도 얼마든지 통계적 유의성을 조정할 수 있어 조사자의 주의가 필요하다. 그러나 학문적인 목적으로 위와 같은 실험을 해 보는 것도 의미 있는 일이라 생각된다.

행렬자료를 이용한 간접효과 유의성

원자료가 아닌 행렬자료를 이용하여 간접효과의 유의성을 알아보기 위해 부트스트래핑을 이용할 시에는 [Analysis Properties]→[Bootstrap]에서 [Monte Carlo (parametric bootstrap)]을 반드시 지정해 주어야 한다.

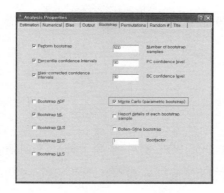

지정하지 않고 분석했을 경우에는 다음과 같은 메시지가 뜬다.

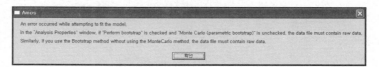

원자료와 행렬자료 이용 시 [커피전문점 모델]의 간접효과의 유의성에 대한 결과를 비교해 보면 다음과 같다(Number of bootstrap sample=500).

원자료 이용 (Bias-corrected percentile method)		행렬자료 이용 (Bias-corrected percentile method)	

Standardized Indirect Effects - Two Tailed Significance (BC) (Group number 1 - Default model)

	브랜드_명성요인	내부환경_요인	외부환경_요인	고객만족_요인	신뢰_요인
고객만족_요인	...	...	...	...	...
신뢰_요인	.004	.003	.004	...	...
재방문_요인	.005	.002	.007	.005	...
재방문	.005	.003	.055	.005	.007
신뢰	.004	.003	.008	.007	...
명성	...	...	...	...	...
내부만족	.004	.004	.008	...	...
외부만족	.005	.003	.005	...	...
맛	...	...	...	...	...
가격	...	...	...	...	...
메뉴	...	...	...	...	...
분위기	...	...	...	...	...
접근성	...	...	...	...	...
편의성	...	...	...	...	...
친절도	...	...	...	...	...

Standardized Indirect Effects - Two Tailed Significance (BC) (Group number 1 - Default model)

	브랜드_명성요인	내부환경_요인	외부환경_요인	고객만족_요인	신뢰_요인
고객만족_요인	...	...	...	...	...
신뢰_요인	.005	.002	.005	...	...
재방문_요인	.004	.001	.005	.002	...
재방문	.006	.001	.011	.004	.004
신뢰	.009	.001	.007	.004	...
명성	...	...	...	...	...
내부만족	.007	.001	.007	...	...
외부만족	.006	.001	.006	...	...
맛	...	...	...	...	...
가격	...	...	...	...	...
메뉴	...	...	...	...	...
분위기	...	...	...	...	...
접근성	...	...	...	...	...
편의성	...	...	...	...	...
친절도	...	...	...	...	...

두 분석 간 간접효과의 유의성에는 큰 차이가 없이 거의 동일한 결과를 제공함을 알수 있다.

변수 간 관계유형

구조방정식모델 및 경로분석에서 사용되는 다양한 변수 간 관계유형들을 살펴보면 다음과 같다.

■ 인과관계

독립변수와 종속변수 간 원인과 결과에 해당하는 인과관계(causality, causation or causal relationship)를 나타낸 모델로서 화살표가 독립변수인 x에서 시작하여 종속변수인 y로 향한다. 여기에서 독립변수는 원인변수가 되며 종속변수는 결과변수가 된다.

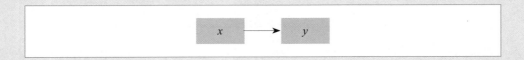

■ 상관관계 (인과관계 분석 불가능)

두 변수 간에 인과관계는 없지만 우연한 상관(correlation)이 있는 모델이다. 독립변수와 종속변수의 구분이 없으며 곡선으로 된 양방향 화살표가 변수 간 상관관계를 나타낸다.

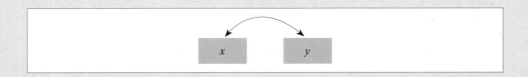

▣ 독립관계

독립변수들(x1, x2)이 종속변수인 y에 영향을 미치는 모델이다. x1과 x2는 각각 독립적인 상태에서 종속변수 y에 영향을 미치며, x1과 x2 사이에는 아무 관계도 설정되어 있지 않다. 예를 들어, 학생의 IQ(Intelligence Quotient)와 집중력이 시험성적에 영향을 미치는 관계라고 할 수 있다. IQ가 높을수록, 공부에 대한 집중력이 높을수록 시험성적이 높아지는 정(+)의 인과관계를 갖지만 학생의 IQ와 집중력 간에는 어떠한 관계도 존재하지 않는다.

▣ 의사관계

독립변수 x가 종속변수인 y1과 y2에 영향을 미치는 모델로서 y1과 y2는 의사관계(spurious relationship)를 보여 준다. y1과 y2 사이에는 어떠한 인과관계도 존재하지 않으나 두 변수 간에 관계가 있는 것처럼 보이기도 한다.

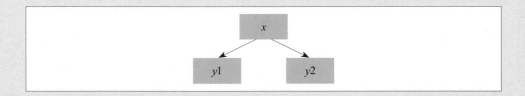

■ 쌍방향적 인과관계(상호 인과관계)

두 변수(x, y) 사이에 쌍방향적인 인과관계(reciprocal causation)가 존재하고, 변수 간에 원인과 결과를 반복하며 순환관계(feedback relation)를 이룬다. 예컨대 독립변수인 x가 종속변수인 y에 영향을 미치고, 다시 종속변수인 y가 독립변수인 x에 영향을 미치는 모델이다. 기업의 투자와 매출액 관계를 생각해 보자. 기업이 반도체 부분에 투자(x1)를 했는데 그 투자가 성공적이어서 매출액(y1)이 크게 향상했다. 그 후 기업이 증가한 매출액을 바탕으로 더 큰 투자(x2)를 하고, 그 투자로 인해 매출액(y2)이 다시 증가하는 관계라고 볼 수 있다.

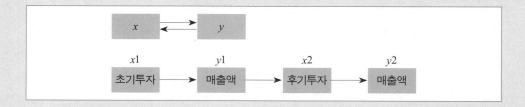

■ 매개관계

독립변수인 x가 첫 번째 종속변수인 y1에 영향을 미치고, y1이 다시 두 번째 종속변수인 y2에 영향을 주는 모델이다. 독립변수인 x가 두 번째 종속변수인 y2에 직접적인 영향을 미치지는 못하지만 매개변수인 y1을 통하여 간접적으로 영향을 준다. 예를 들어, 자동차의 좋은 기능에 대해 소비자가 만족하고(제품기능→만족), 소비자 만족이 다시 제품에 대한 재구매(만족→재구매)로 이어지는 경우이다. 이때 만족은 매개변수가 된다.

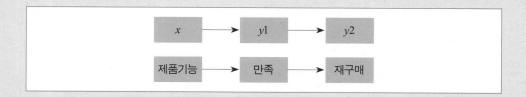

▣ 조절관계

독립변수 x와 종속변수 y의 관계가 조절변수인 z에 의해 조절되는 모델이다. x와 y
의 관계는 조절변수인 z에 의해서 결정된다. 예컨대 TV홈쇼핑 광고를 시청한 남녀
소비자들의 제품구매 차이를 조사한다고 할 때 독립변수는 TV홈쇼핑 광고이고,
종속변수는 제품구매이며, 조절변수는 성별(남자소비자와 여자소비자)이다.

Chapter 11

구조방정식모델로
인과관계를
검증할 수 없다?

구조방정식모델의 정의는 학자들마다 다양하지만 '다수의 관측변수로 측정된 외생변수(독립변수)들과 내생변수(종속변수)들의 인과관계를 밝혀내기 위한 기법'이라고 일반적으로 표현된다. 그런데 놀랍게도 '구조방정식모델이 변수 간 인과관계를 측정한다.'라는 아주 기본적인 명제에 동의하지 않는 학자들이 있다. 즉 구조방정식모델에서는 변수들 간 인과관계를 측정할 수 없다는 것으로, Freedman(1987)은 "경로분석(구조방정식모델)은 데이터에서 인과이론을 이끌어 낼 수 없으며 데이터를 이용하여 그것(인과이론)의 어떤 중요한 부분도 테스트할 수 없다."라고 주장했다. 그리고 Duncan(1966)은 "경로분석은 (변수 간) 해석의 문제에 집중했지 그 자체가 원인들을 발견하는 수단이 되지 못한다."라고 말했다.

> Freedman(1987: 112) "Path analysis does not derive the causal theory from the data, or test any major part of it against the data."
>
> Duncan (1966: 1) "Path analysis focuses on the problem of interpretation and does not purport to be a method for discovering causes."

이는 구조방정식모델의 근간을 부정하는 것으로, 해외 석학들이 왜 이러한 주장을 하게 되었는지 궁금하지 않을 수 없다. 본 장에서는 구조방정식모델이 인과관계를 측정할 수 없다는 학자들의 주장을 몇 가지 사례와 함께 알아보도록 하자.

비판 내용을 이해하려면 먼저 상관관계와 인과관계의 개념에 대해서 정확히 이해해야 한다.

1. 상관관계란?

상관관계(correlation)는 두 변수 중 하나의 변수가 증가하면 다른 변수도 증가하거나 혹은 감소하는 관계를 의미한다. 키와 몸무게 관계가 상관관계의 대표적인 예다. 키가 크기 때문에 몸무게가 많이 나가는지, 몸무게가 많이 나가기 때문에 키가 큰지 두 변수 사이에 뚜렷한 인과관계를 밝히기는 어렵지만, 성장기 청소년의 경우에는 키와 몸무게가 항상 같이 증감한다. 이때 키와 몸무게는 서로 정(+)의 상관관계에 있다.

그런데 상관관계 설정에 오류를 범할 수 있다. 예를 들어 '불황에 미니스커트가 더 잘 팔린다.'라는 속설이 있다. 경제적 불황일수록 미니스커트의 매출이 늘어난다는 의미인데, 그렇다면 실제로 불황과 미니스커트 사이에는 유의한 상관관계가 있을까? 옛말에 오비이락(烏飛梨落)이란 한자성어가 있다. '까마귀 날자 배 떨어진다.'라는 뜻으로 어떤 일이 동시에 우연히 일어나는 경우를 가리킨다. 만약 미니스커트의 유행주기가 공교롭게도 경제 불황주기와 맞물려 이 시기에 미니스커트가 많이 팔린다면, 이는 상관관계가 아닌 우연의 일치에서 벌어진 상황이라고 할 수 있다. 즉 상관관계는 존재하지 않으나 마치 그것이 있는 것처럼 보이는 경우이다.

2. 인과관계란?

인과관계(causality, causation or causal relationship)는 어떤 원인이 다른 결과를 일으킬 때 이 둘의 관계를 일컫는다. 예를 들어, 학생의 공부시간과 성적의 관계에서 공부시간은 원인, 성적은 결과에 해당한다. 공부하는 시간이 많을수록 성적이 향상되기 때문에 둘은 정(+)의 인과관계를 가진다.

상관관계와 마찬가지로 인과관계도 오류(fallacy of causation)를 범할 수 있다. 소주에 고춧가루를 넣어서 마신 후 푹 자면 감기가 낫는다는 속설이 있는데, 과연 그러할까? 소주에 고춧가루를 넣으면 알코올과 캡사이신의 영향으로 혈액순환이 활발해진다. 그래서 땀이 많이 나고 감기가 완화되는 것처럼 느껴질 뿐, 실제 환자의 열이 내려가거나 바이러스가 죽는 건 아니다. 오히려 과도한 음주는 뇌의 중추신경을 자극해 감기증상에 역효과를 일으킬 수 있다고 한다. 이 역시 잘못된 인과관계의 설정에 해당된다.

3. 상관관계와 인과관계의 차이점

상관관계와 인과관계는 개념적으로 서로 비슷해 보이지만 큰 차이가 존재한다. 예를 들어 '흡연이 폐암과 서로 관계가 있다.'라는 명제는 어떨까? 흡연과 폐암이 서로 상관관계로 가정된 경우와 인과관계로 가정된 경우를 생각할 수 있다.

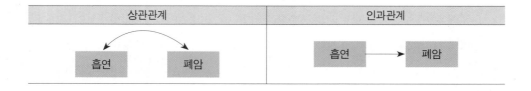

만약 흡연과 폐암의 관계가 상관관계라고 가정한다면, 흡연은 폐암에 직접적인 영향을 주지 않으며 단순히 흡연을 자주 하는 사람에게 폐암이 잘 발생한다고 볼 수 있다. 또한 흡연이 폐암에 영향을 주지 않기 때문에 담배 제조회사는 환자의 폐암에 대한 책임을 질 필요가 없다.

하지만 흡연과 폐암의 관계가 인과관계라고 가정한다면, 전혀 다른 이야기가 된다. 흡연이 폐암에 직접적인 영향을 미치므로 담배제조회사는 환자들의 폐암에 대해 책임을 져야 한다. 이처럼 상관관계와 인과관계의 가정과 결과에는 큰 차이가 존재하는데, 이러한 차이를 밝혀내는 것이 조사자의 역할이기도 하다.

인과관계 검증은 일반적으로 실험법에 의존한다. 환경을 동일하게 설정한 후에 쥐와 같은 실험동물을 통제집단과 실험집단으로 분리하여 담배에서 나오는 유해물질을 실험집단에 꾸준히 노출시키고, 통제집단은 아무런 처치를 하지 않은 상태에서 일정기간 후에 두 집단에서 암 발생 여부를 판단하는 것이다. 사실 이 방법도 외부환경을 완벽하게 통제하기가 쉽지 않기 때문에 인과관계를 명확히 발견하기 힘들지만 이보다 더 정확한 방법이 없는 만큼 대중적으로 사용되고 있다. 이런 측면에서 본다면 실험법이 인과관계를 발견하는 가장 효과적인 방법이라고 생각할 수 있다.

2 구조방정식모델을 비판하는 이유

그렇다면 왜 많은 학자들이 구조방정식모델을 이용해서 변수 간 인과관계를 검증할 수 없다고 했을까? 사실 다양한 이유가 존재하지만 지금부터 중요한 두 가지 요인에 대해서 알아보도록 하자.

1. 상관관계를 인과관계로 비약

구조방정식모델에서 변수 간 인과관계를 나타내는 경로계수(혹은 회귀계수)는 변수 간 상관행렬에서 얻은 상관계수에 의해 분석된다. 즉 실험법을 통해 인과관계를 검증하는 것이 아니라 상관행렬의 결과를 가지고 인과관계를 도출해 내는 구조이다. 그렇다면 구조방정식모델에서 인과관계는 어떻게 계산되는 것일까?

구조방정식모델에서는 상관의분해[1]를 통해 인과관계를 분석한다. 사실 일반 조사자들이 분석의 알고리즘에 대해 정확히 알기란 쉽지 않다. 복잡한 계산이 수반되기 때문이다.

지금부터 복잡한 구조방정식모델 대신에 단순한 경로분석 형태의 [외제차 모델]을 통해 어떤 원리에 의해 변수 간 상관관계를 인과관계로 분석하는지 알아보도록 하자. 연구모델은 자동차의 기능(총자동차)이 사회적 지위(총사회적)와 자동차 만족도(총만족도)에 영향을 미치고, 사회적 지위는 만족도와 재구매(총재구매)에 영향을 미치며, 만족도가 재구매에 영향을 미치는 모델로 구성되어 있다.

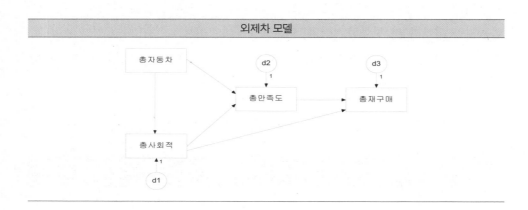

외제차 모델

---

1. 상관의분해는 변수 간 총효과를 직접효과, 간접효과, 의사효과, 미분석효과 등으로 분해하는 것이다.

분석에 앞서 설문지법을 통해 얻은 원자료의 상관행렬은 다음과 같다.

상관계수

		총자동차	총사회적	총만족도	총재구매
총자동차	Pearson 상관계수	1	.600[**]	.600[**]	.564[**]
	유의확률 (양쪽)		.000	.000	.000
	N	200	200	200	200
총사회적	Pearson 상관계수	.600[**]	1	.694[**]	.548[**]
	유의확률 (양쪽)	.000		.000	.000
	N	200	200	200	200
총만족도	Pearson 상관계수	.600[**]	.694[**]	1	.562[**]
	유의확률 (양쪽)	.000	.000		.000
	N	200	200	200	200
총재구매	Pearson 상관계수	.564[**]	.548[**]	.562[**]	1
	유의확률 (양쪽)	.000	.000	.000	
	N	200	200	200	200

**. 상관계수는 0.01 수준(양쪽)에서 유의합니다.

분석의 용이성을 위해 모든 변수 간 상관행렬을 아래의 표처럼 명명하는 과정이 필요하다. 예를 들어, 총자동차와 총사회적의 상관은 .60이며 그 관계를 r12로 명명한다(r12=.60).

	총자동차	총사회적	총만족도	총재구매
총자동차	1			
총사회적	r12=.60	1		
총만족도	r13=.60	r23=.69	1	
총재구매	r14=.56	r24=.54	r34=.56	1

다음으로 연구모델의 각 경로를 명명해 주는 과정이 필요한데, 예컨대 총자동차에서 총사회적으로 가는 경로는 p21로 한다.

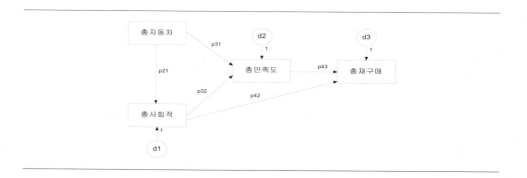

마지막으로 상관계수를 이용하여 모델의 인과관계를 계산한다. 이 과정을 통해 다음과 같은 직접효과와 간접효과, 의사효과의 수치[2]를 얻을 수 있다.

경로	직접효과	간접효과	의사효과	총효과[3]
총자동차 → 총사회적	p21 .60			r12 .60
총자동차 → 총만족도	p31 .29	(p21*p32) (.60×.52)		r13 .60
총사회적 → 총만족도	p32 .52		(p21*p31) (.60×.29)	r23 .69
총사회적 → 총재구매	p42 .30	(p32*p43) (.52×.35)	(p21*p31*p43) (.60×.29×.35)	r24 .54
총만족도 → 총재구매	p43 .35		(p32*p42) + (p31*p21*p42) (.52×.30) + (.29×.60×.30)	r34 .56

예를 들어, r12(총자동차↔총사회적)는 다른 관계가 존재하지 않기 때문에 p21이라는 인과관계의 수치는 .60과 같은 값을 갖는다. 그리고 r13(총자동차↔총만족도)은 p31 이라는 직접효과와 p21×p32의 간접효과로 분해할 수 있는데, 이것 역시 상관계수 값을 통하여 계산이 가능하다. 위와 같은 방법을 통해 상관행렬의 계수가 경로계수로 전환하게 된다. 위의 결과를 각 경로에 표시한 모델은 다음과 같다.

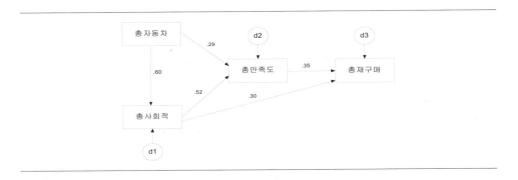

2. 직접효과, 간접효과, 의사효과와 같은 상관의분해에 대한 내용은 《구조방정식모델 개념과 이해》(우종필, 2012, pp. 217~224)를 참조하기 바란다.

3. 여기에서 의미하는 총효과는 두 변수 간의 상관을 나타내며, Amos에서 제공하는 총효과(직접효과+간접효과)와는 개념이 다르다.

표준화된 경로계수와 계수명을 함께 표시한 모델은 다음과 같다.

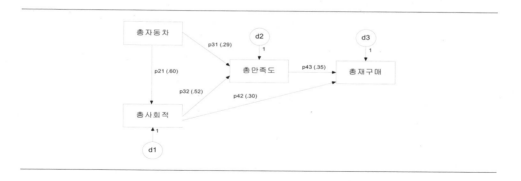

이러한 과정을 통해 구조방정식모델의 인과관계는 변수 간 상관행렬의 계수가 상관의분해를 통해 경로계수로 전환된 수치임을 알 수 있다. 그렇다면 구조방정식모델을 통해서 얻은 인과관계가 실험법과 같은 방법을 통해서 얻은 인과관계와 동일한 것이라고 볼 수 있을까?

바로 이 부분 때문에 수많은 학자들에게서 구조방정식모델이 비판을 받아 온 것이다. Guttman(1977)은 "상관관계는 일반적으로 인과관계를 의미하지 않는다 (Correlation does not generally imply causation)."라는 유명한 말을 했다. Freedman(1987) 역시 구조방정식모델은 변수 간 상관관계만을 이용해 인과관계를 추정하려 한다고 비판했다. 이들의 주장은 어떤 개념 혹은 변수 간 인과관계는 엄격한 실험법을 통해 검증해야 함에도 불구하고 단순히 상관행렬을 이용하여 인과관계를 검증하려는 것 자체가 논리적으로 맞지 않는다는 것이다. De Leeuw(1985) 역시 구조방정식모델 프로그램이 상관관계가 인과관계라는 주장을 정당화하기 위해 잘못 사용되고 있다며 정곡을 찌르기도 했다. 이 학자들의 눈에는 변수 간 상관행렬을 가지고 억지로 짜 맞춘 듯한 구조방정식모델의 결과를 마치 현실세계의 인과관계인 것처럼 포장한 것이 논리적인 비약으로 보였던 것 같다. 여러분은 어떻게 생각하는가?

상관행렬을 통해서 얻은 구조방정식모델의 인과관계 ≠ 현실세계의 인과관계

2. 의사관계와 설정오차

앞서 살펴보았듯이, 구조방정식모델에서 인과관계를 의미하는 경로계수는 상관행렬을 통해 분석한다. 그런데 모델결과에서 제시된 변수 간 상관관계나 인과관계를 있는 그대로 해석하는 것도 문제라고 주장하는 학자들이 있다. 즉 분석결과가 변수 간 관계를 반영하지 못한다는 의미다. 이것은 또 무슨 주장일까?

연구모델에서 변수 간 상관관계(인과관계) 분석결과 ≠ 현실세계의 상관관계(인과관계)

외국문헌이나 번역서를 보면 설정오차(specification error)란 말이 자주 등장하는데, 그 의미가 모호해서 조사자들이 정확한 개념을 이해하지 못하거나 혼동하는 경우가 있다. 설정오차는 모델의 설정에 관련된 오차[4]로 연구모델에 필요 없는 변수가 모델에 추가되었거나 실제 종속변수(혹은 준거변수)에 반드시 영향을 미쳐야 할 독립변수(혹은 예측변수)가 연구모델에서 빠졌을 때 발생한다. 설정오차를 일으키는 원인은 다양하지만 특히 의사관계(spurious relationship)와 밀접한 관련이 있다. 지금부터 의사관계가 존재하는 모델과 그렇지 않은 모델을 비교해 보자.

① 의사관계 모델

허위관계라고도 불리는 의사관계는 두 변수 사이에 어떠한 인과관계도 존재하지 않으나 제3의 변수가 영향을 미쳐 인과관계가 있는 것처럼 보이는 관계를 말한다. 예를 들어, 국어를 잘하는 학생이 영어도 잘한다고 할 때 많은 이들이 국어를 잘하기 때문에 영어를 잘한다고 생각할 수 있지만, 실제로는 언어에 대한 이해능력이 높은 학생이 국어와 영어를 동시에 잘하는 것이다. 즉 국어를 잘하기 때문에 영어를 잘하는 것이 아니라 '언어능력'이라는 변수에 의해서 국어능력과 영어능력이 영향을 받는 것이다. 그런데 조사자가 언어능력이란 변수를 고려하지 못한 상태에

---

4. 설정오차는 Omitted-Variable Bias(OVB)라고도 하며 모델에서 종속변수에 영향을 미치는 중요한 변수가 빠져 있는 경우를 의미한다.

서 국어능력이 영어능력에 영향을 미친다고 모델을 설정했다면, 이는 설정오차가 존재하는 경우라고 할 수 있다.

지금부터 이 둘의 관계를 모델로 설정한 후 그 결과를 비교해 보자. [언어능력 모델]에서 인과 모델과 의사관계 모델의 형태는 아래와 같다.

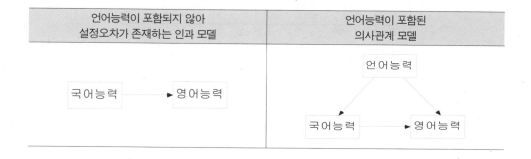

언어능력이 포함되지 않아 설정오차가 존재하는 인과 모델	언어능력이 포함된 의사관계 모델

모델 분석에 앞서 언어능력, 국어능력, 영어능력의 상관계수는 다음과 같다.

상관계수

		국어능력	영어능력	언어능력
국어능력	Pearson 상관계수	1	.585^{**}	.647^{**}
	유의확률 (양쪽)		.000	.000
	N	100	100	100
영어능력	Pearson 상관계수	.585^{**}	1	.805^{**}
	유의확률 (양쪽)	.000		.000
	N	100	100	100
언어능력	Pearson 상관계수	.647^{**}	.805^{**}	1
	유의확률 (양쪽)	.000	.000	
	N	100	100	100

**. 상관계수는 0.01 수준(양쪽)에서 유의합니다.

위 표에서 국어능력과 영어능력의 상관계수는 .585(p=.000)이다. 국어능력과 언어능력(상관계수=.647, p=.000), 영어능력과 언어능력(상관계수=.805, p=.000) 역시 높은 상관을 보여 준다.

다음으로 국어능력을 독립변수로 설정하고 영어능력을 종속변수로 설정한 회귀분석의 결과[5]는 아래와 같다.

계수[a]

모형		비표준화 계수		표준화 계수	t	유의확률
		B	표준오차	베타		
1	(상수)	.776	.314		2.468	.015
	국어능력	.652	.091	.585	7.143	.000

a. 종속변수: 영어능력

위의 결과로만 보면 국어능력은 영어능력에 유의한 영향(표준화계수=.585, 유의확률=.000)을 미치는 것이 틀림없다.

그렇다면 언어능력을 통제한 상태에서 국어능력과 영어능력의 관계는 어떻게 될까? Amos를 통해 분석한 결과는 다음과 같다.

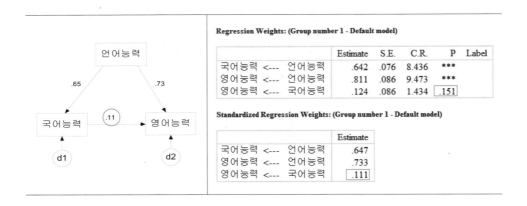

Regression Weights: (Group number 1 - Default model)

			Estimate	S.E.	C.R.	P	Label
국어능력	<---	언어능력	.642	.076	8.436	***	
영어능력	<---	언어능력	.811	.086	9.473	***	
영어능력	<---	국어능력	.124	.086	1.434	.151	

Standardized Regression Weights: (Group number 1 - Default model)

			Estimate
국어능력	<---	언어능력	.647
영어능력	<---	언어능력	.733
영어능력	<---	국어능력	.111

---

5. 독립변수로 국어능력 하나만 지정했기 때문에 국어능력과 영어능력 간 상관계수와 회귀계수는 동일하다.

위 결과를 보면 회귀분석에서 유의했던 국어능력과 영어능력의 관계(표준화계수 =.585, 유의확률=.000)가 언어능력을 통제한 상태의 경우에는 통계적으로 유의하지 않게(표준화계수=.111, p=.151) 변했다. 회귀계수 역시 .585에서 .111로 크게 낮아진 것을 볼 수 있다. 이 결과는 국어능력과 영어능력의 상관이 허구적인 의사관계임을 보여 주는 것으로, 국어능력 때문에 영어능력이 좋은 것이 아니라 언어능력 때문에 국어능력과 영어능력이 높은 상관 및 인과 관계가 있는 것처럼 보였던 것이다.

그런데 이 사실을 모르는 조사자가 연구모델에서 언어능력이라는 변수를 지정하지 않고 국어능력은 영어능력에 유의한 영향을 미친다는 가정 아래 분석을 실행하여 '두 변수 사이에 유의한 관계가 있다.'라고 결론을 내렸다면, 이는 연구모델에 설정오차가 존재하고 인과관계의 설정에도 문제가 있다는 것을 의미한다. 이러한 특성 때문에 구조방정식모델이 비난[6]을 받아 왔다. 위의 관계들을 Amos를 통해 구현한 모델은 다음과 같다.

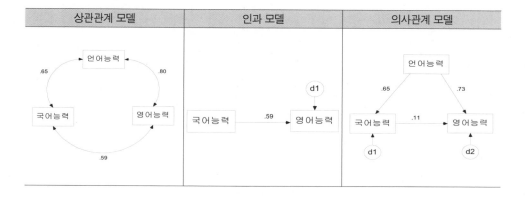

---

6. Sobel(2004), Geweke(1984), Granger(1969).

② 비의사관계 모델

변수 간 인과관계가 모두 의사관계로 구성되어 있는 건 아니다. 지금부터 비의사
관계를 [집중력 모델]을 통해 알아보도록 하자. [집중력 모델]은 학생들의 집중력이
학습성과에 영향을 미치는 상황에서 공부시간을 통제한 형태다.

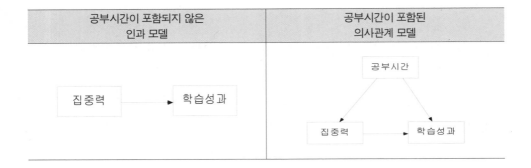

공부시간이 포함되지 않은 인과 모델	공부시간이 포함된 의사관계 모델
집중력 ─→ 학습성과	공부시간 ↙　　↘ 집중력 ─→ 학습성과

집중력, 학습성과, 공부시간의 상관계수는 다음과 같다.

상관계수

		집중력	학습성과	공부시간
집중력	Pearson 상관계수	1	.834**	.596**
	유의확률 (양쪽)		.000	.000
	N	273	273	273
학습성과	Pearson 상관계수	.834**	1	.637**
	유의확률 (양쪽)	.000		.000
	N	273	273	273
공부시간	Pearson 상관계수	.596**	.637**	1
	유의확률 (양쪽)	.000	.000	
	N	273	273	273

**. 상관계수는 0.01 수준(양쪽)에서 유의합니다.

집중력, 학습성과, 공부시간의 상관계수를 나타내는 위의 표에서 집중력과 학습
성과의 상관계수는 .834(p=.000)로 매우 높으며, 집중력과 공부시간(상관계수=.596,
p=.000), 학습성과와 공부시간(상관계수=.637, p=.000) 역시 높은 상관을 보여 준다.

집중력을 독립변수로 설정하고 학습성과를 종속변수로 설정한 회귀분석의 결과
는 다음과 같다.

계수ᵃ

모형		비표준화 계수		표준화 계수	t	유의확률
		B	표준오차	베타		
1	(상수)	.911	.164		5.560	.000
	집중력	.820	.033	.834	24.857	.000

a. 종속변수: 학습성과

위 결과로 보아 집중력은 학습성과에 유의한 영향(표준화계수=.834, 유의확률=.000)을 미친다는 것을 알 수 있다.

다음으로 공부시간을 통제한 상태에서 집중력과 학습성과의 결과는 어떻게 될까? Amos를 통해 분석한 결과는 다음과 같다.

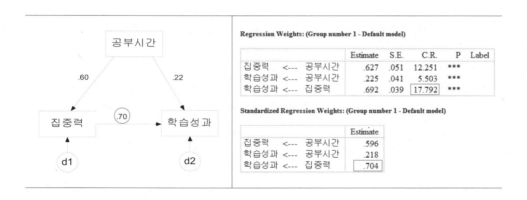

Regression Weights: (Group number 1 - Default model)

			Estimate	S.E.	C.R.	P	Label
집중력	<---	공부시간	.627	.051	12.251	***	
학습성과	<---	공부시간	.225	.041	5.503	***	
학습성과	<---	집중력	.692	.039	17.792	***	

Standardized Regression Weights: (Group number 1 - Default model)

			Estimate
집중력	<---	공부시간	.596
학습성과	<---	공부시간	.218
학습성과	<---	집중력	.704

회귀분석에서 유의하던 집중력과 학습성과의 관계(표준화계수=.834, p=.000)가 공부시간을 통제한 상태에서도 통계적으로 유의하다(표준화계수=.704, p=.000)는 점을 위의 표를 통해 알 수 있다. 회귀계수 역시 .834에서 .704로 크게 변하지 않았다. 이 결과는 집중력과 학습성과가 의사관계가 아님을 보여 주는 예라고 할 수 있다.

위의 관계들을 Amos를 통해 구현한 모델은 다음과 같다.

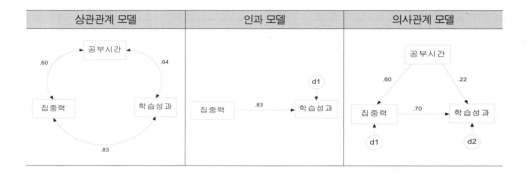

본 장에서는 구조방정식모델을 통해 인과관계 검증이 불가능하다고 주장하는 학자들의 논지를 알아보았다. 물론 이들의 주장이 매우 다양하고 깊이 있기 때문에 간단히 내용을 소개하는 정도로 끝맺는 것이 아쉽긴 하지만, 남용에 가까울 정도로 사용되고 있는 구조방정식모델의 비판에 대해서 한번쯤 귀 기울여 보는 것도 의미 있다고 생각한다. 특히 앞서 언급된 학자들은 세계적으로 대단한 석학들이기 때문에 그들의 주장이 비록 학계에서 주류는 아니더라도 완전히 무시될 수 없으며, 논리적으로 일리가 있는 것은 분명하다.

한편으로 보면 '상관행렬을 가지고 분석한 수치가 어떻게 인과관계로 전환될 수 있는가.'라는 주장이나 '연구모델의 경로계수가 현실세계의 인과관계를 제대로 반영할 수 없다.'라는 학자들의 주장이 진실일 수 있다. 사실, 저자 역시도 '몇 장의 설문지 등을 통해 얻은 변수 간 상관이 정말로 현실세계의 인과관계를 나타내는 것일까?'라는 질문에 아직 명확한 답을 하기 어렵다.

그러나 현재까지 구조방정식모델을 이용하여 발표된 논문의 모든 인과관계를 부정하는 것도 옳은 생각은 아니라고 판단된다. 이런 논리라면 지금까지 믿어 왔던 수많은 변수 간 인과관계가 모두 거짓이라는 결론에 이르는데, 구조방정식모델은 그동안 변수 간 인과관계를 분석하는 대명사로서 전 세계적으로 셀 수 없을 정도로 많은 논문들이 이 기법을 통해 발표되었고, 그 결과들 역시 대부분 정설로 받아들여지고 있기 때문이다.

그렇다면 무엇이 진실일까? 현재 상태에서 '구조방정식모델이 인과관계를 검증할 수 있다, 혹은 그렇지 못하다.'라는 결론을 내리기는 힘들다. 단, 이런 관점을 떠나 논리적으로나 현실적으로 타당한 연구모델을 설정한 후, 올바르게 수집한 데이터를 가지고 인과관계를 분석하여 현재 드러난 문제점을 보완할 수 있다면 그것이 최선의 방안이 아닐까 생각한다.

그렇다면 과연 좋은 연구모델이란 어떤 모델일까? 다음 장에서는 이 부분에 대해 알아보도록 하자.

상관관계분석과 편상관분석

의사관계와 비슷한 개념으로 편상관분석이 있다. 편상관분석은 하나의 변수를 통제한 상태에서 두 변수 간에 상관관계를 분석하는 것을 의미한다. 즉 두 변수 간 상관이 제3의 변수에 영향을 받아 높거나 낮게 나타날 수 있기 때문에 제3의 변수를 통제한 상태에서 순수한 상관관계를 분석하는 것이다. [언어능력 모델]의 경우, 상관관계 및 언어능력을 통제한 상태에서 국어능력과 영어능력의 편상관분석 결과는 다음과 같다.

상관관계분석	편상관분석 (언어능력 통제)

상관관계분석 — 상관계수

		국어능력	영어능력	언어능력
국어능력	Pearson 상관계수	1	.585**	.647**
	유의확률 (양쪽)		.000	.000
	N	100	100	100
영어능력	Pearson 상관계수	.585**	1	.805**
	유의확률 (양쪽)	.000		.000
	N	100	100	100
언어능력	Pearson 상관계수	.647**	.805**	1
	유의확률 (양쪽)	.000	.000	
	N	100	100	100

**. 상관계수는 0.01 수준(양쪽)에서 유의합니다.

편상관분석 — 상관

통제변수			국어능력	영어능력
언어능력	국어능력	상관	1.000	.143
		유의수준(양측)	.	.159
		df	0	97
	영어능력	상관	.143	1.000
		유의수준(양측)	.159	.
		df	97	0

위 표에서 알 수 있듯이 국어능력과 영어능력의 상관계수인 .585(p=.000)가 언어능력을 통제한 편상관분석에서는 .143(p=.159)으로 약화되었다.

Amos에서 구현한 상관관계 및 편상관분석 모델은 다음과 같다.

상관관계분석 모델	편상관분석 모델

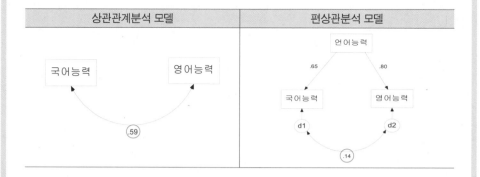

편상관분석 모델에서 구조오차인 d1과 d2 간 상관계수값인 .14가 편상관계수에 해당한다.

#4 합집합과 여집합

통계 특강을 진행한 어느 날, 참석한 교수님 중 한 분이 제게 다가와 "우교수님은 구조방정식모델을 잘 알아서 좋으시겠어요."라고 하셨습니다. 그 말에 제가 "알긴 뭘 알아요. 그냥 아는 척하는 거지요."라고 손사래를 치자 교수님은 다시 "우교수님이 그러시면 저는 뭐가 됩니까?" 하고 겸연쩍게 웃으셨습니다.

이 지면을 빌려 그때 저의 대답이 나름 진심이었다고 그 교수님에게 말씀드리고 싶습니다. 겸손한 척하려는 것이 아니라 아무리 생각해 봐도 구조방정식모델에 대해서 잘 안다고 단언할 수 없기 때문입니다. 한때는 구조방정식모델을 연구하고 가르치면서 '아, 내가 이 정도는 알고 있구나.' 하고 생각한 적도 있습니다. 지금 생각해 보면 교만한 생각이었죠. 그 당시에는 제가 구조방정식모델에 대해 알고 있는 단편적인 지식의 합집합 부분들만이 보였던 것 같습니다.

그런데 첫 번째 저서인 《구조방정식모델 개념과 이해》를 집필하면서, 그리고 두 번째로 본서를 집필하면서 '아, 구조방정식모델에 대해 내가 이 정도로 몰랐었나?' 하고 새삼 깨닫게 되었습니다. 이 기법에 대해 연구하면 할수록 '아 내가 이런 부분을 몰랐구나, 이것 역시 몰랐네.' 하고 깨우치게 되었습니다. 다시 말해, 그동안 구조방정식모델에 대해 몰랐던 여집합들이 보이기 시작한 것입니다.

그제야 비로소 저는 합집합과 여집합의 차이를 깨닫게 되었습니다. 여집합 영역에 서서 보면 합집합이 보이고, 합집합 영역에 서서 보면 여집합이 보인다는 사실을 말입니다. 그리고 지금까지 학생들을 가르치면서 겸손하지 못한 채 잘난 척한 것은 아닌지 제 자신을 되돌아보게 되었습니다.

벼는 익을수록 고개를 숙인다고 합니다. 너무 익숙해서 무덤덤하게 다가오지만, 사실 참으로 멋진 말입니다. 지금도 가끔 여집합에 서서 합집합만을 보고 있는 것은 아닌지 제 자신을 돌아보게 됩니다.

Chapter 12

연구결과만 좋으면
좋은 모델이다?

모델을 평가할 때 '어떤 모델이 좋은 모델인가?'라는 질문을 던진다면, 독자들이 어떻게 대답할지 무척 궁금해진다. '조사자가 원하는 대로 가설이 채택된 모델' 또는 '모델적합도가 훌륭한 모델'이라 답할지 모르겠다. 실제로 이런 모델들이 논문에 발표될 확률이 높은 것도 부인할 수 없는 현실이다. 그런데 여기서 반드시 짚고 넘어가야 할 부분이 있다. 다수의 가설이 채택된 모델이나 적합도가 높은 모델이라고 해서 반드시 좋은 모델일 순 없다는 점이다.

그렇다면 모델을 평가할 때 기준은 무엇일까? 좀 막연한 질문이지만 이에 대해 Bollen(1989)은 두 가지 기준을 제시했다. 첫 번째는 데이터와 모델이 일치하는지 그렇지 않은지를 보는 것이며, 두 번째는 모델이 현실세계와 일치하는지 그렇지 않은지 평가하는 것이다. 즉 좋은 모델이 되기 위해서는 조사자가 만든 연구모델이 데이터와 일치해야 하고 현실과 동떨어져서도 안 된다는 것이다.

> 모델평가 시 고려사항
> (1) 연구모델 = 데이터와 일치성(모델의 적합도)
> (2) 연구모델 = 현실과 일치성(연구모델의 설정)

Bollen(1989)의 언급 중 첫 번째는 데이터와 모델의 일치성에 관한 부분으로 모델적합도를 의미하고, 두 번째는 모델의 현실성에 대한 부분으로 연구모델의 설정에 해당한다. 만약 어떤 경제학자가 현실과 동떨어진 경제학 모델을 대중들 앞에서 열심히 설명한다면, 그 모델은 어떤 의미를 지니게 될까? 경제학자의 모델이 수리적으로 잘 맞아떨어질지 모르나 모델 자체가 현실과 맞지 않기 때문에 그의 주장은 복잡한 방정식 그 이상도 이하도 아니며 청중 역시 그의 모델에 대해 의구심을 품을 것이다.

구조방정식모델도 이와 비슷하다. 구조방정식모델은 조사자가 개발한 연구모델을 통해 사회적 현상을 분석하는 것으로, 조사자가 얼마만큼 현실 상황에 맞게 모델을 설정하느냐가 매우 중요하다. 연구모델이 현실과 동떨어져 있다면 아무리 모델적합도가 좋다 하더라도 그 연구모델은 무의미하기 때문이다.

Bollen(1989)이 언급한 두 가지 고려사항 중 모델적합도에 대한 부분은 다음 장에서 자세히 살펴보고, 본 장에서는 연구모델이 현실 일치성을 갖기 위해서는 어떤 점이 필요한지 알아보도록 하자.

1	변수 간 타당한 인과관계 설정

연구[1]는 크게 탐색적 연구(exploratory study)와 확인적 연구(confirmatory study)로 나뉜다. 탐색적 연구는 주어진 현상을 탐색하고 서술하는 연구방법으로 찰스 다윈(Charles Darwin)이 갈라파고스 군도에서 동물들을 연구하며 진화론을 구상하게 된 경우가 이에 해당한다. 기존에 발표되지 않은 새로운 구성개념이나 척도 등을 개발하는 경우가 대표적인 탐색적 연구에 해당된다.

반면에 탐색적 연구의 다음 단계인 확인적 연구는 기존에 연구된 선행 연구결과를 바탕으로 구성개념들 간의 관계 설정이나 가설검증 등에 비중을 둔다. 현재 사회과학 분야에서 나오는 대부분의 논문이 주로 확인적 연구에 해당된다. 구조방정식모델과 관련된 논문들 역시 이 확인적 연구에 해당하기 때문에 연구모델에 있어서 선행연구의 이론적 배경이나 논리적 근거가 매우 중요하다.

가끔 학생들에게 구조방정식모델을 왜 선호하는지 물어보면, 모델과 데이터를 변형해 본인들이 원하는 결과가 나올 때 까지 분석할 수 있는 기법이기 때문이라고 대답한다. 구조방정식모델을 마치 자신들이 원하는 결과를 모두 만들어 낼 수 있는 마술상자로 생각하는 듯하다. 그러나 구조방정식모델은 확인적 연구에 해당하기 때문에 아무런 이론적·논리적 근거 없이 분석결과만 가지고 어떤 모델을 만들어 가는 과정은 옳지 않다. 원칙적으로 구조방정식모델에서는 데이터를 수집하기 전에 모델을 완성하고 그에 따른 설문지를 개발한 후에 결과를 분석하는 과정을

---

1. Janet Houser(2007).

거쳐야 한다. 이런 이유로 구조방정식모델은 사전적인 혹은 선험적인(a priori) 성격을 띤다.

만약 조사자가 이러한 과정을 거치지 않은 채 우선 수많은 항목을 측정한 후, 그 데이터를 바탕으로 (변수 간 인과관계에 대한 고민 없이) 무조건 적합도가 좋거나 경로 간에 유의한 결과만 보이는 모델을 만들어 발표한다면 이는 잘못된 방법[2]이다. 실제로 논문을 읽다 보면 결과는 좋으나 이론적 배경이나 논리적 근거가 턱없이 부족한 연구모델을 볼 수 있는데, 이런 모델들은 분석결과를 떠나 그 모델 자체가 현실을 반영하지 못하는 경우가 대부분이다.

지금부터 [학습성과 모델]을 통해 모델의 타당한 인과관계 설정에 대해 알아보도록 하자.

학습성과 모델

[학습성과 모델]에서 [예1]은 지적능력과 집중력이 학습성과에 영향을 미치는 형태로, 학생들의 지적능력과 집중력이 높을수록 학습성적이 향상될 것이라는 가설로 이루어져 있다. 상식적으로도 이해가 되는 모델이다. 반면에 [예2]는 학습성과가 지적능력과 집중력에 영향을 미치는 형태로 [예1]과 같은 논리적 근거는 떨어진다. 학습성과가 높아진다고 해서 학생의 지적능력과 집중력이 저절로 향상되지는 않기 때문이다. 동일한 데이터를 가지고 이 두 모델을 분석한 결과는 다음과 같다.

---

2. Kline(2005).

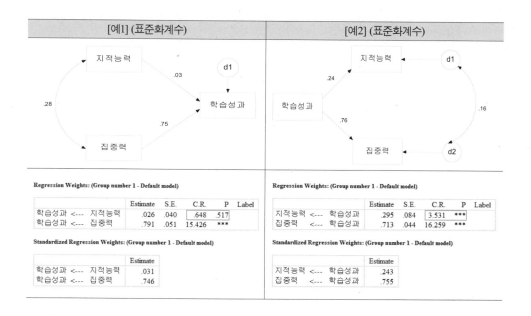

| [예1] (표준화계수) | [예2] (표준화계수) |

Regression Weights: (Group number 1 - Default model)

			Estimate	S.E.	C.R.	P	Label
학습성과	<---	지적능력	.026	.040	.648	.517	
학습성과	<---	집중력	.791	.051	15.426	***	

Standardized Regression Weights: (Group number 1 - Default model)

			Estimate
학습성과	<---	지적능력	.031
학습성과	<---	집중력	.746

Regression Weights: (Group number 1 - Default model)

			Estimate	S.E.	C.R.	P	Label
지적능력	<---	학습성과	.295	.084	3.531	***	
집중력	<---	학습성과	.713	.044	16.259	***	

Standardized Regression Weights: (Group number 1 - Default model)

			Estimate
지적능력	<---	학습성과	.243
집중력	<---	학습성과	.755

위 결과를 통해 흥미로운 사실을 발견할 수 있다. 동일한 데이터를 사용하였음에도 불구하고 [예1]에서 '지적능력→학습성과'로 가는 경로의 결과(C.R.=.648, p=.517)는 통계적으로 유의하지 못한 반면, [예2]에서 '학습성과→지적능력'으로 가는 경로의 결과는 유의(C.R.=3.531, p=.000)하다. 분석결과로만 보면 [예1]이 [예2]보다 좋지 않은 모델이다. 그렇다면 [예2]가 [예1]보다 더 좋은 모델이라고 할 수 있을까? 통계적으로 그럴지 모르지만 논리적으로는 그렇지 않다.

여러분은 어떤 모델을 선택할 것인가? 당연히 현실에 맞는 [예1]을 선택해야 한다. [예1]에서 지적능력→학습성과로 가는 경로가 유의하지 않다고 해서 결과가 나쁜 것이 아니라 현실적으로 지적능력이 학습성과에 유의한 영향을 미치지 않을 수 있기 때문이다. 아무리 머리가 좋다고 해도 노력하지 않으면 학습성과가 오르지 않는 것은 당연한 사실이다.

반면에 [예2]처럼 현실과 맞지 않는 모델을 선정하는 것은 인과관계가 비록 유의하다 하더라도 그 결과는 무의미하다. 학습성과가 올라간다고 IQ 같은 타고난 지적능력이 자연스럽게 올라갈 리 만무하기 때문이다. 간혹 방향성 때문에 아래의 [예3]과 같이 쌍방향 인과관계모델을 설정하는 경우가 있는데, 이는 비재귀모델로서

Amos나 Lisrel 사용자는 이런 형태의 모델을 가급적 피해야 한다. 모델 자체도 타당성이 없지만 식별 문제로 분석조차 되지 않을 수 있다.

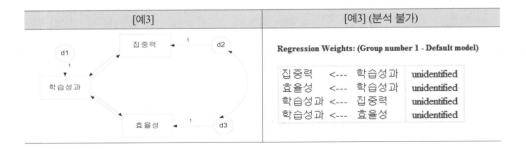

[예3]	[예3] (분석 불가)
	Regression Weights: (Group number 1 - Default model)
	집중력 <--- 학습성과 unidentified
	효율성 <--- 학습성과 unidentified
	학습성과 <--- 집중력 unidentified
	학습성과 <--- 효율성 unidentified

요컨대 조사자는 현실에 맞는 연구모델을 개발하기 위해서 변수 간에 타당한 인과관계를 설정해야 한다. 결과만을 중심으로 연구모델을 개발한다면 결과 자체는 통계적으로 의미가 있을지 몰라도 그 모델은 현실적으로 맞지 않다. 바로 이러한 점 때문에 구조방정식모델이 그동안 비판[3]받아 온 것이다.

2	연구목적에 따른 적절한 변수 설정

연구모델이 현실을 반영하기 위한 두 번째 요건은 연구목적에 따라 적절한 변수 (혹은 구성개념)를 설정하는 것이다. 가끔 논문심사 때나 학술대회 때 제출된 논문들을 보면, 연구목적에 대한 자세한 설명 없이 연구모델에 사용된 변수의 종류와 특성부터 순서대로 나열한 경우가 있다. 이는 잘못된 접근방법으로 논문에서는 왜 이런 변수를 사용했는지 그에 대한 당위성을 서론 부분에서 밝혀야 한다.

예를 들어, 폐암의 원인변수를 밝혀내는 것이 연구목적이라면 조사자는 기존의 선행연구 등을 통해 현재까지 폐암에 영향을 미치는 변수를 모두 고려하여 연구모델을 개발해야 한다. 만약 연구모델에서 폐암을 일으키는 요인 중에 흡연이라는

---

3. Kaplan(2000), Kline(2005).

변수를 넣지 않았다면 그 연구모델은 완성도 있는 모델이라고 할 수 없다. 물론 다양한 요인(열악한 작업환경, 방사선 노출정도, 환경오염, 유전적 요인, 간접흡연)이 폐암에 영향을 미치겠지만, 지금까지 알려진 연구들을 보면 흡연이 현실적으로 폐암에 가장 치명적인 영향을 미치기 때문이다. 연구모델이 현실을 완벽하게 반영하는 것이 사실상 불가능하기 때문에 이런 문제점은 항상 존재하지만 조사자가 선행연구들을 철저하게 연구함으로써 모델의 설정오차를 얼마든지 줄일 수 있다.

변수의 적절성을 좀 더 자세히 알아보기 위해 [폐암 모델][4]의 예를 들어 보자. 조사자는 선행연구 등을 통해 폐암에 영향을 미치는 요인을 작업환경, 방사선, 환경오염, 유전요인, 간접흡연, 흡연정도 등으로 설정했으며 연구모델과 그에 따른 분석결과는 다음과 같다.

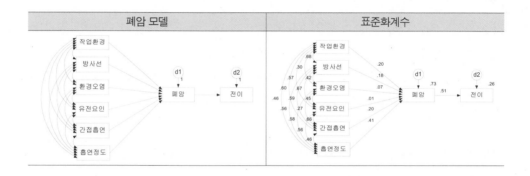

---

4. [폐암 모델]의 데이터는 독자들의 이해를 돕기 위한 가상의 것으로 실제 상황과 무관하다.

Regression Weights: (Group number 1 - Default model)

			Estimate	S.E.	C.R.	P	Label
폐암	<---	작업환경	.184	.048	3.837	***	
폐암	<---	방사선	.187	.062	3.017	.003	
폐암	<---	환경오염	.111	.070	1.582	.114	
폐암	<---	유전요인	.013	.060	.213	.832	
폐암	<---	간접흡연	.209	.056	3.738	***	
폐암	<---	흡연정도	.412	.052	7.932	***	
전이	<---	폐암	.322	.039	8.330	***	

Standardized Regression Weights: (Group number 1 - Default model)

			Estimate
폐암	<---	작업환경	.205
폐암	<---	방사선	.178
폐암	<---	환경오염	.073
폐암	<---	유전요인	.012
폐암	<---	간접흡연	.199
폐암	<---	흡연정도	.407
전이	<---	폐암	.508

[폐암 모델]을 분석한 결과, 작업환경(C.R.=3.837, p=.000), 방사선(C.R.=3.017, p=.003), 간접흡연(C.R.=3.738, p=.000), 흡연정도(C.R.=7.932, p=.000)는 폐암에 유의한 영향을 미치는 반면 환경오염(C.R.=1.582, p=.114), 유전요인(C.R.=.213, p=.832)은 유의하지 않은 것으로 나타났다. 결론적으로 이 모델을 통해 조사자는 작업환경, 방사선, 간접흡연, 흡연정도가 폐암을 일으키는 요인임을 알아냈다.

그런데 만약 조사자가 [폐암 모델]처럼 연구모델을 설정하지 않고, 흡연과 관련된 간접흡연 및 흡연정도를 뺀 나머지 4개 요인만을 외생변수로 설정한 후 동일한 데이터를 가지고 [수정 모델]을 분석했다고 가정해 보자. 연구모델과 그에 따른 결과는 다음과 같다.

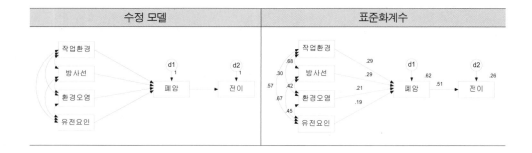

Regression Weights: (Group number 1 - Default model)

			Estimate	S.E.	C.R.	P	Label
폐암	<---	작업환경	.262	.055	4.784	***	
폐암	<---	방사선	.304	.072	4.197	***	
폐암	<---	환경오염	.322	.076	4.259	***	
폐암	<---	유전요인	.194	.064	3.033	.002	
전이	<---	폐암	.322	.039	8.330	***	

Standardized Regression Weights: (Group number 1 - Default model)

			Estimate
폐암	<---	작업환경	.292
폐암	<---	방사선	.288
폐암	<---	환경오염	.211
폐암	<---	유전요인	.188
전이	<---	폐암	.508

[수정 모델]을 분석한 결과, 작업환경(C.R.=4.784, p=.000), 방사선(C.R.=4.197, p=.000), 환경오염(C.R.=4.259, p=.000), 유전요인(C.R.=3.033, p=.002)은 폐암에 모두 유의한 영향을 미치는 것으로 나타났다. 즉 간접흡연과 흡연정도라는 요인이 연구모델에서 제외되면서 첫 번째 모델에서 유의하지 않게 영향을 미치던 환경오염과 유전요인이 유의하게 영향을 미치는 것으로 나타났다.

이런 경우에 조사자의 입장에서는 어느 모델이 더 좋은 모델일까? [폐암 모델]에서는 두 가지 경로가 유의하지 않게 나타났지만 [수정 모델]에서는 모든 경로가 유의하였으므로 더 좋은 모델이라고 볼 수 있을까? 결론적으로 말하면 [수정 모델]이 [폐암 모델]보다 더 좋은 모델이라고 할 수 없다. 폐암 발병에 가장 중요한 영향을 미치는 흡연과 간접흡연이라는 변수를 포함한 [폐암 모델]이 조사자의 연구목적에 부합하면서도 현실성 있는 모델이기 때문이다.

그렇다면 두 모델에서 왜 이렇게 다른 결과가 나온 것일까? 그 이유는 조사자가 변수를 다르게 설정했기 때문이다. 분석의 특성상 폐암에 중요하게 영향을 미치던 변수들이 빠져 버리면서 상대적으로 덜 중요하게 영향을 미치던 변수들이 유의하게 영향을 미치는 것으로 변한 것이다.

그런데 만약 조사자의 연구목적이 폐암의 발암요소들을 찾는 것이 아니라 특정 요인과 폐암과의 관계를 알고 싶은 경우일 수 있다. 예를 들어, 평생 동안 담배를 전혀 피우지도 않았고 간접흡연에 노출되지 않았음에도 불구하고 폐암이 발생하는 환자들이 있기 때문에 사람의 선천적인 문제나 후천적인 환경요인이 폐암에 실제 얼마나 영향을 미치는지 알고 싶은 경우라면, 흡연에 관련된 요인을 고의로 배제한 [수정 모델]이 적절할 수 있다. 이런 경우에는 특정요인과 폐암의 관계를 알아보는 것이 연구목적이기 때문에 흡연이라는 변수가 연구모델에 반드시 존재할 필요는 없다. 단, 논문에는 흡연이라는 변수가 고의로 제외되었다고 기술해 주는 것이 바람직하다.

그렇다면 위 모델들의 결과는 어떻게 해석해야 할까? [폐암 모델]의 경우에는 폐암의 발생요인을 찾는 것이 연구목적이므로 작업환경, 방사선, 간접흡연, 흡연정도가 폐암에 유의한 영향을 미친 반면, 환경오염과 유전요인은 그렇지 않았다고 결론지을 수 있다. 반면 [수정 모델]의 경우에는 조사자가 모델에서 좋은 결과만을 얻기 위해 흡연정도와 간접흡연을 억지로 제외한 것이 아니라, 실제 연구목적이 흡연과 간접흡연을 고의로 제외한 상태에서 특정 변수들과 폐암 간 관계를 밝히기 위한 것이라면 작업환경, 방사선, 환경오염, 유전요인이 폐암에 유의한 영향을 미쳤다고 결론지을 수 있다.

그렇다면 과연 무엇이 진실일까? 환경요인과 유전요인이 폐암에 실제로 영향을 미치는 것일까? 저자라면 이런 상황에서 상관관계를 참조할 것 같다. 사실 변수 간 인과관계는 워낙 다양하고 복잡한 상황에 영향을 받기 때문에 결론을 단정하기가 쉽지 않기 때문이다.

		작업환경	방사선	환경오염	유전요인	간접흡연	흡연정도	폐암
작업환경	Pearson 상관계수	1	.685**	.300**	.570**	.600**	.455**	.660**
	유의확률 (양쪽)		.000	.000	.000	.000	.000	.000
	N	200	200	200	200	200	200	200
방사선	Pearson 상관계수	.685**	1	.417**	.670**	.592**	.560**	.702**
	유의확률 (양쪽)	.000		.000	.000	.000	.000	.000
	N	200	200	200	200	200	200	200
환경오염	Pearson 상관계수	.300**	.417**	1	.448**	.271**	.578**	.503**
	유의확률 (양쪽)	.000	.000		.000	.000	.000	.000
	N	200	200	200	200	200	200	200
유전요인	Pearson 상관계수	.570**	.670**	.448**	1	.664**	.563**	.642**
	유의확률 (양쪽)	.000	.000	.000		.000	.000	.000
	N	200	200	200	200	200	200	200
간접흡연	Pearson 상관계수	.600**	.592**	.271**	.664**	1	.460**	.642**
	유의확률 (양쪽)	.000	.000	.000	.000		.000	.000
	N	200	200	200	200	200	200	200
흡연정도	Pearson 상관계수	.455**	.560**	.578**	.563**	.460**	1	.740**
	유의확률 (양쪽)	.000	.000	.000	.000	.000		.000
	N	200	200	200	200	200	200	200
폐암	Pearson 상관계수	.660**	.702**	.503**	.642**	.642**	.740**	1
	유의확률 (양쪽)	.000	.000	.000	.000	.000	.000	
	N	200	200	200	200	200	200	200

**. 상관계수는 0.01 수준(양쪽)에서 유의합니다.

위의 표에서 알 수 있듯이, 폐암과 환경오염(.503) 및 유전요인(.642)의 경우에는 정의 상관관계를 보인다. 즉 [폐암 모델]에서 환경오염과 유전요인은 폐암에 유의한 영향을 미치지 않았지만, 두 변수 사이에는 유의한 상관관계가 존재함을 알 수 있다.

이러한 내용과 관련하여 논문을 읽다 보면 어떤 논문에서는 특정 외생변수(독립변수)가 내생변수(종속변수)에 유의한 영향을 미치지만, 다른 논문에서는 그 외생변수가 내생변수에 영향을 미치지 않는 경우를 발견한다. 이 때문에 조사자들이 그 외생변수가 실제로 내생변수에 영향을 미치는지 그렇지 않은지 혼동하기도 하는데, 결과가 다르게 나오는 이유는 매우 다양하다. 논문에서는 동일한 이름의 변수명을 사용했지만 실제로 논문마다 변수를 측정한 측정도구가 서로 달라 결과가 상이할 수 있으며, 표본의 특성에 따라서도 결과가 얼마든지 다를 수 있다.

예를 들어, 표본의 대상이 개인 혹은 기업이냐에 따라 다를 수 있으며 남녀노소에 따라 다를 수도 있다. 또 응답자의 라이프스타일이 다르기 때문에 상이할 수 있다. 특히 비교문화연구(cross cultural study)의 경우에는 다양한 문화가 연구결과에 영향을 미치기 때문에 그 결과가 다를 수 있다. 심지어 앞서 살펴본 바와 같이 동일한 데이터를 사용했다 하더라도 변수 설정에 따라 연구모델의 결과가 차이 날 수도 있다. 그러므로 한 변수가 다른 변수에 실질적으로 유의한 영향을 미치는지 아닌지는 한 편의 논문으로 단정 짓기 어렵다.

본 장에서는 연구모델의 현실 일치성에 대해 알아보았다. 연구모델이 현실을 제대로 반영하기 위해서는 다양한 조건이 충족되어야 하겠지만, 변수 간에 타당한 인과관계가 우선되어야 한다. 또한 연구모델을 개발할 때에 철저한 선행연구를 통해 적절한 변수로 구성하는 것이 선결조건이라고 할 수 있다.

사실, 연구모델이 현실과 일치해야 하는 이유는 아주 간단한다. 구조방정식모델에서는 연구모델의 인과관계를 현실세계의 인과관계로 간주하기 때문에 연구모델이 잘못 구성되었다면 그 인과관계는 거짓된 것[5]이며, 그 결과를 마치 현실의 인과관계인 것처럼 발표하는 것도 잘못된 일이다. 이런 이유로, 경로분석을 개발한 Wright(1921)는 연구모델에서 인과관계는 그 분석에 앞서 반드시 논리적인 관계가 먼저 선행되어야 한다고 주장했다. 물론 100% 현실을 반영하는 연구모델을 개발한다는 것은 불가능하다. 하지만 연구목적에 부합하면서도 최대한 현실을 반영하는 모델을 개발하는 것 역시 조사자의 몫이라 생각한다.

불현듯 어느 노교수[6]의 명언이 가슴에 와 닿아 적어 본다.

"All models are wrong, but some are useful."

---

5. Baumrind(1983), De Leeuw(1985), Freedman(1987, 2004), Guttman(1977) 등.
6. Box and Draper(1987).

모델적합도 및 수정지수

■ 모델적합도

모델적합도는 연구모델을 채택하느냐 기각하느냐를 결정하는 기준이 되기 때문에 가설의 유의성 검증만큼이나 중요한 부분이다. 모델에서 경로의 결과가 아무리 좋게 나왔더라도 모델적합도가 좋지 않으면 큰 의미를 갖지 못하는 것도 바로 이 때문이다. 모델적합도는 크게 절대적합지수, 증분적합지수, 간명적합지수로 분류한다.

주요 모델적합도 지수와 판단기준

적합도 종류			판단 기준
절대적합지수	χ^2	(Chi-square statistic)	p-값이 .05 이상이면 양호
	RMR (RMSR)	(Root Mean-squared Residual)	.05 이하이면 양호
	GFI	(Goodness of Fit Index)	.9 이상이면 양호
	AGFI	(Adjusted GFI)	.9 이상이면 양호
	RMSEA	(Root Mean Squared Error of Approximation)	.1 이하이면 보통 .08 이하이면 양호 .05 이하이면 좋음
증분적합지수	NFI	(Normed Fit Index)	.9 이상이면 양호
	TLI (NNFI)	(Tucker-Lewis Index)	.9 이상이면 양호
	CFI	(Comparative Fit Index)	.9 이상이면 양호
간명적합지수	PGFI	(Parsimonious GFI)	낮을수록 양호
	PNFI	(Parsimonious NFI)	낮을수록 양호
	AIC	(Akaike Information Criteria)	낮을수록 양호

■ 모델 수정

모든 조사자들은 높은 모델적합도를 원하기 때문에 적합도가 낮을 때에는 모델 수정(model modification)[7]을 통해 끌어올린다. 예를 들어, 확인적 요인분석에서는 요인부하량이 낮은 변수를 제거하는 과정을 통해 모델을 수정하지만, 구조방정식모델에서는 구성개념(잠재변수) 간 경로를 추가하거나 제거하는 방법을 사용한다. 경로를 제거하는 방법은 적합도가 좋아지긴 하지만 경로를 추가하는 방법과 비교할 때 상대적으로 변화량이 높지 않기 때문에 경로를 추가하는 방법을 많이 사용하고 있으며, Amos에서는 수정지수(Modification Indices, M.I.)를 이용하여 모델을 수정한다.

■ 수정지수

수정지수(M.I.)는 변수 간 존재하지 않는 관계를 상관관계나 인과관계로 설정함으로써 줄어든 수치를 제공한다. Amos에서 수정지수는 크게 ①변수 간 공분산 설정을 제시하는 covariances와 ②변수 간 인과관계 설정을 제시하는 regression weights로 나뉜다.

■ 모델 수정 시 주의사항

Amos 사용자들을 보면 논리적·이론적 근거 없이 M.I.를 기준으로 무턱대고 모델적합도를 올린 모델을 최종모델로 결정하는 경우가 종종 있다. 하지만 이렇게 무조건적으로 M.I.를 이용하여 모델적합도를 올리는 것은 바람직하지 않다. 그러다 보면 경로의 유의성마저 변하는 상황이 발생하기도 한다. M.I.를 무분별하게 사용하는 것 때문에 구조방정식모델 기법이 때때로 비판을 받기도 하므로 올바른 사용법을 알고 제대로 활용해야 한다.

---

7. 모델 수정에는 M.I.(Modification Indices)와 L.M.(Lagrange Multiplier) test를 대표적으로 사용하나 L.M. test는 Amos에서 결과를 제공하지 않기 때문에 본 교재에서는 다루지 않았다.

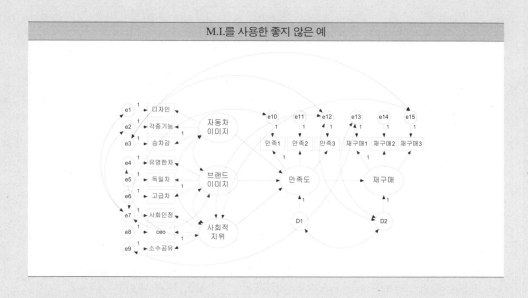

그렇다면 어떤 상황에서 M.I.를 이용하는 것이 좋을까? 다음과 같은 상황에서는 M.I. 설정을 피해야 한다.

잘못된 공분산 설정
• 외생잠재변수의 측정오차와 외생잠재변수
• 외생잠재변수의 측정오차와 내생잠재변수 (설정 자체 불가)
• 외생잠재변수의 측정오차와 내생잠재변수의 측정오차
• 외생잠재변수의 측정오차와 내생잠재변수의 구조오차
• 외생잠재변수와 내생잠재변수의 측정오차
• 외생잠재변수와 내생잠재변수의 구조오차
• 내생잠재변수와 내생잠재변수의 측정오차 (설정 자체 불가)
• 내생잠재변수와 내생잠재변수의 구조오차

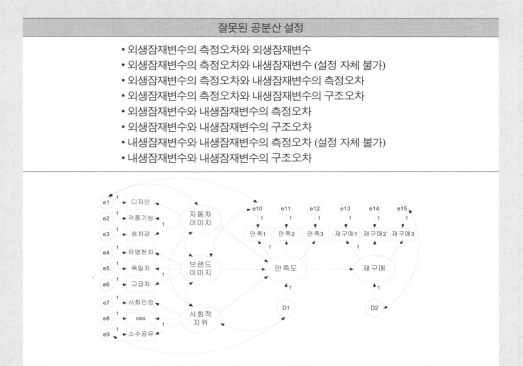

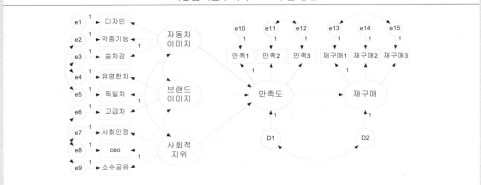

*D1과 D2의 관계 설정은 가능하나 '만족도→재구매'의 인과관계가 이미 설정되어 있기 때문에 비재귀모델의 형태가 되어 '만족도→재구매' 경로에서 에러가 날 수 있으므로 되도록 피하는 것이 좋다.

인과관계 설정 역시 오차 간 인과관계나 관측변수끼리의 인과관계 설정은 피해야한다. 인과관계는 하나하나가 가설이 되기 때문에 더욱 주의해야 한다.

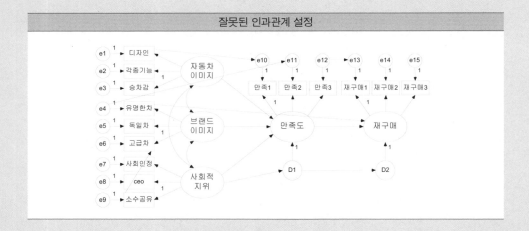

Chapter 13

모델적합도만 좋으면
좋은 모델이다?

모델적합도는 말 그대로 조사자가 수집한 데이터와 조사가 개발한 연구모델이 얼마나 적합한지를 알아보는 정도라고 할 수 있다. 엄밀히 말하면 조사자가 수집한 표본 데이터에서 얻은 공분산행렬(S)과 조사자가 이론적 배경을 바탕으로 개발한 연구모델에서 추정한 공분산행렬($\sum$)의 차이(S-$\sum$)를 의미한다. 그래서 모델적합도가 좋다는 의미는 수치적으로 조사자가 수집한 데이터와 조사자가 개발한 연구모델이 얼마나 적합하냐의 의미이지, 그것이 꼭 조사자의 모델이나 논문이 가치 있다는 것을 의미하지는 않는다.

예를 들어, 조사자가 만든 연구모델이 포화모델이라고 해서 그 모델이 100% 가치 있는 모델이라 할 수 있을까? 포화모델은 모델적합도가 완벽한 모델로서, 모든 변수 간 관계를 설정하면 자연스럽게 이런 모델이 되기 때문에 마음만 먹으면 얼마든지 만들 수 있다. 물론 그렇게 한다고 해서 그 연구모델이 가치 있는 모델로 변화하는 것은 아니다. 즉 모델적합도는 모델을 판단하는 데 있어서 중요한 부분은 맞지만, 적합도가 좋기 때문에 그 모델이 무조건 가치 있는 논문일 거라는 맹신은 피해야 한다. 실제로 논문 투고 시 모델적합도가 낮다는 이유만으로 어이없이 게재 불가 판정을 받는 경우가 종종 있는데, 연구모델이나 논문 전체를 모델적합도만으로 평가하는 것은 옳지 않다.

모델적합도에 대해서 지금까지 수많은 논문이 발표되었지만 대부분 다양한 적합도의 개념이나 수식에 관련된 내용일 뿐, 모델적합도만으로 모델을 판단하는 것이 얼마나 위험한 일인지에 대해 기술한 논문은 거의 없다. 모델을 제대로 판단하려면 연구모델의 개발에서부터 프로그램으로 구체화되는 단계까지를 심사자가 체계적으로 평가해야 하는데, 그러기에는 심사절차가 매우 복잡하여 이런 과정이 생략되어지기 때문이다. 상황이 이러하다 보니 심사자들은 조사자가 제시한 연구모델과 그 모델의 적합도만을 기준으로 모델을 평가하는데, 이 과정에서 조사자가 임의대로 모델을 수정하여 적합도만 높은 모델을 제시할 수도 있어 문제점들이 발생한다. 본 장에서는 모델적합도의 구조적인 문제점에 대해 살펴보고 올바른 모델 수정법에 대해서도 알아보도록 하자.

연구모델 개발은 전적으로 조사자의 몫이다. 어떤 구성개념을 연구모델에 사용할지, 구성개념 간 인과관계를 어떻게 설정할지에 관해 조사자는 모든 것을 결정해야 한다. 이런 이유로 조사자의 연구모델 설정이 잘못될 확률도 높다. 그런데 연구모델이 잘못 설정된 경우를 객관적으로 판단할 근거가 현실적으로 부족하기 때문에 모델적합도를 모델의 절대적 평가 기준으로 평가하려는 경향이 있다. 하지만 모델적합도는 연구모델이 논리적으로 옳은지 그렇지 못한지를 구별할 수 있는 능력이 없기 때문에 이는 바람직하지 못하다. 이 점이 바로 모델적합도가 지닌 가장 큰 취약점 중 하나로, [품질 모델]을 통해 좀 더 자세히 알아보도록 하자.

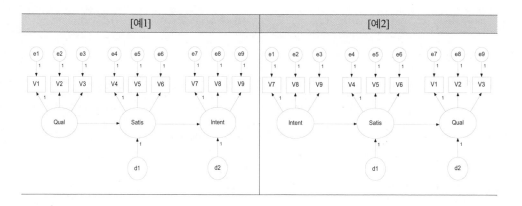

[품질 모델]에서 [예1]은 제품의 품질이 만족에 영향을 미치고 만족이 다시 재구매 의도에 영향을 미치는 모델(Qual→Satis→Intent)이다. 반면에 [예2]는 재구매 의도가 만족에 영향을 미치고 만족이 다시 제품의 품질에 영향을 미치는 모델(Intent→Satis→Qual)이다. 상식적으로 본다면 [예1]이 맞는 모델이다. [예2]처럼 고객의 재구매 의도가 높다고 해서 자연스럽게 제품에 대해 만족하고 그 제품의 품질이 저절로 높아지지 않기 때문이다.

그런데 [예1]과 [예2]의 모델적합도의 결과는 어떠할까?

[예1] (표준화계수)	[예2] (표준화계수)

Model Fit Summary (좌측 [예1])

CMIN

Model	NPAR	CMIN	DF	P	CMIN/DF
Default model	20	46.177	25	.006	1.847
Saturated model	45	.000	0		
Independence model	9	1280.312	36	.000	35.564

RMR, GFI

Model	RMR	GFI	AGFI	PGFI
Default model	.051	.952	.914	.529
Saturated model	.000	1.000		
Independence model	.408	.291	.114	.233

Baseline Comparisons

Model	NFI Delta1	RFI rho1	IFI Delta2	TLI rho2	CFI
Default model	.964	.948	.983	.975	.983
Saturated model	1.000		1.000		1.000
Independence model	.000	.000	.000	.000	.000

Parsimony-Adjusted Measures

Model	PRATIO	PNFI	PCFI
Default model	.694	.669	.683
Saturated model	.000	.000	.000
Independence model	1.000	.000	.000

Model Fit Summary (우측 [예2])

CMIN

Model	NPAR	CMIN	DF	P	CMIN/DF
Default model	20	46.177	25	.006	1.847
Saturated model	45	.000	0		
Independence model	9	1280.312	36	.000	35.564

RMR, GFI

Model	RMR	GFI	AGFI	PGFI
Default model	.051	.952	.914	.529
Saturated model	.000	1.000		
Independence model	.408	.291	.114	.233

Baseline Comparisons

Model	NFI Delta1	RFI rho1	IFI Delta2	TLI rho2	CFI
Default model	.964	.948	.983	.975	.983
Saturated model	1.000		1.000		1.000
Independence model	.000	.000	.000	.000	.000

Parsimony-Adjusted Measures

Model	PRATIO	PNFI	PCFI
Default model	.694	.669	.683
Saturated model	.000	.000	.000
Independence model	1.000	.000	.000

[예1]과 [예2]의 모델적합도는 표에서 보이는 것처럼 정확히 일치한다. 그 이유는 두 모델이 동치모델[1]이기 때문이다. 상식적으로는 [예1]이 [예2]보다 더 현실에 가깝고 이론적인 모델이지만, 구조방정식모델은 어느 모델이 더 좋은 모델인지 구분할 수 있을 정도로 똑똑하지 못하다. 만약 모델적합도가 좋은 모델을 평가할 수 있는 척도라면, 당연히 [예1]의 모델적합도가 높아야 하지만 현실은 그렇지 않다. 이런 동

---

1. 동치모델(equivalent model)은 동일한 공분산행렬을 지닌 모델로서 동일한 적합도와 자유도를 가지지만 하나 이상의 경로가 다른 모델이다. 즉 적합도만으로는 모델을 서로 구별할 수 없는 모델이다.

치모델의 특성 때문에 Bollen(1989)[2], Lee and Hershberger(1990), Stelzl(1986)에 의해서 구조방정식모델이 강하게 비판받기도 했다.

가끔 특정 연구모델의 확인적 요인분석과 구조방정식모델에서 동일한 모델적합도를 보여 조사자들이 당황하는 경우가 있는데, 이것 역시 두 모델이 서로 동치모델이기 때문이다.

---

2. Bollen(1989)은 모델적합도만으로는 모델이 적합하다는 것을 판단할 수 없다고 언급하면서 그러다 보면 모델적합도가 좋은 모든 모델을 타당한 모델로 간주하는 문제를 일으킬 수 있다고 주장하였다.

이외에도 다양한 형태의 동치모델이 존재한다. 아래의 [예1]~[예4] 역시 동치모델들로 동일한 모델적합도를 보여 준다.

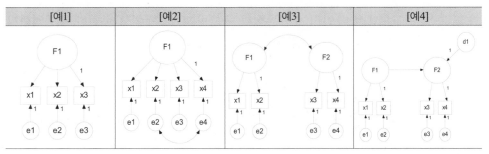

Model Fit Summary

CMIN

Model	NPAR	CMIN	DF	P	CMIN/DF
Default model	9	.020	1	.886	.020
Saturated model	10	.000	0		
Independence model	4	1012.536	6	.000	168.756

RMR, GFI

Model	RMR	GFI	AGFI	PGFI
Default model	.001	1.000	1.000	.100
Saturated model	.000	1.000		
Independence model	.947	.340	-.100	.204

Baseline Comparisons

Model	NFI Delta1	RFI rho1	IFI Delta2	TLI rho2	CFI
Default model	1.000	1.000	1.001	1.006	1.000
Saturated model	1.000		1.000		1.000
Independence model	.000	.000	.000	.000	.000

Parsimony-Adjusted Measures

Model	PRATIO	PNFI	PCFI
Default model	.167	.167	.167
Saturated model	.000	.000	.000
Independence model	1.000	.000	.000

즉 모델적합도는 논리적으로 좋은 모델을 구별할 수 있는 능력이 없으며, 잠재변수의 위치나 형태만으로 모델의 적합도가 변화하지 않는 동치모델이 얼마든지 발생할 수 있기 때문에 조사자는 이 점에 유의해야 한다.

수정 모델은 조사자가 처음 제안한 모델에서 프로그램이 제공한 수정지수를 바탕으로 모델적합도를 높인 모델로, 모델적합도와 매우 밀접한 관계가 있다. 가끔 이 수정 모델이 문제를 일으키기도 하는데, 조사자가 적절하지 않은 방법으로 수정지수를 사용하여 모델적합도만 좋은 모델을 만들기 때문이다.

외국 속담 중에 'Wag the dog'란 말이 있다. 개가 꼬리를 흔들어야 하는데 꼬리가 개의 몸통을 흔든다는 표현으로, 주객(主客)이 전도된 상황을 나타낼 때 자주 사용하는 속담이다. 가끔 보면 모델적합도가 조금 낮다 하더라도 적합도 지수를 인위적으로 올리지 않고 순수한 연구논문의 결과만 가지고 논문을 발표하는 조사자들이 있는데, 개인적으로 잘못된 것이라고 생각하지 않는다. 좋은 모델적합도가 꼭 좋은 모델을 의미하지 않기 때문이다. 물론, 모델적합도가 나쁠 경우에 수정지수를 사용하여 끌어올리는 일은 잘못된 것이 아니다. 하지만 수정지수를 사용한다고 해도 올바른 방법으로 모델적합도를 올려야지, 그렇지 않은 방법으로 수정지수를 올려 겉으로 보기에만 훌륭한 모델로 만드는 것은 바람직하지 않다.

이처럼 연구의 목적이 완성도 있는 연구모델을 개발하는 것이 아니라 모델적합도가 좋은 모델을 만드는 상황, 즉 'Wag the dog' 현상이 자주 일어나는데, 더 심각한 문제는 조사자가 수정지수를 통해 모델적합도를 얼마나 올렸는지에 대해 언급하지 않으면 독자들은 수정된 모델의 변화에 대해 알 방법이 없다는 것이다. 지금부터 잘못된 모델의 수정과 올바른 모델의 수정에 대해서 알아보도록 하자.

1. 잘못된 모델 수정

잘못된 모델의 수정을 알아보기 위해 [품질 모델]을 다시 예로 들어 보자. Amos에서 제공하는 수정지수(Modification Indices)[3]의 결과는 다음과 같다.

수정지수 결과

Modification Indices (Group number 1 - Default model)

Covariances: (Group number 1 - Default model)

			M.I.	Par Change
d2	<-->	Qual	6.928	.107
d2	<-->	d1	7.727	-.073
e3	<-->	e9	4.061	-.045
e1	<-->	e9	5.315	.057

Variances: (Group number 1 - Default model)

	M.I.	Par Change

Regression Weights: (Group number 1 - Default model)

			M.I.	Par Change
Intent	<---	Qual	6.928	.143
V2	<---	V7	4.299	.084

'수정지수' 표에서 알 수 있듯이 M.I. 수치가 공분산(Covariance) 'd1↔d2'에서 가장 크므로(M.I.=7.727) d1과 d2의 공분산 관계를 설정한 후 모델적합도를 올린 [수정 모델 1]의 결과는 다음과 같다.

---

3. Amos에서 수정지수에 대한 자세한 사용법은 《구조방정식모델 개념과 이해》(우종필, 2012, pp. 374~379)를 참조하기 바란다.

품질 모델 (표준화계수)	수정 모델 1 (표준화계수)

Model Fit Summary (품질 모델)

CMIN

Model	NPAR	CMIN	DF	P	CMIN/DF
Default model	20	46.177	25	.006	1.847
Saturated model	45	.000	0		
Independence model	9	1280.312	36	.000	35.564

RMR, GFI

Model	RMR	GFI	AGFI	PGFI
Default model	.051	.952	.914	.529
Saturated model	.000	1.000		
Independence model	.408	.291	.114	.233

Baseline Comparisons

Model	NFI Delta1	RFI rho1	IFI Delta2	TLI rho2	CFI
Default model	.964	.948	.983	.975	.983
Saturated model	1.000		1.000		1.000
Independence model	.000	.000	.000	.000	.000

Parsimony-Adjusted Measures

Model	PRATIO	PNFI	PCFI
Default model	.694	.669	.683
Saturated model	.000	.000	.000
Independence model	1.000	.000	.000

Model Fit Summary (수정 모델 1)

CMIN

Model	NPAR	CMIN	DF	P	CMIN/DF
Default model	21	29.690	24	.195	1.237
Saturated model	45	.000	0		
Independence model	9	1280.312	36	.000	35.564

RMR, GFI

Model	RMR	GFI	AGFI	PGFI
Default model	.017	.969	.941	.517
Saturated model	.000	1.000		
Independence model	.408	.291	.114	.233

Baseline Comparisons

Model	NFI Delta1	RFI rho1	IFI Delta2	TLI rho2	CFI
Default model	.977	.965	.995	.993	.995
Saturated model	1.000		1.000		1.000
Independence model	.000	.000	.000	.000	.000

Parsimony-Adjusted Measures

Model	PRATIO	PNFI	PCFI
Default model	.667	.651	.664
Saturated model	.000	.000	.000
Independence model	1.000	.000	.000

[품질 모델]과 [수정 모델1]을 적합도로만 판단한다면, 수정지수를 통해 모델적합도를 올린 [수정 모델1]이 [품질 모델]보다 더 나은 모델로 보일 수 있다. 하지만 [수정 모델1]이 [품질 모델]보다 더 좋은 모델은 아니다. [품질 모델]에서 Satis→Intent로 가는 경로계수가 [수정 모델1]에서 어이없게 높이 변했는데(.66→.94), 이는 정상적인 경로계수의 수치가 비정상적인 수치로 변화했기 때문이다. 즉 멀쩡하던 모델이 [수정 모델]로 바뀌면서 모델적합도는 높아졌지만, 내용상 좋지 않은 모델로 변

한 것이다.

수치가 바뀐 이유는 이미 변수끼리 설정된 경로(Satis→Intent)에 다시 구조오차인 d1과 d2가 공분산으로 연결되어 Amos, Lisrel 프로그램 사용자들이 되도록 피해야 할 비재귀모델 형태가 되었기 때문이다. d1과 d2의 구조오차 간 상관관계 역시 부의 방향(-.50)으로 나타나 논리적으로 맞지 않는 결과를 보여 준다. 이처럼 수정지수를 통해 모델적합도를 올리려다가 기존 모델의 결과보다 더 나쁜 결과를 초래하는 경우가 잘못된 수정지수를 사용한 경우에 해당한다.

2. 올바른 모델 수정

그렇다면 수정지수를 올바로 사용한 경우는 어떤 것일까? 수정지수 결과에서 비록 d1↔d2의 관계보다 M.I. 수치(6.928)는 낮지만, 품질에서 재구매 의도(Qual→Intent)로 직접적으로 가는 경로를 추가한다면 [수정 모델1]보다 논리적으로도 더 적합한 수정 모델이 될 것이다. 품질이 만족을 거쳐 재구매 의도에 간접적으로 영향을 미치지만 재구매 의도에 얼마든지 직접적으로 영향을 미칠 수 있기 때문이다.

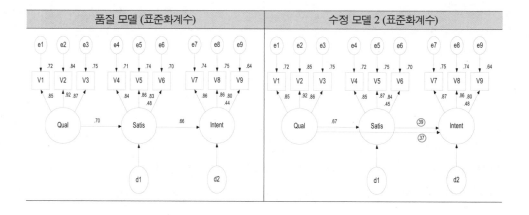

Model Fit Summary

CMIN

Model	NPAR	CMIN	DF	P	CMIN/DF
Default model	20	46.177	25	.006	1.847
Saturated model	45	.000	0		
Independence model	9	1280.312	36	.000	35.564

RMR, GFI

Model	RMR	GFI	AGFI	PGFI
Default model	.051	.952	.914	.529
Saturated model	.000	1.000		
Independence model	.408	.291	.114	.233

Baseline Comparisons

Model	NFI Delta1	RFI rho1	IFI Delta2	TLI rho2	CFI
Default model	.964	.948	.983	.975	.983
Saturated model	1.000		1.000		1.000
Independence model	.000	.000	.000	.000	.000

Parsimony-Adjusted Measures

Model	PRATIO	PNFI	PCFI
Default model	.694	.669	.683
Saturated model	.000	.000	.000
Independence model	1.000	.000	.000

Model Fit Summary

CMIN

Model	NPAR	CMIN	DF	P	CMIN/DF
Default model	21	29.690	24	.195	1.237
Saturated model	45	.000	0		
Independence model	9	1280.312	36	.000	35.564

RMR, GFI

Model	RMR	GFI	AGFI	PGFI
Default model	.017	.969	.941	.517
Saturated model	.000	1.000		
Independence model	.408	.291	.114	.233

Baseline Comparisons

Model	NFI Delta1	RFI rho1	IFI Delta2	TLI rho2	CFI
Default model	.977	.965	.995	.993	.995
Saturated model	1.000		1.000		1.000
Independence model	.000	.000	.000	.000	.000

Parsimony-Adjusted Measures

Model	PRATIO	PNFI	PCFI
Default model	.667	.651	.664
Saturated model	.000	.000	.000
Independence model	1.000	.000	.000

[수정 모델2]의 경우에는 Satis→Intent로 가는 경로계수가 .39로 [품질 모델]에 비해 낮아졌지만, Qual→Intent로 가는 경로(.37)가 재구매 의도에 영향을 미쳤기 때문에 정상적으로 낮아진 수치로 볼 수 있으며 모델적합도 역시 양호하게 높아진 것을 알 수 있다. 즉 같은 수정지수 결과를 사용했지만 [수정 모델2]가 [수정 모델1]에 비해 훨씬 좋은 방향으로 개선된 것을 알 수 있다. 이들 모델의 결과는 무조건적인 수정지수의 활용은 모델적합도를 높일지 모르지만 모델의 가치는 떨어뜨릴 수도 있음을 보여 준다.

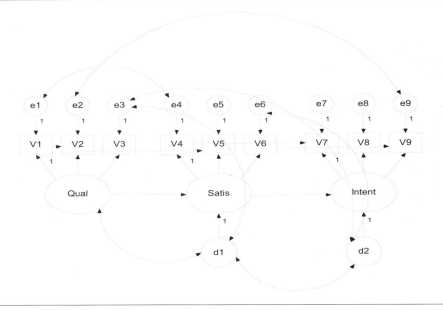

위의 모델은 수정지수를 무분별하게 사용한 좋지 않은 예다. 이런 식으로 수정지수를 이용하여 모델적합도를 올리는 것은 의미가 없으며 설령 모델적합도가 좋아졌다고 하더라도 변수 간 경로계수에 대한 결과를 신뢰할 수 없기 때문에 좋은 모델이라 할 수 없다. 이런 경우 수정지수의 사용을 논리에 맞게 최소화하는 것이 더 좋은 선택일 수 있다.

본 장에서는 구조방정식모델에서 그동안 절대적으로 여겨 온 모델적합도의 맹점에 대해 알아보았다. 물론 모델적합도는 구조방정식모델을 이용한 논문에 발표해야 하는 아주 중요한 부분이며 모델의 적합성을 판단하는 기준임이 틀림없다. 또한 데이터와 연구모델 간 일치성에 관련된 내용이기 때문에 모델적합도가 낮다는 의미는 데이터와 연구모델 사이에 일치성이 떨어진다는 것을 뜻하는 것도 맞다. 하지만 모델적합도가 좋다고 해서 모두 좋은 연구모델은 아니라는 점을 생각해 봐야 하며, 모델적합도가 낮다고 해서 무조건 나쁜 모델로 인정하는 것 역시 오류에 빠질 확률이 있다는 점을 알아야 한다.

이와 관련하여 많은 조사자들이 논문에서 수정지수를 사용해 모델적합도를 올려야 한다고 알고 있다. 이는 그 자체로 잘못된 것은 아니지만 올바르지 못한 방법으로, 모델적합도만을 올리기 위해 수정지수를 무분별하게 사용하는 것은 옳지 않다. 특히 대부분의 논문에서 수정 모델을 사용하고도 어느 부분에서 수정지수를 사용하였는지 언급하지 않는 경향이 있다. 물론 이 부분 역시 조사자가 알아서 결정할 몫이지만, 원칙적으로 수정지수를 사용한 부분을 적시해 주는 것이 바람직하다.

▶▶▶ **알아두세요**

경로계수의 결과들은 일치하나 모델적합도가 다른 모델

경로계수의 결과들은 일치하나 모델적합도가 다른 경우를 종종 볼 수 있는데, 이는 수정 모델과 관련된 경우이다. 다음의 모델 결과를 보자.

[예1]	[예2] (d1, d2 간 상관설정)
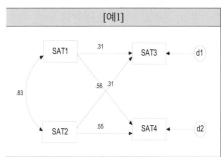	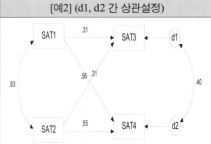

Regression Weights: (Group number 1 - Default model)

	Estimate	S.E.	C.R.	P	Label
SAT3 <--- SAT1	.301	.058	5.156	***	
SAT4 <--- SAT1	.321	.063	5.095	***	
SAT3 <--- SAT2	.556	.059	9.365	***	
SAT4 <--- SAT2	.566	.064	8.839	***	

Standardized Regression Weights: (Group number 1 - Default model)

	Estimate
SAT3 <--- SAT1	.309
SAT4 <--- SAT1	.315
SAT3 <--- SAT2	.562
SAT4 <--- SAT2	.546

Model Fit Summary

CMIN

Model	NPAR	CMIN	DF	P	CMIN/DF
Default model	9	47.680	1	.000	47.680
Saturated model	10	.000	0		
Independence model	4	1012.536	6	.000	168.756

RMR, GFI

Model	RMR	GFI	AGFI	PGFI
Default model	.059	.926	.256	.093
Saturated model	.000	1.000		
Independence model	.947	.340	-.100	.204

Baseline Comparisons

Model	NFI Delta1	RFI rho1	IFI Delta2	TLI rho2	CFI
Default model	.953	.717	.954	.722	.954
Saturated model	1.000		1.000		1.000
Independence model	.000	.000	.000	.000	.000

Regression Weights: (Group number 1 - Default model)

	Estimate	S.E.	C.R.	P	Label
SAT3 <--- SAT1	.301	.058	5.156	***	
SAT4 <--- SAT1	.321	.063	5.095	***	
SAT3 <--- SAT2	.556	.059	9.365	***	
SAT4 <--- SAT2	.566	.064	8.839	***	

Standardized Regression Weights: (Group number 1 - Default model)

	Estimate
SAT3 <--- SAT1	.309
SAT4 <--- SAT1	.315
SAT3 <--- SAT2	.562
SAT4 <--- SAT2	.546

Model Fit Summary

CMIN

Model	NPAR	CMIN	DF	P	CMIN/DF
Default model	10	.000	0		
Saturated model	10	.000	0		
Independence model	4	1012.536	6	.000	168.756

RMR, GFI

Model	RMR	GFI	AGFI	PGFI
Default model	.000	1.000		
Saturated model	.000	1.000		
Independence model	.947	.340	-.100	.204

Baseline Comparisons

Model	NFI Delta1	RFI rho1	IFI Delta2	TLI rho2	CFI
Default model	1.000		1.000		1.000
Saturated model	1.000		1.000		1.000
Independence model	.000	.000	.000	.000	.000

[예1]과 [예2]의 비표준화계수, 표준오차, C.R., P, 표준화계수 등이 정확히 일치하나 모델적합도는 [예2]가 더 좋다. 구조오차인 d1과 d2 사이에 공분산을 설정한 수정 모델이기 때문이다. 그렇다고 [예2]가 [예1]보다 논리적으로 가치 있는 모델이라고 할수는 없다. 이 부분 역시 구조방정식모델이 가지고 있는 모델적합도 및 수정 모델과 관련된 문제점 중 하나다.

Chapter 14

최종모델 선택과정은
단순하다?

구조방정식모델은 구조상 잘못 사용되고 해석될 확률이 매우 높은 통계기법이다. 연구모델을 프로그램에서 구현할 때 이 기법을 이용하여 다양한 형태의 모델변형이 가능하기 때문에 더욱 그렇다. 예를 들어 SPSS를 이용한 분석의 경우, 동일한 데이터를 가지고 같은 분석을 했다면 그 결과는 여러 명이 해도 똑같아야 한다. 그러나 구조방정식모델에서는 다양한 형태의 모델을 만들 수 있기 때문에 동일한 데이터와 연구모델을 분석했다 하더라도 모델에 따라 결과가 얼마든지 다를 수 있다. 이런 이유로 구조방정식모델을 이용하는 조사자들이 심각하게 고민해야 하는 문제가 바로 최종모델의 선택이다.

그렇다면 어떤 모델을 최종모델로 선택해야 할까? 가끔 다수의 항목을 연구모델에 한꺼번에 넣고 분석한 복잡한 모델을 최종모델로 택하는 조사자들이 있다. 그러나 모든 항목이 한 모델에서 분석되었다고 해서 그 모델이 꼭 좋은 모델이라고 할 수 없다. 한편, 설문항목의 수와 관계없이 모델 경로의 유의성이나 모델적합도만 좋은 모델을 최종모델로 선정하는 조사자들도 있는데, 물론 이러한 요소들이 최종모델 선택에 중요한 것은 사실이지만, 하나의 특정 요인만을 고려하여 최종모델을 선택하는 것 역시 올바른 방법이 아니다. 그러므로 최종모델의 선택은 다양한 요소를 고려하여 신중하게 결정해야 한다.

본 장에서는 조사자가 최종모델 선택 시 고려해야 할 표본의 크기와 관측변수의 수에 대해서 알아보고, 모델 복잡성과 관련하여 모델을 단순화시키기 위한 항목 합산 방법 및 최종모델의 평가방법에 대해 살펴보기로 하자.

1 표본크기 & 관측변수의 수

1. 적절한 표본의 크기

표본의 크기는 최종모델 선정에 영향을 미치는 중요한 요소 중 하나다. 표본의 크기가 증가할수록 조사자의 시간, 노력, 경제적 지출이 함께 증가하기 때문에 데이터 수집 전에 표본의 크기에 대한 계획이 필요하다.

적절한 표본의 크기에 관해서 많은 학자들마다 다양한 제시를 하였다. Joreskog and Sorbom(1989)은 관측변수의 수가 12개 미만일 때는 표본크기가 200 정도여야 하고, 12개 이상일 때는 1.5q(q+1)이어야 한다고 주장했다(이때 q는 관측변수의 수). Bentler and Chou(1988)는 자유모수(모든 오차변수와 경로계수 포함)에 5배의 표본수가 필요하다고 주장했으며, Mitchell(1993)은 변수당 10~20배의 표본이 있어야 한다고 했다. Stevens(1996) 역시 관측변수당 적어도 15배의 표본이 필요하다고 주장했다.

	제시 기준
Joreskog & Sorbom (1989)	q<12: 200개, q≥12: 1.5q(q+1) q=관측변수 수
Bentler & Chou (1988)	자유모수의 5배
Mitchell (1993)	관측변수당 10~20배
Stevens (1996)	관측변수당 15배

Hair(2006)는 기존의 연구들과 달리 커뮤널리티를 이용한 표본의 크기를 제시하였다. 커뮤널리티는 구성개념으로 관측변수를 설명하는 분산으로, 구성개념의 관측변수들의 표준화된 요인부하량의 제곱의 합을 관측변수의 수로 나눈 것이다. 확인적 요인분석의 경우, 표준화된 요인부하량의 제곱들의 평균치에 해당된다.

커뮤널리티에 의한 표본의 크기

표본의 크기를 결정하는 조건	커뮤널리티 범위	표본의 크기
커뮤널리티가 높고 모델에서 구성개념이 5개나 그 이하이고 3개 이상의 관측변수를 가진 경우	.6 이상	100~150
커뮤널리티가 중간이거나 모델에서 구성개념이 3개 미만의 관측변수를 가진 경우	.45~.55	200 이상
커뮤널리티가 낮거나 모델에서 구성개념이 3개 미만의 관측변수를 가진 경우	.45 미만일 경우	최소 300 이상
커뮤널리티가 낮고 모델에서 구성개념이 6개 이상이며 3개 미만의 관측변수를 가진 경우	.45 미만일 경우	500 이상

이러한 의견에도 불구하고 절대적인 표본의 크기는 존재하지 않는다. 하지만 여러 학자들의 의견을 종합해 보면 최소 150개 정도가 필요하며 200~400개 정도면 바람직하다고 볼 수 있다. 이 수치는 최대우도법에도 적합한 표본크기라고 할 수 있는데, 특히 200여 개의 표본크기는 임계치로 많이 사용하고 있다. 하지만 표본이 다변량 정규성을 벗어나거나, 모델이 복잡하거나, 모델설정에 오류가 있을 때는 표본크기를 늘릴 필요가 있다. 즉 어느 상황에서든 표본의 크기가 200여 개 필요하다고 보는 것은 잘못된 생각이다.

2. 관측변수의 수

관측변수의 수 역시 최종모델 선정에 큰 영향을 미친다. 관측변수가 많을수록 모델이 복잡해져서 다수의 표본크기가 필요하기 때문이다. 잠재변수와 관측변수의 수에 대해서는 최소 3개의 관측변수가 필요하지만 일반적으로 4개 이상이 적당하다. 관측변수가 3개일 경우, 신뢰도나 타당성 문제로 하나 혹은 그 이상의 변수가 제거되면 식별에 문제가 발생하여 분석이 되지 않을 수 있기 때문이다.

한 모델에서 적절한 관측변수의 수는 정해진 바 없지만, 5~6개 정도의 잠재변수가 존재하는 모델을 예상하고 1개의 잠재변수에 최소 3~4개의 관측변수를 갖는 것으로 가정한다면 15~24개가 되므로 20개 정도의 관측변수가 적당하다고 볼 수 있다. 그러나 일반적으로 20여 개 이상의 항목을 설문에 사용하므로 항목 합산을 통해 문제를 해결하는 것이 바람직하다.

2 항목의 합산방법

가끔 어떤 설문지를 보면 필요 이상으로 설문항목이 많은 것을 볼 수 있다. 되도록 많은 정보를 얻기 위해 조사자가 다수의 항목을 사용하는 것은 이해할 수 있지만, 설문항목이 많을수록 응답자들은 무성의하게 대답하는 경우가 많아 이 방법이 꼭 바람직한 것은 아니다. 아무튼 이러한 상황에서 조사자들은 다수의 항목을 한 연구모델에 모두 사용해야 할지 말지 고민할 수밖에 없다. 구조방정식모델에서는 관측변수가 많아질수록 모델의 복잡성이 증가하여 표본의 크기, 모델적합도, 경로의 유의성 등에 문제가 발생하기 때문이다.

이 같은 문제를 해결하기 위한 방법으로 조사자는 항목 합산(item parceling)을 통해 항목의 수를 조정해야 한다. 항목 합산은 항목(관측변수)의 수가 많아서 구조방정식모델에서 분석이 어려울 때 평균이나 총점 등을 이용하여 합산하는 방법이다. 항목 합산 방법에는 ① 전 항목을 단일항목으로 합산, ② 이론적 근거를 바탕으로 한 합산, ③ 탐색적 요인분석을 통한 합산 등이 있다.

항목 합산을 자세히 알아보기 위해서 [음식점 만족도 모델]의 예를 들어 보도록 하자. 음식점 만족도는 외적 만족, 내적 만족, 경제적 만족, 비경제적 만족 등 4가지 개념적 요인으로 구성되어 있으며 각 요인에 대한 항목 수는 다음과 같다.

	측정항목 수	측정항목 내용
외적 만족	6	점포에 관한 만족도
내적 만족	3	음식 자체에 대한 만족도
경제적 만족	4	가격에 대한 만족도
비경제적 만족	4	가격 이외의 서비스에 대한 만족도

1. 전 항목을 단일항목으로 합산

전 항목을 단일항목으로 합산하는 방법은 가장 극단적인 방법으로서, 신뢰도분석과 집중타당성을 검증한 후 모든 항목을 평균이나 총점으로 합산하여 단일변수로 만드는 과정이다. 경로분석 시에 사용하는 가장 일반적인 방법이지만 여러 요인이 지닌 정보의 손실이 발생할 수 있다.

연구모델의 17항목에 대한 신뢰계수는 .959이며 확인적 요인분석 결과 모든 변수의 요인부하량이 .60 이상으로 나타났다. 이에 신뢰성과 집중타당성에 큰 문제가 없어 17항목을 평균으로 단일항목화하였다. 만약 신뢰성과 타당성에 문제가 있다면, 문제 항목을 제거한 후 단일항목화하면 된다.

측정항목	신뢰계수	확인적 요인분석 결과	최종변수 형태
전체 17항목	.959		만족요인

2. 이론적 근거를 바탕으로 합산

두 번째 방법은 선행 조사자가 제시한 하위요인들을 기준으로 신뢰성과 타당성을 검증한 후 하위요인들을 합산하는 방법이다. 구성개념이 지닌 정보를 최대한 살리면서 항목을 줄이기 때문에 가장 보편적으로 사용되고 있다.

연구모델은 4개의 하위요인인 외적 만족 6항목, 내적 만족 3항목, 경제적 만족 4항목, 비경제적 만족 4항목으로 구성되어 있다. 각 하위요인에 대한 신뢰계수는 .938, .854, .875, .907이며, 확인적 요인분석 결과 요인부하량이 모두 .60 이상으로 신뢰성과 집중타당성에 큰 문제가 없어 각 하위요인을 평균으로 단일항목화하였다. 다시 말해서 하위요인들이 관측변수화된 형태다.

측정항목	신뢰계수	확인적 요인분석 결과	최종변수 형태
외적 만족 6항목	.938		
내적 만족 3항목	.854		
경제적 만족 4항목	.875		
비경제적 만족 4항목	.907		

3. 탐색적 요인분석을 바탕으로 합산

세 번째 방법은 선행 조사자가 어떠한 하위요인도 제시하지 않았을 경우에 조사자가 탐색적 요인분석을 통해 요인을 추출한 다음, 그것을 대상으로 신뢰성과 타당성을 검증한 후 합산하는 방법이다.

연구모델의 17항목에 대한 탐색적 요인분석 결과는 다음과 같다.

Rotated Component Matrix

	Component 1	Component 2	Component 3
외적1		.772	
외적2		.755	
외적3		.764	
외적4		.770	
외적5		.689	
외적6		.582	
내적1			.765
내적2			.844
내적3			.827
경제1	.688		
경제2	.715		
경제3	.757		
경제4	.741		
비경제1	.771		
비경제2	.696		
비경제3	.732		
비경제4	.744		

Extraction Method: Principal Component Analysis.
Rotation Method: Varimax with Kaiser Normalization.
a. Rotation converged in 6 iterations.

탐색적 요인분석 결과, 3요인으로 묶인 것을 알 수 있다. 요인2(외적1~외적6), 요인 3(내적1~내적3)의 경우에는 이론적 하위요인의 항목과 탐색적 요인분석의 항목이 동일하게 묶였으나, 요인1의 경우에는 경제적 만족과 비경제적 만족이 한 요인으로 묶여 있다. 각 요인에 대한 신뢰계수는 .938, .854, .930이며 확인적 요인분석 결과 하위요인의 요인부하량이 모두 .60 이상으로 나타나 신뢰성과 집중타당성에 큰 문제가 없기에 각 요인을 평균으로 단일항목화하였다.

측정항목	신뢰계수	확인적 요인분석 결과	최종변수 형태
만족요인1	.938		
만족요인2	.854		
만족요인3	.930		

지금부터는 적절한 최종모델의 평가에 대해 알아보자. 어떤 연구모델에 대해 동일한 데이터를 사용했다 하더라도 구조방정식모델에서는 다양한 형태로 모델이 구체화될 수 있다. 이런 모델들은 형태에 따라 경로계수의 유의성 및 모델적합도 등이 다르게 제공될 수 있는데, 이때 조사자는 다양한 요인을 신중하게 고려해서 최종모델을 결정해야 한다.

최종모델의 평가에 대해 자세히 알아보기 위해 [커피전문점 모델]의 예를 살펴보자. [커피전문점 모델]에서 각 구성개념에 대한 측정항목의 구성은 다음과 같으며 416개의 유용한 표본이 분석에 사용되었다.

연구모델	측정항목			
	구성개념	측정요인 및 항목		척도
	외부환경	분위기	5	5점 척도
		접근성	4	
		편의성	4	
		친절도	5	
	내부환경	맛	3	
		가격	3	
		메뉴	3	
	브랜드명성		4	
	고객만족	외부만족	4	
		내부만족	3	
	신뢰		3	
	재방문		3	
			총 44문항	

모델에 대한 연구가설은 다음과 같다.

H1: 외부환경은 고객만족에 정의 영향을 미칠 것이다.
H2: 외부환경은 신뢰에 정의 영향을 미칠 것이다.
H3: 외부환경은 재방문에 정의 영향을 미칠 것이다.
H4: 내부환경은 고객만족에 정의 영향을 미칠 것이다.
H5: 내부환경은 신뢰에 정의 영향을 미칠 것이다.
H6: 내부환경은 재방문에 정의 영향을 미칠 것이다.
H7: 브랜드명성은 고객만족에 정의 영향을 미칠 것이다.
H8: 브랜드명성은 신뢰에 정의 영향을 미칠 것이다.
H9: 브랜드명성은 재방문에 정의 영향을 미칠 것이다.
H10: 고객만족은 신뢰에 정의 영향을 미칠 것이다.
H11: 고객만족은 재방문에 정의 영향을 미칠 것이다.
H12: 신뢰는 재방문에 정의 영향을 미칠 것이다.

1. 모델의 형태

[커피전문점 모델]의 경우 조사자의 취향에 따라 다양하게 만들 수 있겠으나 다음과 같은 세 가지를 가정해 볼 수 있다. 첫 번째 모델은 모든 측정항목을 한 모델 안에 구현한 것으로 가장 복잡한 형태다. 두 번째 모델은 구성개념의 하위변인들을 단일항목화한 후 관측변수 형태로 설정해서 구현한 것이다. 세 번째 모델은 모든 구성개념을 단일항목화하여 관측변수화한 것이다.

모델의 형태를 살펴보면 다음과 같다.

① Model1(모든 측정항목을 관측변수화한 경우)

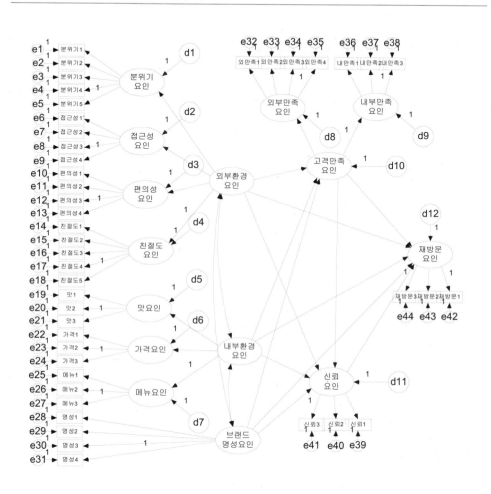

② Model2(구성개념의 하위개념을 관측변수화한 경우)

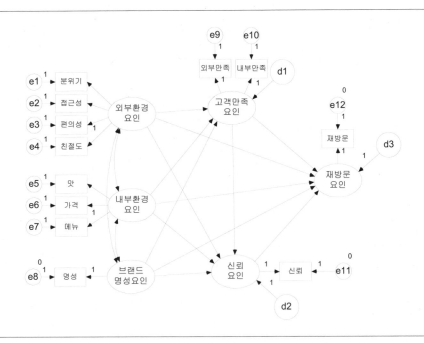

③ Model3(모든 구성개념을 관측변수화한 경우)

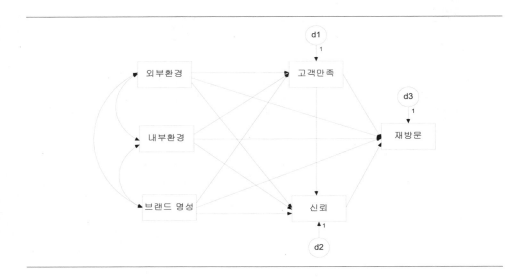

2. 모델의 특징

모든 모델은 장점과 단점을 가지는데 [커피전문점 모델]에서 Model1, Model2, Model3에 대한 특징은 다음과 같다. Model1의 경우에는 모든 측정항목을 한 모델에 사용하였기 때문에 각 항목에 대한 특징을 살릴 수 있다는 장점이 있다. 그러나 모델이 복잡하고, 대다수의 표본이 필요하며, 경로의 유의성이 낮고, 모델적합도가 좋지 않다는 단점이 존재한다.

Model2는 각 구성개념의 하위개념을 관측변수화하여 모든 항목의 특성을 살릴 수 없다. 하지만 모델이 너무 복잡하거나 단순하지 않고, 표본의 크기도 그다지 클 필요가 없으며, 경로의 유의성이나 모델적합도도 적당하다.

Model3의 경우에는 모든 구성개념을 단일항목화하였기 때문에 항목들에 대한 특성을 살릴 수 없다는 단점이 있다. 반면에 모델이 단순하고, 적은 수의 표본이 필요하며, 경로의 유의성이 높고 모델적합도가 좋다는 장점이 있다.

모델들의 장점과 단점을 정리하면 다음과 같다.

	장점	단점
Model1	각 구성개념의 측정항목(관측변수)들에 대한 특성을 살릴 수 있음	항목이 많아 모델이 매우 복잡함 다수의 표본크기가 필요함 모델적합도가 좋지 않음 경로의 유의성(가설의 채택 여부)이 낮음
Model2	모델이 너무 복잡하지도 단순하지도 않고 적절함 모델적합도가 양호함 경로의 유의성이 적당함 적절한 표본크기가 필요함	하위개념이 단일항목화되어 각 측정항목들에 대한 특성을 살릴 수 없음
Model3	최상의 모델적합도를 보임 경로의 유의성이 매우 좋음 최소의 표본크기만이 필요함	구성개념이 단일항목화되어 각 측정항목들에 대한 특성을 살릴 수 없음(경로분석의 형태)

3. 필요한 표본의 크기

[커피전문점 모델]의 각 모델별 필요한 표본의 크기는 다음과 같다.

	제시 기준	Model1	Model2	Model3
Joreskog & Sorbom (1989)	q<12: 200개 q=12: 1.5q(q+1) q는 관측변수 수	관측변수가 44개이므로 필요한 표본은 2970 (1.5×44×45)	관측변수가 12개이므로 필요한 표본은 234 (1.5×12×13)	관측변수가 6개이므로 필요한 표본은 200 (q<12: 200개)
Bentler & Chou (1988)	자유모수의 5배	자유모수가 111이므로 필요한 표본은 555 (111×5)	자유모수가 36이므로 필요한 표본은 180 (36×5)	자유모수가 21이므로 필요한 표본은 105 (21×5)
Mitchell (1993)	관측변수당 10~20배	관측변수가 44개이므로 필요한 표본은 440~880 (44×10~20)	관측변수가 12개이므로 필요한 표본은 120~240 (12×10~20)	관측변수가 6개이므로 필요한 표본은 60~120 (6×10~20)
Stevens (1996)	관측변수당 15배	관측변수가 44개이므로 필요한 표본은 660 (44×15)	관측변수가 12개이므로 필요한 표본은 180 (12×15)	관측변수가 6개이므로 필요한 표본은 90 (6×15)

모델에 따라 다양한 크기의 표본이 필요한데 현재 커피전문점의 표본의 수가 416인 점을 감안하면 Model2가 적정한 모델이다.

4. 모델의 경로계수

각 모델의 경로계수에 대한 유의성은 다음과 같다.

경로			Model1		Model2		Model3	
			표준화 계수	C.R.	표준화 계수	C.R.	표준화 계수	C.R.
H1	외부환경 →	고객만족	.364**	5.067	.378**	5.686	.293**	6.675
H2	외부환경 →	신뢰	.107	1.368	.137**	2.009	.164**	3.704
H3	외부환경 →	재방문	−.034	−.453	−.022	−.334	.031	.677
H4	내부환경 →	고객만족	.285**	3.882	.311**	4.630	.229**	5.404
H5	내부환경 →	신뢰	.016	.206	.037	.562	.079*	1.865
H6	내부환경 →	재방문	.147**	1.972	.126*	1.922	.092**	2.168
H7	명성 →	고객만족	.298**	3.873	.254**	4.173	.364**	7.698
H8	명성 →	신뢰	.188**	2.339	.151**	2.657	.236**	4.854
H9	명성 →	재방문	.365**	4.575	.303**	5.407	.342**	6.809
H10	고객만족 →	신뢰	.617**	6.096	.549**	6.821	.420**	8.893
H11	고객만족 →	재방문	.112	1.003	.264**	3.062	.179**	3.455
H12	신뢰 →	재방문	.333**	3.574	.215**	3.873	.256**	5.192

*p<.10, **p<.05

Model1은 4개의 경로(외부환경→신뢰, 외부환경→재방문, 내부환경→신뢰, 고객만족→재방문)에서 유의하지 않은 결과(p<.10)를 보이고 있다. Model2는 2개의 경로(외부환경→재방문, 내부환경→신뢰)에서 유의하지 않은 결과(p<.10)를 보이고, Model3의 경우에는 1개의 경로(외부환경→재방문)에서 그러하다. 즉 모델이 단순해질수록 유의한 경로계수가 많아진다는 것을 알 수 있다. 경로 유의성으로만 보자면 Model3이 최상의 모델이다.

5. 모델적합도

각 모델에 대한 적합도는 다음과 같다.

Model1			Model2			Model3		

Model Fit Summary

CMIN

Model1

Model	NPAR	CMIN	DF	P	CMIN/DF
Default model	111	2071.416	879	.000	2.357
Saturated model	990	.000	0		
Independence model	44	14947.765	946	.000	15.801

Model2

Model	NPAR	CMIN	DF	P	CMIN/DF
Default model	36	216.334	42	.000	5.151
Saturated model	78	.000	0		
Independence model	12	3599.595	66	.000	54.539

Model3

Model	NPAR	CMIN	DF	P	CMIN/DF
Default model	21	.000	0		
Saturated model	21	.000	0		
Independence model	6	1760.626	15	.000	117.375

RMR, GFI

Model1

Model	RMR	GFI	AGFI	PGFI
Default model	.048	.817	.794	.726
Saturated model	.000	1.000		
Independence model	.374	.107	.066	.102

Model2

Model	RMR	GFI	AGFI	PGFI
Default model	.021	.921	.853	.496
Saturated model	.000	1.000		
Independence model	.333	.224	.083	.190

Model3

Model	RMR	GFI	AGFI	PGFI
Default model	.000	1.000		
Saturated model	.000	1.000		
Independence model	.330	.307	.029	.219

Baseline Comparisons

Model1

Model	NFI Delta1	RFI rho1	IFI Delta2	TLI rho2	CFI
Default model	.861	.851	.915	.908	.915
Saturated model	1.000		1.000		1.000
Independence model	.000	.000	.000	.000	.000

Model2

Model	NFI Delta1	RFI rho1	IFI Delta2	TLI rho2	CFI
Default model	.940	.906	.951	.922	.951
Saturated model	1.000		1.000		1.000
Independence model	.000	.000	.000	.000	.000

Model3

Model	NFI Delta1	RFI rho1	IFI Delta2	TLI rho2	CFI
Default model	1.000		1.000		1.000
Saturated model	1.000		1.000		1.000
Independence model	.000	.000	.000	.000	.000

Parsimony-Adjusted Measures

Model1

Model	PRATIO	PNFI	PCFI
Default model	.929	.800	.850
Saturated model	.000	.000	.000
Independence model	1.000	.000	.000

Model2

Model	PRATIO	PNFI	PCFI
Default model	.636	.598	.605
Saturated model	.000	.000	.000
Independence model	1.000	.000	.000

Model3

Model	PRATIO	PNFI	PCFI
Default model	.000	.000	.000
Saturated model	.000	.000	.000
Independence model	1.000	.000	.000

이를 통해 모델이 단순해질수록 모델적합도가 증가함을 알 수 있다. Model1의 GFI=.817, Model2의 GFI=.921, Model3의 GFI=1.000으로 모델적합도로만 보자면 Model3이 역시 최상의 모델이다.

6. 최종모델 선정

그렇다면 이런 상황에서 여러분은 어떤 모델을 최종모델로 선택할 것인가? 각 모델마다 장단점이 있기 때문에 선택이 쉽지 않다. 물론 정답도 존재하지 않는다. 이러한 문제들이 바로 구조방정식모델에서 조사자가 선정해야 하는 고민거리 중 하나다.

무조건 좋은 분석결과와 높은 적합도 지수를 원하는 조사자라면 Model3이 좋을지 모른다. 실제로 조사자가 Model3을 택했다 하더라도 잘못된 선택이라고 볼 수 없다. 하지만 이번 경우는 적절해 보이지 않는다. 연구모델의 결과나 모델적합도는 좋아 보일지 모르나 변수나 하위요인에 대한 특성을 완전히 무시했기 때문이다. 처음부터 경로분석을 할 예정이라면, 굳이 힘들게 하위변인으로 측정도구를 개발할 필요도 없다. 그리고 구조방정식의 장점인 잠재변수에 대한 장점도 전혀 살리지 못하게 된다. 단, Model3과 같은 경로분석 형태의 모델이 무조건 좋지 않은 것은 아니다. 실제로 많은 논문에서 경로분석을 사용하고 있으며, 만약 표본의 크기가 200 이하인 경우라면 Model3이 좋은 대안일 수 있다. 표본의 크기가 작을수록 단순한 모델이 좋기 때문이다.

만약 저자가 모델을 선택해야 한다면, 표본의 크기가 416으로 어느 정도 크기가 되기 때문에 관측변수들에 대한 특성을 살릴 수 있는 Model1이나 Model2를 선택할 것 같다. 솔직히 그중 하나만 택하라면 Model2가 더 좋아 보인다. Model1로 하기에는 표본의 크기가 충분하지 않고, 모델적합도나 경로의 유의성 등이 다소 만족스럽지 못하기 때문이다. 물론 표본의 크기가 충분히 크다면 Model1도 나쁜 모델은 아니다. 여러분은 최종모델로 무엇을 선택할 것인가?

본 장에서는 조사자가 최종모델 선택 시 고려해야 할 다양한 사항에 대해 알아보았다. 최종모델을 선택하는 일은 전적으로 조사자의 영역이기 때문에 명확한 답은 존재하지 않는다. 그러나 분석결과만 좋아 보이거나 모델적합도만 좋은 모델을 선택하는 것은 올바르지 않으며, 표본크기나 모델의 복잡성 같은 요인을 종합적으로 고려해 합리적으로 최종모델을 선택해야 한다.

다중집단분석

다중집단분석(multiple group analysis)은 둘 이상의 집단을 분석하여 모델 간 경로계수가 통계적으로 유의한 차이가 있는지 없는지를 판단할 때 사용하는 분석기법이다. 국가 간 소비자들의 차이라든가(한국소비자 vs. 미국소비자), 남녀집단 간의 차이처럼 모집단에서 얻은 서로 다른 표본을 비교할 때 주로 사용한다. 다중집단분석은 아래와 같이 크게 세 가지로 분류한다.

다중집단분석	● 다중집단 확인적 요인분석 ● 다중집단 경로분석 ● 다중집단 구조방정식모델 분석

■ 다중집단 확인적 요인분석

측정동일성은 다음과 같이 5단계[1]로 나뉜다.

1단계	형태 동일성
	비제약모델(unconstrained model) 형태로 집단 간 어떠한 제약도 하지 않은 모델
2단계	요인부하량 동일성
	요인부하량 제약모델(λ constrained model) 형태로 집단 간 요인부하량을 동일하게 제약한 모델
3단계	공분산 동일성
	공분산 제약모델(ϕ constrained model) 형태로 집단 간 공분산 및 잠재변수의 분산을 동일하게 제약한 모델

---

1. Myers et. al.(2000), Mullen(1995).

4단계	요인부하량, 공분산 동일성
	요인부하량, 공분산 제약모델(λ, ϕ constrained model) 형태로 집단 간 요인부하량, 공분산을 동일하게 제약한 모델
5단계	요인부하량, 공분산, 오차분산 동일성
	요인부하량, 공분산, 오차분산 제약모델(λ, ϕ, θ constrained model) 형태로 집단 간 요인부하량, 공분산, 측정오차분산을 동일하게 제약한 모델

[외제차 모델]의 예를 통해 측정동일성을 이해해 보도록 하자.

■ 형태 동일성: 비제약모델

두 집단에 아무런 제약을 하지 않은 모델이다. 두 집단을 동시에 분석하기 때문에 경로계수 등은 집단별로 각각 제공되지만, 모델적합도는 하나만 제공된다. 즉, 두 집단의 모델을 한꺼번에 분석한 모델에 해당한다.

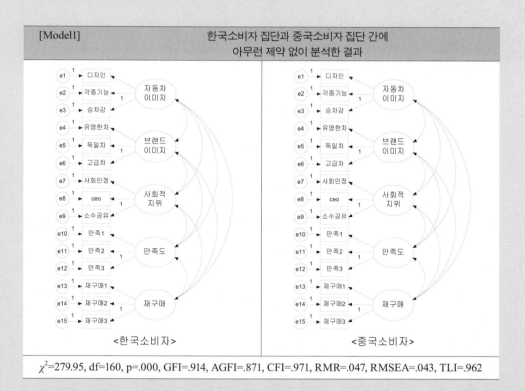

[Model1]	한국소비자 집단과 중국소비자 집단 간에 아무런 제약 없이 분석한 결과

χ^2=279.95, df=160, p=.000, GFI=.914, AGFI=.871, CFI=.971, RMR=.047, RMSEA=.043, TLI=.962

■ 요인부하량 동일성: 요인부하량 제약모델

두 집단에서 잠재변수와 관측변수 간 경로(요인부하량)를 동일하게 제약한 모델이
다. a1~a10에 해당하는 기호는 두 집단의 요인부하량을 똑같이 제약한 것을 의미
한다. 즉 '자동차이미지→디자인' 경로를 한국소비자 집단과 중국소비 자 집단 모
두 a1로 똑같이 고정하는 것이다. 단, 잠재변수와 관측변수 간에 1로 고정되어 있
는 경로는 제약해 주면 안 된다.

[Model2]	한국소비자 집단과 중국소비자 집단의 요인부하량(λ)을 동일하게 제약한 후 분석

<한국소비자>　　　　　<중국소비자>

χ^2=295.02, df=170, p=.000, GFI=.909, AGFI=.872, CFI=.970, RMR=.051, RMSEA=.043, TLI=.962

■ 공분산 동일성: 공분산 제약모델

두 집단에서 잠재변수 간 공분산 및 분산을 동일하게 제약한 모델이다. b1~b10
에 해당하는 기호는 잠재변수 간 공분산을 똑같이 제약하는 것을 의미한다. 즉
'자동차이미지↔브랜드이미지'의 공분산을 한국소비자 집단과 중국소비자 집단
모두 b1로 똑같이 고정하는 것이다. 그리고 b11~b15는 잠재변수들의 분산을 똑
같이 고정해 준 경우이다.

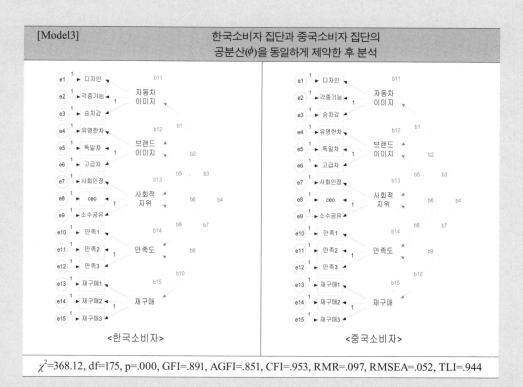

[Model3] 한국소비자 집단과 중국소비자 집단의 공분산(ϕ)을 동일하게 제약한 후 분석

χ^2=368.12, df=175, p=.000, GFI=.891, AGFI=.851, CFI=.953, RMR=.097, RMSEA=.052, TLI=.944

■ 요인부하량, 공분산 동일성: 요인부하량, 공분산 제약모델

두 집단에서 요인부하량과 잠재변수 간 공분산을 동일하게 제약한 모델이다.

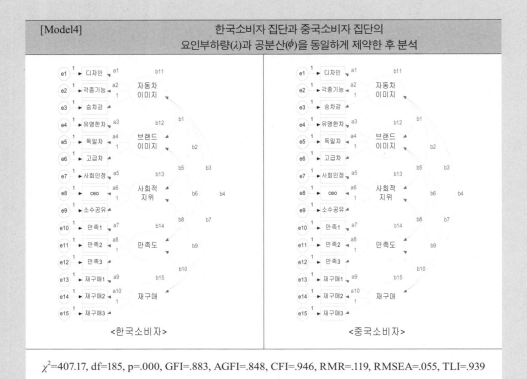

[Model4]	한국소비자 집단과 중국소비자 집단의 요인부하량(λ)과 공분산(ϕ)을 동일하게 제약한 후 분석

χ^2=407.17, df=185, p=.000, GFI=.883, AGFI=.848, CFI=.946, RMR=.119, RMSEA=.055, TLI=.939

■ 요인부하량, 공분산, 오차분산 동일성: 요인부하량, 공분산, 오차분산 제약모델

두 집단에서 요인부하량과 잠재변수 간 공분산, 측정오차분산을 동일하게 제약한 모델이다. c1~c15에 해당하는 기호는 측정오차들의 분산을 똑같이 제약하는 것을 의미한다.

[Model5]	한국소비자 집단과 중국소비자 집단의 요인부하량(λ), 공분산(ϕ), 측정오차분산(θ_δ)을 동일하게 제약한 후 분석

χ^2=815.96, df=200, p=.000, GFI=.787, AGFI=.745, CFI=.850, RMR=.147, RMSEA=.088, TLI=.842

Model1~Model5의 측정동일성에 대한 모델적합도 비교

Model	χ^2	df	GFI	CFI	RMSEA	TLI	$\Delta\chi^2$	p
[Model1] 비제약	279.95	160	.914	.971	.043	.962		
[Model2] λ 제약	295.02	170	.909	.970	.043	.962	$\Delta\chi^2$(10)=15.07 (Model2 − Model1)	유의하지 않음
[Model3] ϕ 제약	368.12	175	.891	.953	.052	.944	$\Delta\chi^2$(15)=88.17 (Model3 − Model1)	유의함
[Model4] λ, ϕ 제약	407.17	185	.883	.946	.055	.939	$\Delta\chi^2$(25)=127.22 (Model4 − Model1)	유의함
[Model5] λ, ϕ, θ 제약	815.96	200	.787	.850	.088	.842	$\Delta\chi^2$(40)=536.01 (Model5 − Model1)	유의함

위 표에서 $\Delta\chi^2$은 비제약모델과 제약모델 간 χ^2 차이를 보여 주며, p는 통계적으로 유의한 차이의 유무를 보여 준다. 예를 들어 Model1과 Model2의 차이는 df=10일 때, $\Delta\chi^2$ =15.07(Model2-Model1: 295.02-279.95)이 된다. 이는 두 모델 간 χ^2 차이를 나타내는데, 이 수치만으로는 두 집단 간 유의한 차이 유무를 알 수 없기 때문에 χ^2 분포표를 보고 판단해야 한다(χ^2 분포표는 부록 참조).

χ^2 분포표에서 p=.05, df=10일 때 χ^2 =18.31인데, Model1과 Model2 간의 $\Delta\chi^2$은 15.07로서 18.31보다 작으므로 통계적으로 유의하지 않다는 것을 나타낸다. 이는 설문지와 같은 측정도구에 대한 요인부하량 동일성에 문제가 없음을 보여 주고 있다. 만약 $\Delta\chi^2$이 18.31 이상이었다면 측정동일성에 문제가 있는 것으로 한국소비자 집단과 중국소비자 집단이 어떤 구성개념을 측정하는 설문항목과 같은 측정도구에 대해서 다르게 인식하고 있다는 것을 의미한다. 이럴 경우, 다음 분석 단계인 다중집단 구조방정식모델 분석(또는 다중집단 경로분석)을 진행하는 것은 의미가 없게 된다. 두 집단이 구성개념에 대해 다르게 인식하고 있는 상태에서 구성개념 간 인과관계를 측정하는 분석은 의미가 없기 때문이다.

Model3의 경우에는 비제약모델(Model1)과 비교할 때 유의한 차이가 있지만, 이 부분은 추후 구조방정식모델로 전환했을 때 가설에 해당되는 인과관계로 변환되기 때문에 차이가 난다고 해서 크게 문제가 되지는 않는다. Model4, Model5의 경우에 Model1과 비교해서 유의한 차이가 나는 이유는 Model3에서 유의한 차이가 있는 상태에서 다른 관계를 제약한 후 분석을 했기 때문으로 추정된다.

■ 다중집단 경로분석

다중집단 경로분석은 집단 간 경로분석을 의미하며, 변수들의 수가 많고 표본의 수가 적을 경우에 다중집단 구조방정식모델에서는 문제가 발생하기 때문에 다중집단 경로분석을 사용하기도 한다. [외제차 모델]의 경로분석을 한국소비자 집단과 중국소비자 집단으로 나누어 분석한 결과는 다음과 같다.

한국소비자 집단과 중국소비자 집단의 경로계수

한국소비자 집단과 중국소비자 집단의 분석결과

경로	한국소비자 집단		중국소비자 집단	
	표준화계수	C.R. (p-값)	표준화계수	C.R. (p-값)
자동차이미지→만족도	.19	2.908 (.004)	.22	3.631 (.000)
브랜드이미지→만족도	.21	3.267 (.001)	.22	3.377 (.000)
사회적 지위→만족도	.46	7.379 (.000)	.34	5.150 (.000)
만족도→재구매	.56	9.590 (.000)	.42	6.563 (.000)

위 표에서는 한국소비자 집단과 중국소비자 집단의 모든 경로가 통계적으로 유의한 것으로 나타났다. 하지만 현재는 두 경로 간에 유의한 차이가 있는지를 알 수 없기 때문에 $\Delta\chi^2$을 통해 경로 간 유의한 차이를 검증해야 한다.

경로제약 결과

경로제약	χ^2	df	$\Delta\chi^2$	p (제약모델-비제약모델)
비제약모델	67.6	6	-	
자동차이미지→만족도	67.8	7	0.2	유의하지 않음
브랜드이미지→만족도	67.6	7	0.0	유의하지 않음
사회적 지위→만족도	71.5	7	3.9	유의함
만족도→재구매	85.1	7	17.5	유의함

위 표를 보면 '사회적 지위→만족도', '만족도→재구매' 경로에서 $\Delta\chi^2$이 3.84 이상의 차이가 나는데, 이는 집단 간 경로가 통계적으로 유의한 차이가 있음을 의미한다.

이 결과를 바탕으로 '한국소비자 집단에서 사회적 지위가 만족도에 미치는 영향은 중국소비자 집단에서 사회적 지위가 만족도에 미치는 영향보다 통계적으로 유의하고 강하다(한국소비자 집단=.46>중국소비자 집단=.34)'라고 할 수 있으며, '한국소비자 집단에서 만족도가 재구매에 미치는 영향은 중국소비자 집단에서 만족도가 재구매에 미치는 영향보다 통계적으로 유의하고 강하다(한국소비자 집단=.56>중국소비자 집단=.42)'라고 할 수 있다.

▣ 다중집단 구조방정식모델

다중집단 구조방정식모델은 집단 간 구조방정식모델을 분석하는 것으로서 다중집단 경로분석과 동일하지만 모델 내 잠재변수가 존재하는 구조방정식모델의 형태를 띠고 있다.

[외제차 모델]의 구조방정식모델을 한국소비자 집단과 중국소비자 집단으로 나누어 분석한 결과는 다음과 같다.

한국소비자 집단과 중국소비자 집단의 경로계수

한국소비자 집단과 중국소비자 집단의 분석결과

	한국소비자 집단		중국소비자 집단	
	표준화계수	C.R. (p-값)	표준화계수	C.R. (p-값)
자동차이미지→만족도	.20	2.504 (.012)	.24	3.095 (.002)
브랜드이미지→만족도	.21	2.699 (.007)	.31	3.569 (.000)
사회적지위→만족도	.53	6.580 (.000)	.39	4.159 (.000)
만족도→재구매	.69	9.346 (.000)	.55	5.533 (.000)

위 표에서도 다중집단 경로분석과 마찬가지로 두 집단의 모든 경로에서 통계적으로 유의한 결과를 보여 주고 있다.

경로제약 결과

경로제약	χ^2	df	$\Delta\chi^2$	p (제약모델-비제약모델)
비제약모델	321.6	166		
자동차이미지→만족도	321.6	167	0.0	유의하지 않음
브랜드이미지→만족도	321.6	167	0.0	유의하지 않음
사회적지위→만족도	327.0	167	5.4	유의함
만족도→재구매	329.6	167	8	유의함

위 표를 보면, 다중집단 경로분석과 마찬가지로 '사회적 지위→만족도', '만족도→재구매' 경로에서 $\Delta\chi^2$이 3.84 이상의 차이가 나고 있음을 알 수 있다.

Chapter 15

다중집단분석을 반드시
실행해야 한다?

다중집단분석은 구조방정식모델의 개념 중에서 가장 이해하기 힘든 부분 중 하나다. 저자 역시 다중집단분석의 개념을 이해하는 데 어려움을 겪었다. 혼자서는 잘 이해되지 않아 전공 교수님을 계속 찾아가 귀찮게 해드린 기억도 있다. 개념을 이해한 뒤에도 Amos 프로그램에서 다중집단분석을 구현하는 과정에서 수많은 시행착오를 거치며 그 방법을 알아갔다.

그런데 요즘 보면 결코 쉬운 분석이 아님에도 불구하고 많은 논문에서 다중집단분석을 유행처럼 활용하는 경향이 있다. 게다가 내용을 자세히 들여다보면 분석상의 오류도 눈에 띄고, 다중집단분석을 왜 실시했는지 그 이유에 대해 고개가 갸우뚱해지는 경우가 있다. 차라리 다중집단분석을 하지 않았으면 더 좋은 논문이 되었을 텐데 하는 아쉬움이 들기도 한다.

본 장에서는 다중집단분석과 관련된 측정동일성의 개념에 대해 살펴보고, 다중집단분석 실행 시 조사자가 고려해야 할 사항도 알아보도록 하자.

1 측정동일성

1. 측정동일성의 개념과 필요성

다중집단분석에서 먼저 알아야 할 개념이 바로 측정동일성이다. 측정동일성은 모집단으로 얻은 데이터의 측정모델 결과가 다른 모집단에서 얻은 데이터의 측정모델과 같은 결과를 보이는지 아닌지를 판단하는 것으로, 다중집단 확인적 요인분석을 통해 검증한다. 다중집단 분석을 실시한 논문들을 보면, 측정동일성을 검증한 논문과 그렇지 않은 논문으로 구분된다. 물론 측정동일성을 검증하지 않아도 문제가 되지는 않는다. 하지만 되도록이면 검증하는 것이 바람직하다.

만약 A반 학생들의 국어점수와 B반 학생들의 국어점수를 비교하고 싶다면, 그에 앞서 어떤 가정이 서로 성립되어야 할까? 일단 'A반 학생과 B반 학생들의 시험지가 같아야 한다.'라는 가정이 성립되어야 한다. 두 반의 시험지가 다르다면 절대적인 평가는 성립되지 않는 것이 당연하다.

이와 마찬가지로 만약 하나의 측정도구에 대해서 두 집단이 다르게 인식하고 있다면, 이는 두 집단이 하나의 구성개념을 달리 인식하고 있다는 의미가 된다. 이처럼 하나의 구성개념에 대해서 다르게 인식하고 있는 상태에서 두 집단 간에 구성개념뿐만 아니라, 그 구성개념과 다른 구성개념과의 인과관계를 비교한다는 것에 대해 논리적 문제가 발생할 수 있다. 특히 Kline(2005)은 관측변수들에 대한 측정동일성을 확보하지 않은 상태에서 잠재변수에 대한 평균이나 경로계수의 차이를 평가하는 것은 의미가 없다고 주장했다. 이런 이유로 측정동일성이란 개념이 다중집단분석에서 매우 중요한 의미를 지닌다.

2. 측정동일성이 문제가 되는 경우

측정동일성이 문제가 되는 경우를 알아보기 위해 [브랜드이미지 모델]의 예를 보도록 하자. 연구모델은 브랜드이미지(명성, 이미지, 대중성)가 제품이미지(기능, 가격, 디자인)와 구매의도에 영향을 미치고, 제품이미지가 다시 구매의도에 영향을 미치는 형태로 되어 있다. 그리고 연구모델을 바탕으로 한국과 미국 소비자 집단 간의 차이를 보기 위해 다중집단분석을 실시하려고 한다.

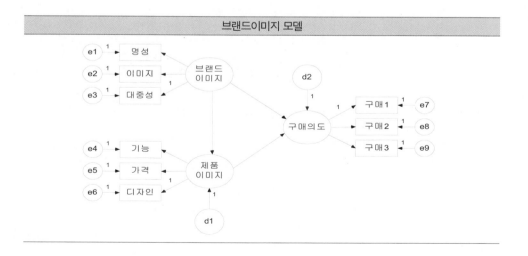

위의 연구모델을 분석하기 전에 조사자는 측정동일성 검증을 위해 다중집단 확인적 요인분석[1]을 실시해야 한다. 측정동일성은 5단계로 나뉜다.

조절변수인 국가(한국집단 N=100, 미국집단 N=100)를 기준으로 각 집단의 측정항목에 대한 확인적 요인분석을 실시한 결과는 다음과 같다.

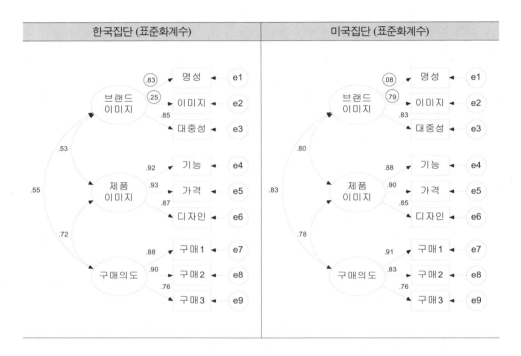

다음으로 Amos를 이용한 두 집단의 측정동일성에 대한 결과는 다음과 같다.

CMIN

Model	NPAR	CMIN	DF	P	CMIN/DF
Unconstrained	42	77.554	48	.004	1.616
Measurement weights	36	109.706	54	.000	2.032
Structural covariances	30	135.720	60	.000	2.262
Measurement residuals	21	214.699	69	.000	3.112
Saturated model	90	.000	0		
Independence model	18	1219.315	72	.000	16.935

---

1. 다중집단분석의 자세한 내용은 《구조방정식모델 개념과 이해》(우종필, 2012, pp. 410~465)를 참조하기 바란다.

용어설명	
Unconstrained	: 어떠한 제약도 하지 않은 모델, 자유모델이라고도 함
Measurement weights	: 잠재변수와 관측변수 간 경로(요인부하량)를 고정한 모델
Structural covariances	: 잠재변수의 분산과 공분산을 고정한 모델
Measurement residuals	: 측정모델에서 측정오차의 분산과 공분산을 고정한 모델

위의 표는 각 모델단계 간에 χ^2 변화량(CMIN)을 보여 준다. 특히 측정동일성 중에서도 비제약모델(unconstrained model)과 요인부하량 제약모델(measurement weights)의 변화량을 봐야 하는데, 비제약모델에서는 χ^2=77.554, df=48이며 요인부하량 제약모델에서는 χ^2=109.706, df=54로서, 비제약모델과 제약모델은 자유도가 6으로 증가하면서 $\Delta\chi^2$=32.15, df=6이므로 두 집단 간에는 유의한 차이가 있는 것으로 나타났다(df=6일 때 $\Delta\chi^2$=12.59 이상이면 유의하다).

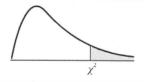

df \ P	0.10	0.05	0.01
1	2.71	3.84	6.64
2	4.61	5.99	9.21
3	6.25	7.82	11.35
4	7.78	9.49	13.28
5	9.24	11.07	15.09
6	10.65	**12.59**	16.81
7	12.02	14.07	18.48
8	13.36	15.51	20.09

분석결과를 보면 브랜드이미지의 경우, 한국집단에서는 이미지의 요인부하량 (λ=.25)이 다른 변수의 요인부하량에 비해 낮은 반면, 미국집단에서는 명성이 다른 변수의 요인부하량(λ=.08)에 비해 낮은 것으로 나타났다. 이는 두 국가의 소비자 집단이 브랜드이미지라는 구성개념을 다르게 인식하고 있는 것이다.

분석을 하다 보면 이처럼 측정동일성이 확보되지 않는 경우가 다수 발생한다. 이럴 때에는 다음으로 넘어가지 않고 이 단계에서 분석을 중단하는 것도 하나의 방법[2]이다. 혹, 유의한 차이를 일으키는 측정항목을 제거하고 다음 단계인 다중집단 구조방정식모델이나 다중집단 경로분석을 실시할 수 있는데, 이 역시 변수 제거에 신중해야 한다. 집단에서 유의한 차이를 일으키는 항목 자체가 집단 간에 다른 특성을 나타내는 중요한 변수일 수 있기 때문이다. [브랜드이미지 모델]의 경우, 측정동일성에 문제가 있는 항목들(명성, 이미지)을 제거하다 보면 하나의 항목(대중성)만이 남아 브랜드이미지라는 구성개념을 제대로 측정했다고 보기 힘들어진다. 그러므로 [브랜드이미지 모델] 분석은 여기서 중단하기로 하자.

---

2. Myers et al.(2000).

1. 다중집단분석의 실행

지금부터 [커피전문점 모델]을 통해 측정동일성과 다중집단분석을 실행해 보고, 조사자가 분석 시 고려해야 할 사항에 대해 알아보도록 하자. 연구모델은 다음과 같고 조절변수로 성별을 사용하였다.

커피전문점 모델

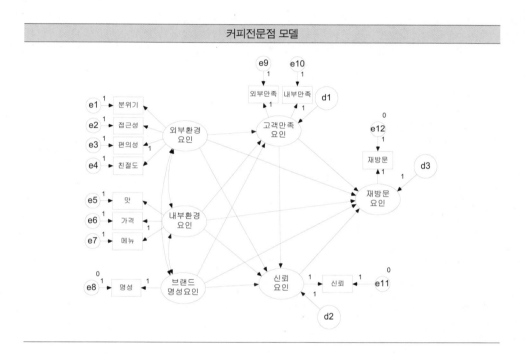

2. 측정동일성 검증

조절변수인 성별(남자집단 N=168, 여자집단 N=248)을 기준으로 각 집단의 측정항목에 대한 확인적 요인분석의 결과는 다음과 같다.

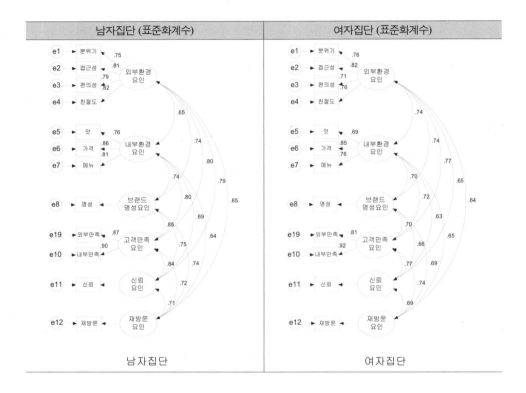

다음으로 Amos를 이용한 두 집단의 측정동일성에 대한 결과는 다음과 같다.

Model	NPAR	CMIN	DF	P	CMIN/DF
Unconstrained	72	281.846	84	.000	3.355
Measurement weights	66	288.618	90	.000	3.207
Structural covariances	52	304.027	104	.000	2.923
Structural residuals	45	336.845	111	.000	3.035
Measurement residuals	36	345.560	120	.000	2.880
Saturated model	156	.000	0		
Independence model	24	3590.724	132	.000	27.202

비제약모델에서는 χ^2=281.846, df=84이며 요인부하량 제약모델에서는 χ^2= 288.618, df=90으로서, 비제약모델과 제약모델은 자유도가 6으로 증가하면서 $\Delta\chi^2$=6.772, df=6으로 두 집단 간에 유의한 차이가 없는 것으로 나타났다(df=6일 때 $\Delta\chi^2$=12.59 이상이면 유의하다).

비제약모델과 제약모델(요인부하량 동일성 모델)의 측정동일성 비교

모델	χ^2	df	CFI	RMSEA
비제약모델	281.846	84	.943	.075
제약모델	288.618	90	.943	.073

3. 집단 간 경로계수의 차이

가끔 초보 조사자들이 다중집단분석에서 경로계수 간 차이에 대한 유의성과 일반 연구모델에서 경로계수의 유의성에 대해 혼동하는데, 이 두 경우의 유의성에 대한 개념은 다르다. 만약 연구모델을 남자집단과 여자집단으로 나누어 각각 분석하는 경우라면, 조사자의 관심은 각 집단의 가설에 해당하는 모델 내 경로의 통계적인 유의성이 된다. 하지만 다중집단분석에서 조사자의 관심은 집단 내 경로의 유의성보다 집단 간 경로의 통계적으로 유의한 차이성이 된다. 그리고 경로계수의 차이는 비제약모델과 제약모델 간 χ^2 차이를 통해서 검증한다.

지금부터 집단 간 경로계수의 차이를 알아보기로 하자. 다중집단분석에 앞서 두 집단 간에 경로계수와 유의성은 각각 다음과 같다.

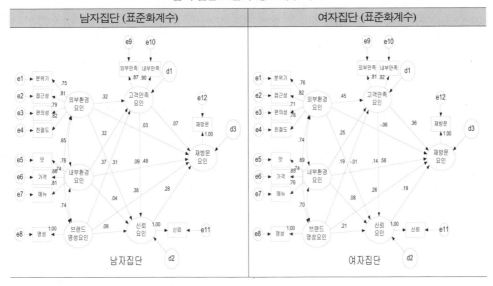

남녀 집단 모델의 경로계수 비교

경 로			남자집단		여자집단	
			표준화계수	가설채택	표준화 계수	가설채택
H1	외부환경	→	고객만족	.322**	채택	.446**	채택
H2	외부환경	→	신뢰	.311**	채택	−.011	기각
H3	외부환경	→	재방문	.030	기각	−.061	기각
H4	내부환경	→	고객만족	.322**	채택	.254**	채택
H5	내부환경	→	신뢰	.036	기각	.080	기각
H6	내부환경	→	재방문	.094	기각	.135	기각
H7	브랜드 명성	→	고객만족	.370**	채택	.192**	채택
H8	브랜드 명성	→	신뢰	.085	기각	.206**	채택
H9	브랜드 명성	→	재방문	.377**	채택	.261**	채택
H10	고객만족	→	신뢰	.489**	채택	.582**	채택
H11	고객만족	→	재방문	.073	기각	.361**	채택
H12	신뢰	→	재방문	.277**	채택	.194**	채택

** $p < .05$

남자집단의 경우에는 외부환경→고객만족, 외부환경→신뢰, 내부환경→고객만족, 브랜드 명성→고객만족, 브랜드 명성→재방문, 고객만족→신뢰, 신뢰→재방문이 유의하게 나타났다.

반면에 여자집단의 경우에는 외부환경→고객만족, 내부환경→고객만족, 브랜드 명성→고객만족, 브랜드 명성→신뢰, 브랜드 명성→재방문, 고객만족→신뢰, 고객만족→재방문, 신뢰→재방문이 유의한 것으로 나타났다. 위의 표에 제시된 결과는 다중집단분석에서 계수의 유의성이 아닌 각 집단에서 연구모델에 대한 경로계수의 유의성에 해당한다.

다음 단계로 모델 내 집단 간 경로계수에 유의한 차이가 있는지 알아보기 위해서 각 경로 간 비제약모델과 제약모델의 χ^2 차이를 살펴보았다. 경로계수 간 차이는 다음과 같다.[3]

집단 간 경로계수 차이

	경로제약			χ^2	df	$\Delta\chi^2$/df
	자유모델			281.8	84	
H1	외부환경	→	고객만족	282.9	85	1.1
H2	외부환경	→	신뢰	286.1	85	4.3
H3	외부환경	→	재방문	282.2	85	0.4
H4	내부환경	→	고객만족	282.0	85	0.2
H5	내부환경	→	신뢰	282.0	85	0.2
H6	내부환경	→	재방문	282.0	85	0.2
H7	브랜드 명성	→	고객만족	283.8	85	2.0
H8	브랜드 명성	→	신뢰	283.6	85	1.8
H9	브랜드 명성	→	재방문	282.6	85	0.8
H10	고객만족	→	신뢰	283.0	85	1.2
H11	고객만족	→	재방문	283.7	85	1.9
H12	신뢰	→	재방문	282.7	85	0.9

[*] $\Delta\chi^2$/df=3.84 이상이면 유의하다.

분석결과 외부환경→신뢰로 가는 경로에서만 유의한 차이($\Delta\chi^2$=3.84 이상)가 나타났다. 이로써 남자집단에서 외부환경→신뢰로 가는 경로(γ=.311)가 여자 집단에서 외부환경→신뢰로 가는 경로(γ=−.011)보다 통계적으로 유의하고 강하게 영향을 미친

---

3. 집단 간 경로계수의 차이를 알아보는 방법으로는 조사자가 직접 하는 것과 Amos에서 아이콘을 이용해 분석하는 것이 있다. 본 결과는 조사자가 직접 경로를 제약해서 얻은 경우로, 자세한 내용은 《구조방정식모델 개념과 이해》(우종필, 2012, pp. 431~440)를 참조하기 바란다.

다는 것을 알 수 있다.

흥미로운 부분은 개별적인 집단 간 분석을 실시했을 때는 각 집단 사이에 기각과 채택이 서로 엇갈린 경로가 3개(외부환경→신뢰, 브랜드 명성→신뢰, 고객만족→재방문)인 반면, 다중집단분석에서는 유의한 경로가 하나밖에 차이 나지 않았다는 점이다. 즉 개별적인 분석에서 특정 경로에 대해 통계적인 유의성에 대한 차이가 났다 하더라도, 그것이 반드시 다중집단분석에서 경로계수의 유의한 차이를 의미하지는 않는다는 점이다.

예를 들어, 개별적 분석에서 브랜드 명성→신뢰의 경우는 남자집단(.085)에서는 유의하지 않았으나 여자집단(.206)에서는 유의하게 나타났다. 하지만 집단 간 경로계수의 차이는 $\Delta\chi^2$=1.8로서 통계적으로 유의하지 않았다. 이런 경우는 사실상 해석이 좀 복잡한데, 굳이 하자면 다음과 같이 정리할 수 있다. "남자집단에서는 브랜드 명성이 신뢰에 유의하게 영향을 미치지 않은 반면, 여자집단에서는 브랜드 명성이 신뢰에 유의한 영향을 미치는 것으로 나타났다. 하지만 여자집단에서 브랜드 명성→신뢰의 경로는 남자집단에서 브랜드 명성→신뢰로 가는 경로보다 통계적으로 유의하게 영향을 미친다고 볼 수 없다." 아마 독자 분들도 이 결론을 보고 혼동될 것이다. 바로 이런 이유 때문에 다중집단분석에서는 개별적인 분석결과에 초점을 맞추기보다 경로 간 유의미한 차이에 중점을 둔다.

또한 다중집단분석을 했을 경우, 이 분석의 현실적 문제는 12개 경로 중 하나만 유의하게 나타났기 때문에 이 결과를 가지고 조사자가 논문의 결론이나 시사점을 어떠한 내용으로 채워 가야 할지에 관한 것이다. 이런 상황에서 저자라면 다중집단분석의 결과가 아니라 개별적 집단의 결과를 사용할 것 같다. 그것이 훨씬 더 많은 결과를 보여 줄 수 있기 때문이다. 즉 집단 간 경로계수의 유의한 차이점을 설명할 수는 없지만, 기타 집단 내 다양한 결과를 다른 집단의 결과와 자유롭게 비교할 수 있기 때문이다.

본 장에서는 측정동일성의 개념과 다중집단분석 시 조사자가 고려해야 할 사항에 대해서 알아보았다. 측정동일성의 경우에는 모든 다중집단분석에서 반드시 실시해야 할 필요는 없으나, 이를 통해 각 집단이 구성개념에 대해서 어떻게 생각하고 있는지를 파악할 수 있다. 만약 이 부분에서 문제가 있다면, 왜 이러한 차이가 나는지 조사자가 알아보는 것도 충분히 의미 있는 일이라 할 수 있다.

요컨대 조사자의 연구목적이 집단 간 경로계수의 유의한 차이를 검증하는 것이라면 당연히 다중집단분석을 실시해야 한다. 이 분석이야 말로 경로계수 간에 유의한 차이를 검증할 수 있는 강력한 분석방법이기 때문이다. 그러나 다중집단분석은 그 과정이 매우 까다로울 뿐만 아니라, 결과 역시 조사자가 원하는 만큼 집단 간 경로에 유의한 차이가 쉽게 나타나지 않는다. 그러므로 만약 조사자의 연구목적이 단순히 집단 간에 어떤 차이를 보고 싶은 것이라면, 개별적인 분석방법을 이용할 것을 추천한다. 개별적인 집단분석의 결과가 때로는 훨씬 더 다양한 결과를 제공할 수 있기 때문이다. 즉 다수의 집단을 가지고 분석할 경우에 반드시 다중집단분석을 하는 것이 최선의 선택은 아니므로, 조사자는 다중집단분석을 실행할지 여부를 신중하게 고려한 후 결정해야 한다.

조형지표모델 및 반영지표모델

잠재변수와 지표 간 화살표의 방향성에 따라 반영지표(reflective indicator)모델과 조형지표(formative indicator)모델로 구분한다. 반영지표모델은 화살표가 잠재변수에서 지표(관측변수)로 향하기 때문에 잠재변수가 지표에 영향을 미치는 형태이며, 지표가 잠재변수에 영향을 받기 때문에 'effect model'이라고 불린다. 반대로 조형지표모델은 지표가 잠재변수에 영향을 미치기 때문에 'cause model'이라고 불린다.

화살표의 방향성 외에도 다른 차이점이 있는데, 바로 오차변수이다. 반영지표모델에서는 관측변수에 해당하는 반영지표에 측정오차가 존재한다. 하지만 조형지표모델에서는 지표가 영향을 주는 외생변수의 역할을 하고, 잠재변수가 영향을 받는 내생변수의 역할을 하기 때문에 구조오차가 존재하게 된다.

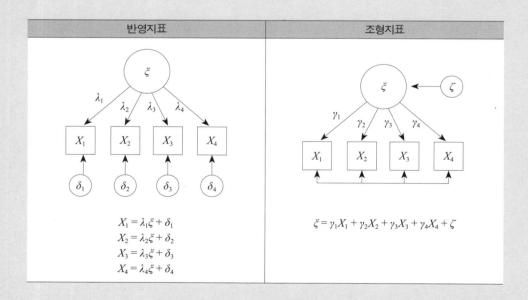

반영지표	조형지표

$$X_1 = \lambda_1 \xi + \delta_1$$
$$X_2 = \lambda_2 \xi + \delta_2$$
$$X_3 = \lambda_3 \xi + \delta_3$$
$$X_4 = \lambda_4 \xi + \delta_4$$

$$\xi = \gamma_1 X_1 + \gamma_2 X_2 + \gamma_3 X_3 + \gamma_4 X_4 + \zeta$$

반영지표와 조형지표는 다음과 같은 차이점을 보인다.

반영지표모델 & 조형지표모델 비교

개념	반영지표모델	조형지표모델
화살표의 방향성 (인과관계)	잠재변수에서 지표(관측변수)로 향함	지표(관측변수)에서 잠재변수로 향함
오차변수	지표에 측정오차가 존재함	잠재변수에 구조오차가 존재함
지표 간 일치성	지표는 서로 비슷한 내용을 나타내야 함	지표는 서로 비슷한 내용을 나타낼 필요 없음
상관관계	지표 간 상관이 높음 (상관이 낮을 경우 제거)	지표 간 상관이 낮아도 문제 되지 않음
지표의 제거	지표가 제거되어도 구성개념에 큰 영향이 없음	지표 제거 시 구성개념에 영향을 미칠 수 있음
Amos에서의 모델 설정	아이콘을 이용하면 잠재변수에 있는 지표 중 하나가 자동으로 1로 지정됨	잠재변수에 영향을 주는 조형지표 중 경로 하나를 반드시 1로 고정시켜야 함
집중타당성 및 신뢰성	집중타당성 및 신뢰성이 중요함	집중타당성 및 신뢰성이 그다지 중요하지 않음

반영지표와 조형지표를 이용한 다양한 모델의 표현을 알아보면 다음과 같다.

▣ 다중지표 모델

다중지표(multiple indicator) 모델은 다수의 반영지표가 사용된 모델이다. 그림에서 유명한 차, 독일차, 고급차, 만족1, 만족2, 만족3은 관측변수에 해당하는 반영지표이며, 외생잠재변수인 브랜드이미지가 내생잠재변수인 만족도에 영향을 미치는 모델이다. 또한 각 지표가 반영지표(관측변수)로 사용되었으므로 측정오차가 존재하며 만족도는 내생잠재변수이므로 구조오차가 있다.

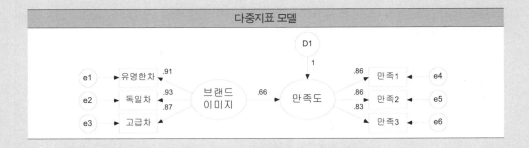

■ 다중지표 다중원인 모델

다중지표 다중원인(Multiple Indicator Multiple Cause, MIMIC) 모델은 다수의 지표가 영향을 미치는 외생변수와 관측변수로 각각 나뉘어 사용된 모델로서, 조형지표 형태와 반영지표 형태가 공존하는 모델이다. 아래의 그림에서 왼쪽에 있는 유명한 차, 독일차, 고급차는 외생변수이기 때문에 측정오차가 존재하지 않으며, 오른쪽의 반영지표인 만족1, 만족2, 만족3은 관측변수이기 때문에 측정오차가 있다. 내생잠재변수인 만족도의 경우에는 유명한 차, 독일차, 고급차에 영향을 받으므로 구조오차가 존재한다.

■ PLS 모델

PLS(Partial Least Squares) 모델은 다수의 반영지표와 조형지표가 동시에 사용되는 모델이다. MIMIC 모델은 외생변수인 조형지표가 잠재변수에 직접 영향을 주는 반면, PLS 모델은 조형지표로 형성된 잠재변수가 반영지표로 구성된 잠재변수에 영향을 미친다. 아래의 그림에서 왼쪽에 있는 유명한 차, 독일차, 고급차는 잠재변수를 형성하는 조형지표이며, 오른쪽의 지표(관측변수)들인 만족1, 만족2, 만족3은 잠재변수인 만족도의 반영지표로서 측정오차가 존재한다. 그리고 내생잠수변수인 브랜드이미지와 만족도의 경우에 브랜드이미지는 유명한 차, 독일차, 고급차에 영향을 받고, 만족도는 브랜드이미지에 영향을 받으므로 구조오차가 존재한다.

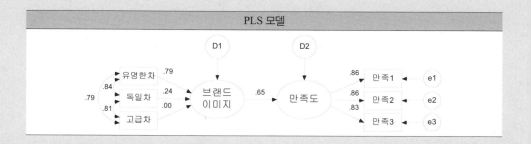

■ Amos에서 조형지표 실행

Amos에서는 반영지표모델이 기본으로 설정되어 있기 때문에 조형지표모델을 구현하려면 조형지표의 경로(regression weight) 중 하나를 1로 고정해 주어야 한다. 그리고 구조오차에서 분산(variance)을 0으로 고정해 주어야 한다. 예를 들어 브랜드이미지의 경우, 지표 중 하나인 고급차가 브랜드이미지로 가는 경로에 1이 고정되어 있고, 구조오차인 D1의 분산이 0으로 고정되어 있다는 것을 알 수 있다.

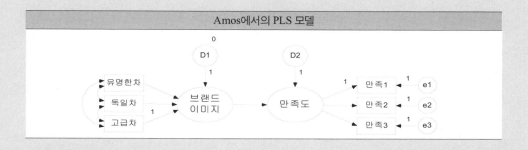

Chapter 16

반영지표모델과
조형지표모델은
별 차이 없다?

반영지표모델과 조형지표모델의 문제는 구조방정식모델에서 오래된 논쟁거리[1] 중 하나다. 지표와 잠재변수와의 방향성에 의해서 반영지표모델과 조형지표모델이 결정된다. 반영지표모델은 구조방정식모델에서 자주 사용되는 모델로서 화살표가 잠재변수에서 지표(관측변수)로 향하는 형태의 변수가 되며 측정오차가 존재한다. 반대로 조형지표모델은 화살표가 지표에서 잠재변수로 향하는 형태의 변수로서 구조오차가 존재한다. 이런 특성 때문에 반영지표모델은 effect model이라 불리며, 조형지표모델은 cause model이라 불린다.

일반적으로 사용하는 반영지표모델에서는 Amos, Lisrel, EQS 같은 프로그램이 적합하지만 조형지표모델의 경우에는 PLS(Partial Least Square) 방법이 더 적합하다. 이렇게 두 모델의 특성이 서로 다르기 때문에 연구목적에 따라 구분해 사용해야 하는데, 다양한 이유[2]로 조형지표모델을 많이 사용하지 않았다. 그 이유를 살펴보면 다음과 같다.

이유	내용
통계프로그램의 지원 여부	Amos, Lisrel, EQS와 같은 프로그램이 기본적으로 반영지표모델로 설정되어 있어 조형지표모델을 사용할 경우 문제가 발생한다.
모델 설정 오류	연구내용상 조형지표로 모델을 구성해야 하나 반영지표로 설정함으로써 잘못된 분석결과를 얻는다.
모델 식별과 관련된 문제	기존 프로그램에서 조형지표로 모델을 구성할 때 식별과 관련해서 문제가 발생한다.
확인적 요인분석에서 방법의 차이	반영지표에서 사용되던 확인적 요인분석 방법들이 조형지표에는 적합하지 않다.
적합도 분석방법의 차이	기존 프로그램에 대한 적합도와 PLS에서 제공하는 적합도의 분석방법에 차이가 있다.
다중공선성 문제	반영지표에서는 지표 간 상관관계가 높을수록 좋으나, 조형지표에서는 지표 간 상관관계가 다중공선성 문제 때문에 낮을수록 좋다는 모순이 있다.

사실, PLS방법을 구조방정식모델로 볼지 그러지 않을 것인지에 대한 논의도 있다.

---

1. Bollen(1989), Diamantopoulos and Winklhofer(2001).
2. 김중인(2013).

김진호·홍세희·추병대(2007)는 PLS는 반영적 지표와 형성적 지표의 모델을 모두 분석할 수 있다는 장점이 있지만, 이 두 분석은 서로 보완적 관계이지 SEM의 한 분야로 볼 수는 없다고 주장하였다. 그 이유는 PLS의 경우 주성분 분석에 바탕을 두기 때문에 종속변수의 설명분산을 최대화하는 데 목적이 있고, 측정오차를 고려하지 않아 여기서 발생한 변수는 잠재변수의 개념이라기보다는 주성분 개념이며, 지표변수의 수·적합도 문제·추정방법에서 구조방정식모델과 다르기 때문이다.

그러나 이러한 의견에도 불구하고 지난 30여(1981~2010) 년 동안 해외 유수의 마케팅 저널에 PLS를 이용한 논문이 200개 넘게 발표된 점을 보면[3] 무시할 수 없는 위치에 있는 것은 틀림없는 사실이다. 본 장에서는 Amos와 PLS를 이용한 반영지표모델과 조형지표모델의 특성과 차이를 알아보고 그 결과도 비교해 보도록 하자.

1 Amos를 이용한 반영지표모델 및 조형지표모델

1. 모델의 형태 및 분석결과

Amos를 이용한 반영지표모델과 조형지표모델의 결과를 비교하기 위해 [품질 모델]을 사용하였다. 모델의 형태 및 분석결과는 다음과 같다.

---

3. Hair et al.(2012).

Regression Weights: (Group number 1 - Default model)

			Estimate	S.E.	C.R.	P	Label
Satis	<---	Qual	.557	.061	9.082	***	
Intent	<---	Satis	.400	.096	4.153	***	
Intent	<---	Qual	.322	.079	4.089	***	
V1	<---	Qual	1.000				
V2	<---	Qual	.998	.059	16.797	***	
V3	<---	Qual	.951	.062	15.459	***	
V4	<---	Satis	1.000				
V5	<---	Satis	1.093	.075	14.608	***	
V6	<---	Satis	1.044	.075	13.999	***	
V7	<---	Intent	1.000				
V8	<---	Intent	1.005	.070	14.448	***	
V9	<---	Intent	.936	.071	13.204	***	

Standardized Regression Weights: (Group number 1 - Default model)

			Estimate
Satis	<---	Qual	.671
Intent	<---	Satis	.386
Intent	<---	Qual	.374
V1	<---	Qual	.851
V2	<---	Qual	.919
V3	<---	Qual	.864
V4	<---	Satis	.850
V5	<---	Satis	.866
V6	<---	Satis	.837
V7	<---	Intent	.865
V8	<---	Intent	.860
V9	<---	Intent	.800

Regression Weights: (Group number 1 - Default model)

Qual	<---	V1	
Qual	<---	V2	unidentified
Qual	<---	V3	unidentified
Satis	<---	Qual	unidentified
Satis	<---	V4	
Satis	<---	V5	unidentified
Satis	<---	V6	unidentified
Intent	<---	Satis	unidentified
Intent	<---	V7	
Intent	<---	V8	unidentified
Intent	<---	V9	unidentified
Intent	<---	Qual	unidentified

Amos의 경우에 반영지표모델은 분석이 가능하나 조형지표모델은 식별에 문제가 발생하여 분석되지 않음을 알 수 있다.

1. 모델의 형태

PLS[4]를 이용한 반영지표모델과 조형지표모델의 형태는 다음과 같다.

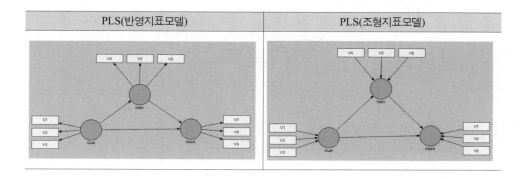

2. 모델의 분석결과

PLS를 이용한 모델의 분석결과는 다음과 같다. Amos와 달리 PLS의 경우에는 조형지표로만 구성된 모델도 분석 가능하다는 것을 보여 준다.

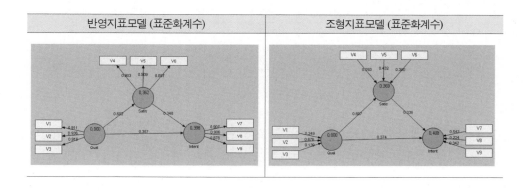

---

4. PLS 프로그램은 SmartPLS를 사용하였다. 자세한 사용법은 아래 링크를 참조하기 바란다.
  http://www.smartpls.de/forum/nual.pdf

① 구성개념에 대한 결과

각 구성개념에 대한 AVE, 합성신뢰도(composite reliability), R-square, 신뢰도(cronbach's alpha), 공통성(communality), 중복성(redundancy)에 대한 결과는 다음과 같다.

PLS (반영지표)		AVE	Composite Reliability	R Square	Cronbachs Alpha	Communality	Redundancy
	Intent	0.804988	0.925267	0.398157	0.878846	0.804988	0.222670
	Qual	0.848089	0.943650		0.910494	0.848089	
	Satis	0.816035	0.930104	0.361836	0.887276	0.816035	0.295262

PLS (조형지표)		AVE	Composite Reliability	R Square	Cronbachs Alpha	Communality	Redundancy
	Intent			0.408294		0.795474	0.232528
	Qual					0.823694	
	Satis			0.368587		0.814192	0.300618

위 결과를 반영지표와 조형지표로 다시 정리하면 아래와 같다.

경로	AVE		합성신뢰도		R-square	
	반영지표	조형지표	반영지표	조형지표	반영지표	조형지표
Qual	.848	-	.944	-	-	-
Satis	.816	-	.930	-	.362	.369
Intent	.805	-	.925	-	.398	.408

경로	신뢰도		공통성		중복성	
	반영지표	조형지표	반영지표	조형지표	반영지표	조형지표
Qual	.910	-	.848	.824	-	-
Satis	.887	-	.816	.814	.295	.301
Intent	.879	-	.805	.795	.223	.233

반영지표모델에서는 AVE, 합성신뢰도, 신뢰도 수치가 모두 양호하게 나타난 반면, 조형지표모델은 잠재변수에서 관측변수로 영향을 미치는 형태이기 때문에 이들의 결과치가 제공되지 않았다. 내생변수의 설명력을 나타내는 R-square의 경우에는 만족(Satis)과 의도(Intent)의 반영지표와 조형지표에서 모두 비슷하게 나타났으며, 공통성과 중복성 역시 두 모델에서 큰 차이가 없었다.

② 잠재변수와 지표와의 관계

두 모델에서 잠재변수와 지표와의 관계를 알아보면 다음과 같다. 두 모델에 대해 PLS algorithm을 통해 제공된 표준화된 경로와 PLS bootstrapping(표본수 100)을 통해 얻은 결과들은 다음과 같다.

		Outer Loadings (Mean, STDEV, T-Values)				
		Original Sample (O)	Sample Mean (M)	Standard Deviation (STDEV)	Standard Error (STERR)	T Statistics (|O/STERR|)
PLS (반영지표)	V1 <- Qual	0.911060	0.911252	0.024902	0.024902	36.586480
	V2 <- Qual	0.935849	0.935422	0.013813	0.013813	67.752735
	V3 <- Qual	0.915655	0.913952	0.020086	0.020086	45.586600
	V4 <- Satis	0.903451	0.900528	0.020882	0.020882	43.264996
	V5 <- Satis	0.909417	0.907612	0.023722	0.023722	38.336441
	V6 <- Satis	0.897129	0.894811	0.025558	0.025558	35.101150
	V7 <- Intent	0.906796	0.902941	0.021895	0.021895	41.416071
	V8 <- Intent	0.906109	0.905622	0.022227	0.022227	40.766748
	V9 <- Intent	0.878437	0.878149	0.031760	0.031760	27.658960

		Outer Weights (Mean, STDEV, T-Values)				
		Original Sample (O)	Sample Mean (M)	Standard Deviation (STDEV)	Standard Error (STERR)	T Statistics (|O/STERR|)
PLS (조형지표)	V1 -> Qual	0.248952	0.243970	0.239336	0.239336	1.040181
	V2 -> Qual	0.675771	0.685650	0.248762	0.248762	2.716534
	V3 -> Qual	0.138909	0.112274	0.213187	0.213187	0.651586
	V4 -> Satis	0.293368	0.288545	0.214587	0.214587	1.367128
	V5 -> Satis	0.431736	0.417709	0.170395	0.170395	2.533732
	V6 -> Satis	0.380409	0.383253	0.179618	0.179618	2.117882
	V7 -> Intent	0.541826	0.496420	0.214933	0.214933	2.520908
	V8 -> Intent	0.223940	0.214592	0.220566	0.220566	1.015293
	V9 -> Intent	0.341861	0.372752	0.237455	0.237455	1.439691

위 결과를 반영지표와 조형지표로 정리하면 다음과 같다.

경로		표준화계수		S.E.		C.R.(t-value)	
		반영지표	조형지표	반영지표	조형지표	반영지표	조형지표
Qual	V1	.911	.249	.025	.239	36.586	1.040
Qual	V2	.936	.676	.014	.249	67.753	2.717
Qual	V3	.916	.139	.020	.213	45.587	0.652
Qual	V4	.903	.293	.021	.215	43.265	1.367
Qual	V5	.909	.432	.024	.170	38.336	2.534
Qual	V6	.897	.380	.026	.180	35.101	2.118
Qual	V7	.907	.542	.022	.215	41.416	2.521
Qual	V8	.906	.224	.022	.221	40.767	1.015
Qual	V9	.878	.342	.032	.237	27.659	1.440

반영지표의 경우, 잠재변수와 지표(관측변수) 사이의 관계에서 좋은 요인부하량을 보여 준다. 반면 조형지표의 경우에는 경로계수 크기에 차이가 있는 것으로 나타났다. 또한 S.E.(표준오차)와 C.R.(t-value) 역시 큰 차이가 있다. 특히 조형지표에서는 경로의 유의성을 보여 주는 C.R.에서 유의하지 않은 관계(C.R.<1.965)가 많이 있는 것으로 나타났다.

③ 잠재변수와 잠재변수 간 관계

두 모델에서 잠재변수와 잠재변수 간 인과관계 결과를 보면 다음과 같다.

PLS (반영지표)	Path Coefficients (Mean, STDEV, T-Values)				
		Original Sample (O)	Sample Mean (M)	Standard Deviation (STDEV)	Standard Error (STERR)	T Statistics (|O/STERR|)
	Qual -> Intent	0.357093	0.355412	0.120435	0.120435	2.965032
	Qual -> Satis	0.601528	0.607588	0.064090	0.064090	9.385737
	Satis -> Intent	0.348031	0.353715	0.117246	0.117246	2.968389

PLS (조형지표)	Path Coefficients (Mean, STDEV, T-Values)				
		Original Sample (O)	Sample Mean (M)	Standard Deviation (STDEV)	Standard Error (STERR)	T Statistics (|O/STERR|)
	Qual -> Intent	0.373841	0.387715	0.108147	0.108147	3.456787
	Qual -> Satis	0.607114	0.615321	0.074225	0.074225	8.179378
	Satis -> Intent	0.338765	0.344500	0.113902	0.113902	2.974176

위 결과를 반영지표와 조형지표로 정리하면 다음과 같다.

경로	표준화계수		S.E.		C.R.(t-value)	
	반영지표	조형지표	반영지표	조형지표	반영지표	조형지표
Qual → Satis	.602	.607	.064	.074	9.386	8.179
Satis → Intent	.348	.339	.117	.114	2.968	2.974
Qual → Intent	.357	.374	.120	.108	2.965	3.457

잠재변수 사이에 인과관계를 보면, 두 모델 간 경로계수의 크기에는 큰 차이가 없으며 유의성 역시 큰 차이가 없는 것으로 나타났다.

Amos의 경우에 조형지표로만 구성된 형태의 모델은 분석이 불가능하지만, 외생변수는 조형지표 형태이고 내생변수는 반영지표 형태인 모델은 분석 가능하다. 그래서 Amos와 PLS를 이용하여 조형지표모델과 반영지표모델이 혼합된 모델을 분석해 보도록 하자.

1. 모델의 형태

[품질 모델]에서 조형지표와 반영지표가 혼합된 연구모델은 다음과 같다. 품질(Qual)은 조형지표 형태이며, 만족(Satis)과 의도(Intent)는 반영지표 형태다.

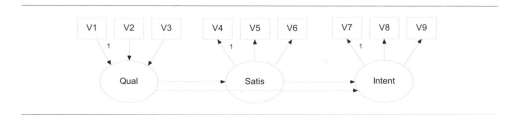

위의 모델을 Amos와 PLS를 통해 구현한 모델의 형태는 다음과 같다.

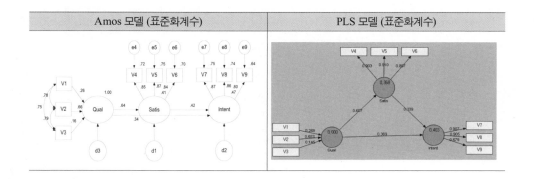

2. 모델의 분석결과

① 잠재변수와 지표와의 관계

두 모델에서 잠재변수와 지표 간에 분석결과는 다음과 같다.

	Regression Weights: (Group number 1 - Default model)							Standardized Regression Weights:		
				Estimate	S.E.	C.R.	P	Label		Estimate
	Qual	<---	V1	1.000					Qual <--- V1	.255
	Qual	<---	V2	2.778	1.817	1.529	.126		Qual <--- V2	.655
	Qual	<---	V3	.651	.762	.855	.392		Qual <--- V3	.156
Amos	V4	<---	Satis	1.000					V4 <--- Satis	.850
	V5	<---	Satis	1.095	.075	14.629	***		V5 <--- Satis	.867
	V6	<---	Satis	1.043	.075	13.969	***		V6 <--- Satis	.835
	V7	<---	Intent	1.000					V7 <--- Intent	.866
	V8	<---	Intent	1.004	.070	14.439	***		V8 <--- Intent	.859
	V9	<---	Intent	.936	.071	13.228	***		V9 <--- Intent	.800

		Original Sample (O)	Sample Mean (M)	Standard Deviation (STDEV)	Standard Error (STERR)	T Statistics (|O/STERR|)
	V1 -> Qual	0.268397	0.249929	0.208554	0.208554	1.286945
	V2 -> Qual	0.653071	0.635739	0.239226	0.239226	2.729931
	V3 -> Qual	0.144796	0.169366	0.172919	0.172919	0.837362
PLS	V4 <- Satis	0.903113	0.900497	0.020277	0.020277	44.538688
	V5 <- Satis	0.910291	0.907826	0.025897	0.025897	35.150728
	V6 <- Satis	0.896565	0.893908	0.023709	0.023709	37.815344
	V7 <- Intent	0.907013	0.907972	0.020919	0.020919	43.357348
	V8 <- Intent	0.905312	0.906253	0.020962	0.020962	43.187840
	V9 <- Intent	0.879001	0.876261	0.034802	0.034802	25.257336

* Amos의 경우에는 비표준화계수와 표준화계수를 본문에 맞게 편집하였고, PLS의 경우에도 outer weight와 outer loadings를 본문에 맞게 편집하였다.

앞의 결과를 정리하면 다음과 같다.

경로	표준화계수		S.E.		C.R.(t-value)	
	Amos	PLS	Amos	PLS	Amos	PLS
V1 → Qual	.255	.268	-	.209	-	1.287
V2 → Qual	.655	.653	1.817	.239	1.529	2.730
V3 → Qual	.156	.145	.762	.173	.855	.837
Satis → V4	.850	.903	-	.020	-	44.539
Satis → V5	.867	.910	.075	.026	14.629	35.151
Satis → V6	.835	.897	.075	.024	13.969	37.815
Intent → V7	.866	.907	-	.021	-	43.357
Intent → V8	.859	.905	.070	.021	14.439	43.188
Intent → V9	.800	.879	.071	.035	13.228	25.257

두 모델은 표준화계수에서는 비슷한 결과를 보이나 C.R.값에서는 차이가 나타난다.

② 잠재변수와 잠재변수 간 관계

두 모델에서 잠재변수와 잠재변수 사이에 인과관계 결과를 보면 다음과 같다.

Amos	**Regression Weights: (Group number 1 - Default model)**					**Standardized Regression Weights**

	Estimate	S.E.	C.R.	P	Label
Satis <--- Qual	.116	.061	1.903	.057	
Intent <--- Satis	.433	.091	4.752	***	
Intent <--- Qual	.064	.036	1.762	.078	

	Estimate
Satis <--- Qual	.644
Intent <--- Satis	.417
Intent <--- Qual	.341

PLS — **Path Coefficients (Mean, STDEV, T-Values)**

	Original Sample (O)	Sample Mean (M)	Standard Deviation (STDEV)	Standard Error (STERR)	T Statistics (|O/STERR|)
Qual -> Intent	0.369336	0.387779	0.093651	0.093651	3.943744
Qual -> Satis	0.606990	0.611198	0.068238	0.068238	8.895225
Satis -> Intent	0.338777	0.321764	0.103947	0.103947	3.259135

* 두 프로그램의 결과는 본문에 맞게 편집하였다.

앞의 결과를 정리하면 다음과 같다.

경로	표준화계수		S.E.		C.R. (t-value)	
	Amos	PLS	Amos	PLS	Amos	PLS
Qual → Satis	.644	.607	.061	.068	1.903	8.895
Satis → Intent	.417	.339	.091	.104	4.752	3.259
Qual → Intent	.341	.369	.036	.094	1.762	3.944

분석결과를 보면 반영지표와 조형지표가 동시에 사용되는 모델인 경우, Amos와 PLS의 경우에 표준화계수에서는 비슷한 결과를 보이나 C.R.값에서 서로 다른 결과를 보이는 것을 알 수 있다.

본 장에서는 Amos와 PLS를 이용한 반영지표모델과 조형지표모델의 결과에 대해 알아보았고, 반영지표와 조형지표가 섞인 모델을 Amos와 PLS를 이용해 분석해 보았다. Amos의 경우에 조형지표로만 구성된 모델은 식별문제 때문에 분석이 불가능하지만, PLS에서는 분석이 가능하다는 점을 알 수 있었다. PLS를 이용한 반영지표모델과 조형지표모델을 분석한 결과 두 모델 간에 상당한 차이가 있었으나, 조형지표와 반영지표가 혼합된 모델의 경우에는 Amos와 PLS 분석 결과 C.R.에 대해서만 차이가 있는 것으로 나타났다.

지금까지 여러 가지 이유로 조형지표모델이 분석에서 소외된 것은 부인할 수 없는 사실이다. 그러나 PLS 프로그램을 통해 이제 얼마든지 분석이 가능한 만큼 연구모델이 반영지표인지 조형지표인지 논리적인 판단을 한 후, 적절한 연구모델을 개발하여 PLS를 통해 자유롭게 비교분석한다면 의미 있는 결과를 도출할 수 있을 것으로 보인다.

Amos와 PLS의 차이점

Amos와 PLS의 특성상 차이[5]는 다음과 같다.

구분	Amos	PLS
목적	전체 구조방정식모델의 최적화	모형 추정과정에서 발생하는 구조오차의 최소화를 통한 예측력의 극대화
성격	확인적 모델링 (확인적 요인분석과 유사)	탐색적 모델링 (주성분 분석과 유사)
모수추정법	ML(Maximum likelihood)을 이용한 모수추정법	비모수추정법
가정	측정변수들의 다변량정규분포 가정, 상대적으로 큰 표본크기	변수들에 대한 가정이 없음, 상대적으로 작은 표본크기
잠재변수값의 추정	측정변수는 잠재변수를 반영하는 반영지표로 가정되기 때문에 추정절차가 복잡하고 어려움	각 측정변수의 선형조합에 의해 직접 구해짐
잠재변수 간 인과관계	변수들의 관찰된 상관/공분산 행렬과 모델에 의해 예측된 행렬 간 비교가 주요 목적이므로 각 잠재변수 간의 경로 계수는 예측력의 극대화가 아님	측정변수의 측정오차와 잠재변수 간 구조오차를 최소화하도록 경로계수를 추정하므로 오차 최소를 통한 예측력의 극대화
통계적 검정	모델 경로계수, 적합도, 모델 간 차이 비교 등에서 다양한 통계적 검정이 가능	분포에 기초한 모수추정이 아니므로 확률에 기초한 통계적 검정이 불가함 (Bootstrap을 활용하여 검정)
단점	모수들의 추정값 왜곡, 동일한 변수가 여러 가지 추정법을 갖는 요인 불확정 문제, 분포에 대한 가정 미충족 시 분석 결과의 왜곡 가능성 등이 존재함	각 측정변수의 weight값(요인부하량) 은 과대 추정되는 반면, 각 잠재변수 간 경로계수는 과소 추정되는 경향이 발생함
분석지표	반영지표 가능	반영지표와 조형지표 가능

---

5. 하지철(2010).

참고문헌

■ 국내문헌

1. 김중인. (2013). 반영지표 vs. 조형지표: 이론적 논의, 실증적 비교, 그리고 실무적 유용성. 마케팅 연구, 27, 1-26.
2. 김진호·홍세희·추병대. (2007). 경영학 연구에서의 구조방정식 모형의 적용: 문헌 연구와 비판. 경영학연구, 36(4), 897-923.
3. 우종필. 《구조방정식모델 개념과 이해》, 한나래아카데미, 2012.
4. 이훈영. 《연구조사방법론》, 청람, 2008.
5. 하지철. 《마케팅조사 실무노트 II》, 이담, 2010.

■ 외국문헌

1. Anderson, T. W., & Rubin, H. (1956). Statistical inference in factor analysis. *Proceedings of the Third Berkeley Symposium on Mathematical Statistics and Probability*, Berkeley: University of California Press.
2. Bagozzi, R. P., & Yi, Y. (1988). On the evaluation of structural equation models. *Journal of the Academy of Marketing Science*, 16(1), 74-94.
3. Bagozzi, R. P., & Yi, Y. (1989). On the use of structural equation models in experimental designs. *Journal of Marketing Research*, 26(3), 271-284.
4. Baumrind, D. (1983). Rejoinder to lewis's reinterpretation of parental firm control effects: Areauthoritative families really harmonious?. *Psychological Bulletin*, 94, 132–142.
5. Bentler, P. M. (1980). Multivariate analysis with latent variables: causal modeling. *Annual Review of Psychology*, 31, 419-456.
6. Bentler, P. M., & Bonett, D. G. (1980). Significance tests and goodness of fit in the analysis of covariance structures. *Psychological Bulletin*, 88(3), 588-606.
7. Bentler, P. M., & Chou, C. P. (1988). Practical issues in structural modeling. In J. S. Long (Ed.), *Common problems/proper solutions: Avoiding error in survey research* (pp.161-192), Newbury Park, CA: Sage.
8. Bollen, K. A. (1989). *Structural equations with latent variables*. NY: John Wiley & Sons, Inc.

9. Bollen, K. A., & Judea Pearl. (accepted for publication). *Eight myths about causality and structural equation models.* In Stephen L. Morgan (ed), Handbook of Causal Analysis for Social Research (Springer).

10. Cliff, N. (1983). Some cautions concerning the application of causal modeling methods. *Multivariate Behavioral Research*, 18: 115-126.

11. Darwin Charles, M. A. (1859). *On the origin of species by means of natural selection or the preservation of favoured races in the struggle for life.* Nature (London: John Murray).

12. De Leeuw, J. (1985). Review of books by long, everitt, saris and stronkhorst. *Psychometrika*, 50, 371-375.

13. Decoster, J. (1998). Overview of factor analysis. Department of Psychology University of Alabama.

14. Diamantopoulos, A., & Winklhofer, H. M. (2001). Index construction with formative indicators: an alternative to scale development. *Journal of Marketing Research*, 38(2), 269-277.

15. Duncan, O. D. (1966). Path analysis: sociological examples. *American Journal of Sociology*, 72: 1-16.

16. Freedman, D. A. (1981). Pitfalls in large econometric models: a casey study. *Journal of Business*, 54: 479-500.

17. Freedman, D. A. (1987). As others see us: a case study in path analysis. *Journal of Educational and Behavioral Statistics*, June 20, 12: 101-128.

18. Freedman, D. A. (2004). Graphical models for causation and the identification problem. *Evaluation Review*, 28: 267–93.

19. Galton, F. (1869). *Hereditary genius: an inquiry into its laws and consequences.* London: Macmillan, p. 1 (Reprinted, Bristol: Thoemmes Press, 1999).

20. Box, George E. P., & Draper, N. R. (1987). *Empirical model-building and response surfaces.* p. 424, Wiley.

21. Geweke, J, F. (1984). Measures of conditional linear dependence and feedback between time series. *Journal of the American Statistical Association*, 79(388).

22. Granger, C, W, J. (1969). Investigating causal relations by econometric models and cross-spectral methods. *Econometrica*, 37(3), 424-438.

23. Guttman, L. (1977). What is not what in statistics. *Journal of the royal statistical: Series D (The Statistician)*, 26: 81-107.

24. Haavelmo, T. (1943). The statistical implications of a system of simultaneous equations. *Econometrica*, 11: 1-12.

25. Hair, J. F., Sarstedt, M., Ringle, C. M., Mena, J. A. (2012). An assessment of the use of

partial least squares structural equation modeling in marketing research. *Journal of the Academy of Marketing Science*, 40(3), 414-433.

26. Hair, J. F., Black, W. C., Babin, B. J., Anderson, R. E., & Tatham, R. L. (2006). *Multivariate data analysis* (6th ed). Upper Saddle River, NJ: Pearson Prentice Hall.

27. Houser, J. (2007). How many are enough? statistical power analysis and sample size estimation in clinical research. *Journal of Clinical Research Best Practices*, 3(3).

28. Jöreskog, K. G. (1967). Some contributions to maximum likelihood factor analysis. *Psychometrika*, 32(4), 443-482.

29. Jöreskog, K. G. (1969). A general approach to confirmatory maximum likelihood factor analysis. *Psychometrika*, 34(2), 183-202.

30. Jöreskog, K. G. (1973). A general method for estimating a linear structural equation system. In A. S. Goldberger & O. D. Duncan (Eds.), *Structural equation models in the social sciences*, 85-112, NY: Seminar Press.

31. Jöreskog, K. G., & Goldberger, A. S. (1972). Factor analysis by generalized least squares. *Psychometrika*, 37(3), 243-260.

32. Jöreskog, K. G., & Lawley, D. N. (1968). New methods in maximum likelihood factor analysis. *British Journal of Mathematical and Statistical Psychology*, 21(1), 85-96.

33. Jöreskog, K. G., & Sorbom, D. (1989). *Lisrel 7: a guide to the program and applications* (2nd edition). Chicago: SPSS.

34. Kaplan, D. (2000). *Structural equation modeling: foundations and extensions*. Thousand Oaks, CA: Sage Publications.

35. Keesling, J. W. (1972). Maximum likelihood approaches to causal analysis. Ph.D.diss, University of Chicago.

36. Kenny, D. A. (1979). *Correlation and causality*. New York: Wiley-Interscience.

37. Kline, R. B. (2005). *Principles and practice of structural equation modeling* (2nd edition). NY: Guilford Press.

38. Koopmans, T. C. (1950). *Statistical inference in dynamic economic models*. John Wiley & Sons, Inc., New York, Chapman & Hall, Limited, London.

39. Hood, W. C., & Koopmans, T. C. (1953). The estimation of simultaneous linear economic relationships. *In Studies in Econometric Method*, ed. W. Hood and T. Koopmans. Cowles Foundation Monograph 14, New Haven: Yale University Press.

40. Lee, S. M, & Hershberger, S. (1990). A simple rule for generating equivalent models in covariance structure modeling. *Multivariate Behavioral Research*, 25(3), 313-334.

41. Medsker, G. J., Williams, L. J., & Holahan, P. J. (1994). A review of current practices for

evaluating causal-models in organizational-behavior and human-resources management research. *Journal of management*, 20, 439-464.

42. Mitchell, R. J. (1993). Path analysis: pollination. in SM schneider & J. Gurevitch, eds. *Design and analysis of ecological experiments*, 211-231. NY: Chapman and Hall.

43. Mullen, M. R. (1995). Diagnosing measurement equivalence in cross-national research. *Journal of International Business Studies*, 26, 573–596.

44. Myers, M. B., Calantone, R. J., Page, T. J., & Taylor, C. R. (2000). Academic insights: an application of multiple-group causal models in assessing cross-cultural measurement equivalence. *Journal of International Marketing*, 8(4), 108–121.

45. Spearman, C. (1904). General intelligence, objectively determined and measured. *American Journal of Psychology*, 15, 201-293.

46. Sobel, D. (2004). *Place-based education: connecting classroom and community.* Nature Literacy Series, 4, The Orion Society.

47. Stapleton, C. D. (1997). Basic concepts and procedures of confirmatory factor analysis. *Paper presented at the annual meeting of the Southwest Educational Research Association*, Austin, TX, January, 23-25.

48. Stelzl, I. (1986). Changing a causal hypothesis without changing the fit: some rules for generating equivalent path models. *Multivariate Behavioral Research*, 21, 309–331.

49. Stevens, J. (1996). *Applied multivariate statistics for the social sciences* (3rd Edition). Mahwah, NJ: Lawrence Erlbaum Associates.

50. Van Prooijen, J. W., & Van Der Kloot, W. A. (2001). Confirmatory analysis of exploratively obtained factor structures. *Educational and Psychological Measurement*, 61(5), 777-792.

51. Wiley, D. E. (1973). The identification problem for structural equation models with unmeasured variables. In: A.S. Goldberger & O.D. Duncan (Eds.), *Structural equation models in the social sciences*, New York: Seminar.

52. Wright, S. (1918). On the nature of size factors. *Genetics*, 3, 367-374.

53. Wright, S. (1921). Correlation and causation. *Journal of Agriculture Research*, 20, 557-585.

54. Wright, S. (1934). The method of path coefficients. *Annals of Mathematical Statistics*, 5(3), 161-215.

■ 사이트

1. www.danielsoper.com/statcalc3/calc.aspx?id=31
2. www.mvsoft.com
3. www.smallwaters.com/Amos
4. www.smartpls.de
5. www.ssicentral.com
6. www.stat-help.com

부록

■ χ^2 분포표

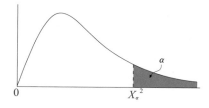

d.f.	$\chi_{0.990}$	$\chi_{0.975}$	$\chi_{0.950}$	$\chi_{0.900}$	$\chi_{0.500}$	$\chi_{0.100}$	$\chi_{0.050}$	$\chi_{0.025}$	$\chi_{0.010}$	$\chi_{0.005}$
1	0.0002	0.0001	0.004	0.02	0.45	2.71	3.84	5.02	6.63	7.88
2	0.02	0.05	0.10	0.21	1.39	4.61	5.99	7.38	9.21	10.60
3	0.11	0.22	0.35	0.58	2.37	6.25	7.81	9.35	11.34	12.84
4	0.30	0.48	0.71	1.06	3.36	7.78	9.49	11.14	13.28	14.86
5	0.55	0.83	1.15	1.61	4.35	9.24	11.07	12.83	15.09	16.75
6	0.87	1.24	1.64	2.20	5.35	10.64	12.59	14.45	16.81	18.55
7	1.24	1.69	2.17	2.83	6.35	12.02	14.07	16.01	18.48	20.28
8	1.65	2.18	2.73	3.49	7.34	13.36	15.51	17.53	20.09	21.95
9	2.09	2.70	3.33	4.17	8.34	14.68	16.92	19.02	21.67	23.59
10	2.56	3.25	3.94	4.87	9.34	15.99	18.31	20.48	23.21	25.19
11	3.05	3.82	4.57	5.58	10.34	17.28	19.68	21.92	24.72	26.76
12	3.57	4.40	5.23	6.30	11.34	18.55	21.03	23.34	26.22	28.30
13	4.11	5.01	5.89	7.04	12.34	19.81	22.36	24.74	27.69	29.82
14	4.66	5.63	6.57	7.79	13.34	21.06	23.68	26.12	29.14	31.32
15	5.23	6.26	7.26	8.55	14.34	22.31	25.00	27.49	30.58	32.80
16	5.81	6.91	7.96	9.31	15.34	23.54	26.30	28.85	32.00	34.27
17	6.41	7.56	8.67	10.09	16.34	24.77	27.59	30.19	33.41	35.72
18	7.01	8.23	9.39	10.86	17.34	25.99	28.87	31.53	34.81	37.16
19	7.63	8.91	10.12	11.65	18.34	27.20	30.14	32.85	36.19	38.58
20	8.26	9.59	10.85	12.44	19.34	28.41	31.14	34.17	37.57	40.00
21	8.90	10.28	11.59	13.24	20.34	29.62	32.67	35.48	38.93	41.40
22	9.54	10.98	12.34	14.04	21.34	30.81	33.92	36.78	40.29	42.80
23	10.20	11.69	13.09	14.85	22.34	32.01	35.17	38.08	41.64	44.18
24	10.86	12.40	13.85	15.66	23.34	33.20	36.74	39.36	42.98	45.56
25	11.52	13.12	14.61	16.47	24.34	34.38	37.92	40.65	44.31	46.93
26	12.20	13.84	15.38	17.29	25.34	35.56	38.89	41.92	45.64	48.29
27	12.83	14.57	16.15	18.11	26.34	36.74	40.11	43.19	46.96	49.64
28	13.56	15.31	16.93	18.94	27.34	37.92	41.34	44.46	48.28	50.99
29	14.26	16.05	17.71	19.77	28.34	39.09	42.56	45.72	49.59	52.34
30	14.95	16.79	18.49	20.60	29.34	40.26	43.77	46.98	50.89	53.67
40	22.16	24.43	26.51	29.05	39.34	51.81	55.76	59.34	63.69	66.77
50	29.71	32.36	34.76	37.69	49.33	63.17	67.50	71.42	76.15	79.49
60	37.48	40.48	43.19	46.46	59.33	74.40	79.08	83.30	88.38	91.95
70	45.44	48.76	51.74	55.33	69.33	85.53	90.53	95.02	100.43	104.21
80	53.54	57.15	60.39	64.28	79.33	96.58	101.88	106.63	112.33	116.32
90	61.75	65.65	69.13	73.29	89.33	107.57	113.15	118.14	124.12	128.30
100	70.06	74.22	77.93	82.36	99.33	118.50	124.34	129.56	135.81	140.17

IBM SPSS Statistics

Package 구성

Premium

IBM SPSS Statistics를 이용하여 할 수 있는 모든 분석을 지원하고 Amos가 포함된 패키지입니다. 데이터 준비부터 분석, 전개까지 분석의 전 과정을 수행할 수 있으며 기초통계분석에서 고급분석으로 심층적이고 정교화된 분석을 수행할 수 있습니다.

Professional

Standard의 기능과 더불어 예측분석과 관련한 고급통계분석을 지원합니다. 또한 시계열 분석과 의사결정나무모형분석을 통하여 예측과 분류의 의사 결정에 필요한 정보를 위한 분석을 지원합니다.

Standard

SPSS Statistics의 기본 패키지로 기술통계, T-Test, ANOVA, 요인 분석 등 기본적인 통계분석 외에 고급회귀분석과 다변량분석, 고급 선형모형분석 등 필수통계분석을 지원합니다.

소프트웨어 구매 문의

㈜데이타솔루션 소프트웨어사업부

대표전화:02.3404.5790 이메일:sales@datasolution.kr
홈페이지:http://www.datasolution.kr

데이타 솔루션
Formerly SPSS Korea